イギリス・ヘリテッジ文化を歩く

――歴史・伝承・世界遺産の旅

宮北恵子・平林美都子 著

Travelling the Heritage Culture in UK: History, Legend, and World Heritage

Keiko Miyakita ＊ Mitoko Hirabayashi

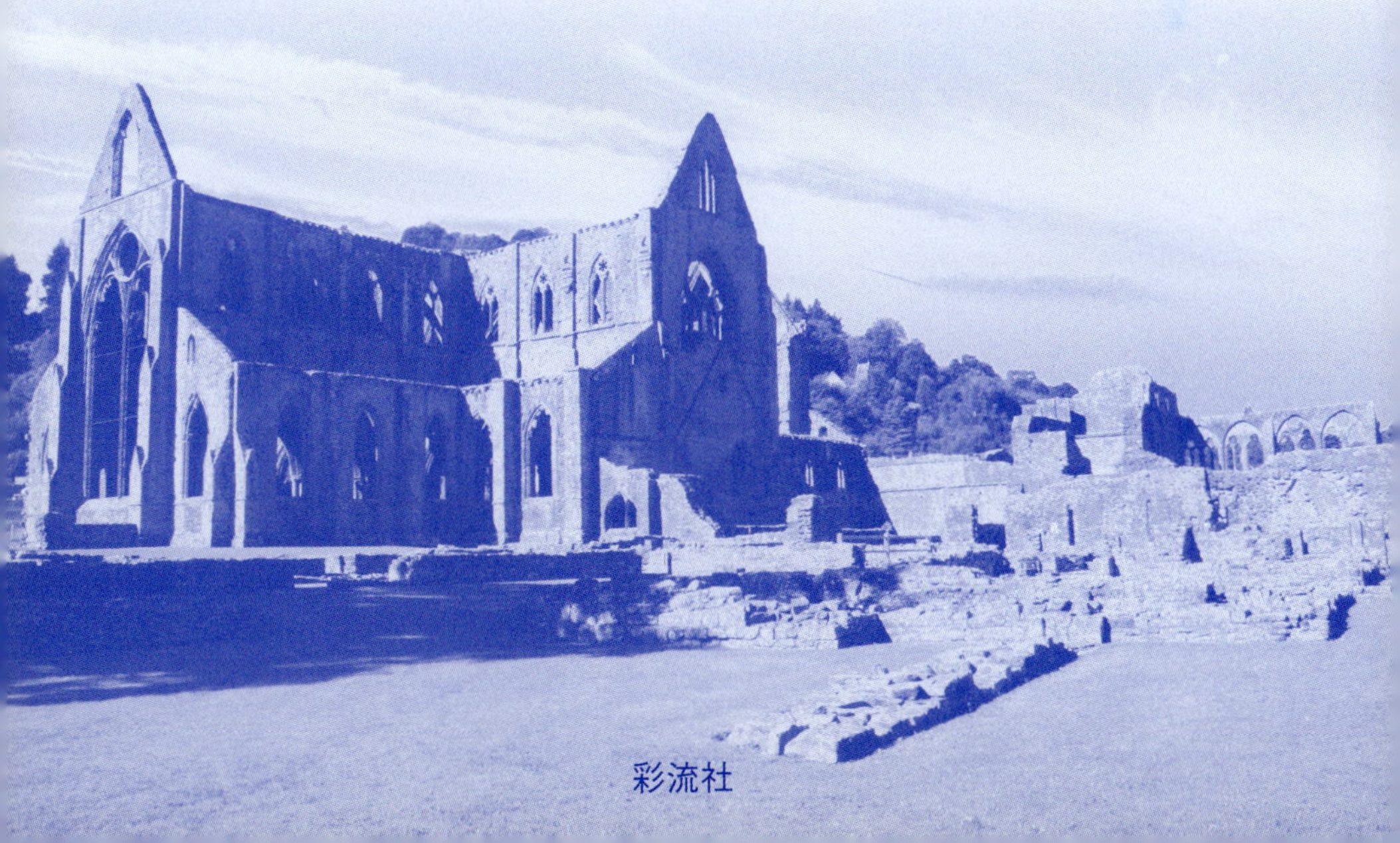

彩流社

はじめに

人類は太古の時代よりさまざまな理由から旅をしてきたといえる。人々は天地の異変や侵略、迫害から生き延びるため、また超自然的な導きによってよりよい土地を求めて移動した。「旅」を意味する英語は、その目的に応じていろいろある。英語の「トラヴェル（travel）」が初めて使用されたのは一三世紀。その原義は、「骨折って働く、苦労して旅をする」である。今日の日本で「ツアー」と言えば、同行する添乗員が旅行全般を管理する旅を想定しているが、そもそも英語の「ツアー（tour）」は、日常生活から離れて再び戻ってくる旅のことである。この言葉は「円を描く、周遊する」を意味するフランス語が語源である。古代・中世においては巡礼（pilgrimage）という参詣《さんけい》が旅の中心だった。聖なる旅は政治と容易に結びついた。十字軍遠征に見られるような征服をめざした遠征の旅や療養を兼ねた保養も旅の重要な一形態であった。近世になるとルネサンス文化の影響を受け、聖地への巡礼に代わって、古代文明の遺跡やルーツを求める旅が人々の憧れの的となった。一八世紀、上流階級の子息の学業の仕上げとして行なった大規模なグランド・ツアーはその一例である。

近代になってイギリスはいち早く産業革命を経験し、道路や鉄道の整備に伴って大量の旅人を生み出していった。現代は、コンピュータやGPSナビゲーション機器によって空の旅であれ外洋航海であれ、旅の安全面は確保され休暇旅行の普及へと繋がっている。

イギリスは豊かな歴史・文化遺産を背景にし、世界から多くの旅人を惹《ひ》きつけている。次世代に継承されていく文化遺産や遺跡は「ヘリテッジ」(heritage)と呼ばれるが、イギリスの名所・旧跡は観光客「ツーリスト」の目的に応《こた》えるように、実にしっかりと保存されてきている。イギリスで「古代記念物保護法」が制定されたのは一八八二年である。ただし、実際に遺跡保護の意識が高まってきたのは第二次世界大戦後であった。一九四七年の「都市・農村計画法」を契機に、各地方自治体は歴史的、文化的、建築学的に重要な建物を指定する体制を取り始めた。しかしそれでも古くなった建物の解体は進んだ。一九六八年の新たな都市計画法において指定建造物の概念が明確に打ち出され、ようやく法的規制が設《もう》けられることになる。イギリス国家のこうした姿勢は、サッチャー政権時代(一九七九—九〇)の一九八〇年と一九八三年、歴史的建造物や考古学的遺跡を保全する「イギリス・ヘリテッジ法」制定によって結実した。

一方、民間組織として、一八九五年に「ナショナル・トラスト」が立ち上げられ、一九〇七年には「ナショナル・トラスト法」が制定された。「ナショナル」が「国民の」、「トラスト」が「信託、信頼」を意味するように、これは国民の手によって自然環境や歴史的景観を保護する信託組織である。こうした公・民による遺跡の保護がイギリス全体の観光産業に大きく寄与していることは間違いないであろう。

本書はイギリスの先史時代から現代までを射程に入れた歴史・文化の旅を取り扱い、ヘリテッジ文化を訪ねる旅と言えるだろう。ヘリテッジ文化の旅とは、世界基準で認定された自然・文化・産業のいわゆる世界遺産だけでなく、イギリスという国そのものが経験してきた旅、つまり神話の時代からイギリス王権の確立期を経て、近代の民主国家の創世に至る歴史的足跡を、現代イギリスの地に辿《たど》り直す旅でもある。歴史上、扱った事象には多くの空白もあり、細部については検討すべき点は多々あると思うが、できるだけ通史となるよう心掛けた。

本書は四部構成である。「序」の「太古の自然と石のロマン」ではイギリス各地に残る巨大な石の遺跡に焦点を当て、大陸からの民族移動を含む古代の人々の生活と旅の足跡に触れた。

第Ⅰ部の「旅の始まり」では、古代ローマがイギリスを支配していた時代と、アーサー王の統治にまつわる中世の伝説物語を背景とした旅を取り扱っている。ローマ支配の形跡は現在の都市の名前や街道・城壁といった遺跡に残っている。アーサー王伝説は、各地に点在する王の遺跡への旅の人気を思えば、いかにイギリス人の精神構造に深く食い込んでいるかが見て取れる。これら古代・中世文化の足跡は、今日の豊かなイギリス文化の基底部を形成しているといえる。

第Ⅱ部の「巡礼・王権の旅」では、キリスト教の布教の旅とイギリス王権の変遷が取り扱われている。宗教的な旅は霊的な導きと深く結びついている。後に聖人と呼ばれる人々は、故郷を離れて海を越え、布教の旅に出た。聖人の辿った苦難の道や殉教《じゅんきょう》の地は、後世の人々の信仰心を駆り立て、巡礼の旅へと誘う。民衆にとって旅の始まりは癒《いや》しを求める旅であった。他方、キリスト教の布教と呼応してイギリスの王権も確立していった。王は地上における神の代身的存在であった。およそ一千年の歴史を紡《つむ》ぐイギリス王権はノルマン王朝の成立によって始まるが、王位継承問題にからむ陰謀《いんぼう》や反乱は数限りなく、王権は目まぐるしく変転した。しかし王室儀礼の反復を通し、王権の伝統は再構築されていった。巡幸、戴冠式、婚礼、葬儀など王室儀礼の目的や意義は時代とともに変化している。今日、世界の注目を浴び、さらにイギリス観光の目玉となっているのが、王室が繰り広げる華やかな儀礼、すなわちページェント（儀礼行列）である。

第Ⅲ部「自然・産業／文化遺産・余暇」では、旅が中流階級から一般市民へと広がっていく様子を辿った。イギリスが産業革命によって経済力・技術力をつけ、ロンドンでは世界初の地下鉄が走った時代が対象となる。産業革命に伴う乱開発に抗議する人々が自然に対する関心を強め、自然の保護運動が始まったことも大きな特色である。一方、産業革命によりインフラが整備され旅が容易かつ多様になると、大衆の間に旅への関心が広がった。特に海浜リゾートが整備されて大衆の行楽地となったことは、当時のロンドン地下鉄のポスターなどからも読み取ることができる。

最終部の第Ⅳ部「テムズ川へリテッジ」では、イギリスの大動脈、テムズ川の存在そのものに光を当てた。イングランド中央部のコッツウォルズ丘陵《きゅうりょう》に端を発し、ロンドンを貫通して北海にそそぐテムズ川は、人々を育《はぐく》み、イギリスの歴史を形成してきた原動力といえる。テムズ川はヨーロッパ大陸に近いという交易に適した地理的条件に恵まれ、大都市ロンドンの発展に大きく寄与してきた。その反面、北海から流れ込む高波によって川は頻繁に氾濫《はんらん》した。現在、近代的な鋼鉄の構造美を持つテムズ・バリアーという可動式防壁が活躍している。

旅は人の地平を広げると同時に、異文化が交わり、新たな文化が生まれる契機となる。旅のへリテッジ文化はその土地を訪れた人々によって、その価値が再発見されていくといえよう。本書が歴史・文化の旅の書として、少しでも人と人との交流の場となることを願っている。

目次　イギリス・ヘリテッジ文化を歩く――歴史・伝承・世界遺産の旅

第二章　イギリス王室の旅と国家儀礼

第Ⅳ部　テムズ川へリテッジ

【はじめに――巨石文化と人々の足跡】

巨石文化に先立つはるか以前の旧石器時代*と中石器時代*、ブリテン島は大陸と陸続きであった。その頃、ブリテン島の南部まで獲物を追ってやって来た狩人《かりうど》たちがいた。彼らは新石器時代*以前の原人たちで、その遺跡は南東部ケントのギャレー・ヒル*やダービシャーのクレズウェル・クラッグズ*に残っている。新石器時代になると、北フランスやベルギーあたりから島の南部に住みついた人たちがいた。彼らは牛・豚・羊などを飼育し、麦栽培を行なった。南西部ウィルトシャーのウィンドミル・ヒル*に居住跡が発見されたことから「ウィンドミル・ヒル文化」と名づけられた。彼らの居住跡はデヴォンからコーンウォールにいたる島の南部の丘陵に点在しており、遺跡からは石の矢尻《やじり》、斧《おの》、それに大量の土器が見つかっている。

紀元前二五〇〇年頃、地中海地方からイベリア半島を経て海を渡ってやって来た人たちがいた。イベリア人*と呼ばれる人たちである。彼らはブリテン島を北上し、スコットランドの北、オークニー諸島*へ、さらにはスカンディナヴィア半島まで移動した。彼らの足跡は、彼らが残した巨石文化の遺跡が示している。巨石建造物は西ヨーロッパの海岸線の国々やブリテン島の各地に残っている。なかでもウィルトシャーのソールズベリーの北、約一一kmにあるストーンヘンジは、イギリスにおける最も有名な巨石記念物である。

---

*Paleolithic Age　（地域によって異なるが）二〇〇万年前から約一万年前まで。

*Mesolithic Age　約一万年前から五〇〇〇年前頃まで。

*Neolithic Age　紀元前一万年頃から前一〇〇〇年頃。

*Galley Hill

*Creswell Crags

*Windmill Hill　土手道で結ばれ同心円状で囲まれた集落遺跡の代表例。

*the Iberians

*Orkney Islands

巨大な石を意味する「メガリス*」は大きく分けると、「メンヒル*」と呼ばれる立石、立石が円形や半円形上に配列された「ストーン・サークル」、立石の上に屋根状の平石が載っている「ドルメン*」の三種類がある。こうした巨石遺産は新石器時代から青銅器時代*にわたって造られたものである。メンヒルやドルメンは各地に見られるが、ストーン・サークルは特にブリテン島に顕著に見られ、ブリテン島だけでも直径が三〇・五m以上のサークルが約一四〇個、それ以下となると六〇〇個を超える。ドルメンの多くは墳墓《ふんぼ》として使用されたようである。ウィルトシャーのウェスト・ケネット・ロング・バロー*やスコットランドのメイズ・ハウ*などは現存する巨石墳墓の一例である。

青銅器時代には巨石文化の時代は終わり、遺跡として放置されていく。しかし、こうした巨石建造物の謎は、巨人が作ったという民間伝承、アーサー王*や異界との関連、近年では宇宙人との関連に至るまでさまざまな連想を生み出してきた。なかでもケルトの宗教ドルイド教*と関係づける説は根強い。巨石文化は、先行する文化や後からやってきたケルト人たちの文化と融合《ゆうごう》しながらイギリスの豊かな文化を構築していったといえる。

【ストーンヘンジの謎】 ▼世界遺産

ストーンヘンジ*は、イングランド南部のソールズベリー平原に立つ巨石建造物で、直径約一〇〇mの台地の中央に高さ四～五mほどの巨石がそそり立つ環状列石である。いつ、誰が、何の目的で作ったのかは謎に包まれたままである。魔術師マーリ

*ギリシア語で mega は「大きい」、litho は「石」の意味。
*menhir　ブリトン語で「長い石」の意味。
*dolmen　コーンウォールでは「クォイト」(quoit) と呼ばれる。
*Bronze Age　紀元前四〇〇〇年頃から前一〇〇〇年頃。
*West Kennet Long Barrow
*Maes Howe / Maeshowe 序【オークニー諸島の巨石文化】参照。
*第I部第二章「アーサーを巡る旅」参照。
*序【巨石とドルイド教】参照。
*Stonehenge

ン*がアイルランドのキラウス山*から魔法を使って運んできたという神話・伝説のレヴェルから、ケルト人が作ったというジョン・オーブリー*説、月や太陽の運行に基づく天文学的配置があるというジェラルド・ホーキンズ*説など、さまざまな言説・仮説が生まれた。

ストーンヘンジには数千年にわたる歴史があり、建造は数期にわたる。

第一期は紀元前三一〇〇年頃にさかのぼり、最初のヘンジ（環状遺跡）は、周囲を土塁《どるい》と溝に囲まれた木のサークルだった。土塁の内側に五六個の穴があり、発見者ジョン・オーブリーにちなんで「オーブリー・ホール」*と呼ばれた。この穴は木柱を建てるためのものであるが、石製の球や棒や杯が埋まっており、オーブリーによれば、これらは多産の象徴だという。この時期に、南のマールボロ平原*から重さ約三五トンの「ヒールストーン」*が運ばれ、最北に上る月と遺跡の中心がヒールストーンと一直線に結ばれるように置かれた。

第二期の紀元前二五〇〇年頃、遺跡は巨石を使って再建された。新しく遺跡の中心から北東に向かって外に伸びる広いアヴェニュー（盛土道）が作られた。遺跡の中心にウェールズ産ブルーストーン*のサークルが二つ配置され、各サークルの入口からは一直線にアヴェニューが見えた。この頃にはオーブリー・ホールは芝土に覆われてしまっていた。

第三期は紀元前二〇〇〇年頃で、そろそろ現在の遺跡の形に近づいてくる。サルセン石*が垂直に立てられ、その上にリンテル*と呼ばれる横石が載せられ、一方の細長い突起がもう一方の溝に挟み込むように結合された。*リンテルは形を整えられ、水平に

*第I部第二章【マーリンの辿った道——予言と魔法】参照。
*Mount Killaraus
*John Aubrey (1626-97)　イングランドの故事研究家。エイヴベリー巨石遺跡の発見者。
*Gerald S. Hawkins (1928-2003)　アメリカ人天文学者。
*Aubrey Hole
*Marlborough Down
*Heelstone　石に「かかと」型のへこみがあったらしい。
*bluestone　青い砂岩。
*sarsen stone　イングランド中南部に見られる大砂岩。
*lintel
*実接《さねつ》ぎまたは実矧《さねは》ぎ法(tongue-and-groove joints)という接合法。

ストーンヘンジのイメージ図

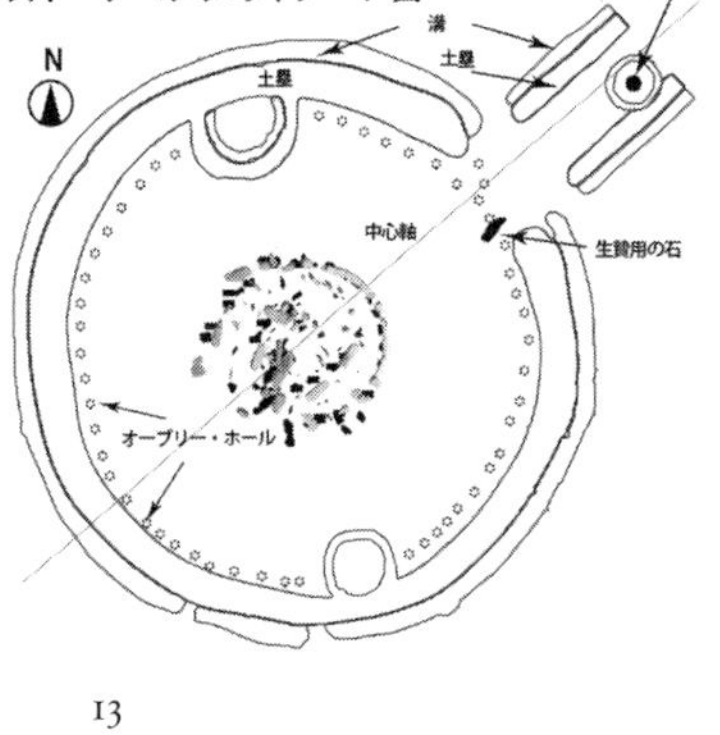

並べられ、三〇組で正確な円環が作り上げられて、夏至《げし》の太陽の運行に合うように配置されていた。このサルセン・サークルは、U字形に配列された五つのトリリトン*を囲んでいた。

第四期は紀元前一六〇〇年頃で、サルセン・サークルとU字形のトリリトンの間にブルーストーンのサークルが加わった。紀元前一一〇〇年頃にはすべての建造物は朽《く》ちるままにされている。

ストーンヘンジの周辺にはいくつもの埋葬塚が残っている。周辺の遺跡は遠方からの巡礼者たちの宿泊施設に使われていたとも言われ、宗教的祭儀の施設であった可能性も大きい。ストーンヘンジはパワー・スポットとしても注目されている。科学的な根拠はないものの、この遺跡は、ソールズベリー大聖堂*、シルベリー・ヒル*、エイヴベリー*を結ぶレイライン*と巨人の地上絵*が描かれている山を走るレイラインが交差する場所として、大地のエネルギーを増幅《ぞうふく》する機能を果たすパワー・ステーションだったとする聖地説も登場した。不思議な石の霊力にあずかりたいと考える人たちは今も後を絶たない。

一九八六年、ストーンヘンジはエイヴベリー巨石群遺跡*とともに世界遺産に登録され、イングリッシュ・ヘリテッジ*が管理している。また周辺の丘陵の大半はナショナル・トラストの所有である。現在、ストーンヘンジの列石への接近は厳しく制限されていて、外周から眺めるだけである。*

＊trilithon　二つの石柱の上に横石を載せたもの。

＊Salisbury Cathedral　一三世紀に建造され、イギリスで一番高い尖塔を持つ。

＊Silbury Hill　新石器時代の人工丘。埋葬の形跡はなく、地母神の豊饒を象徴したものなのかは謎のまま。

＊Avebury　ストーンヘンジから二〇㎞北の遺跡群。

＊ley line　古代の遺跡群が描く直線のこと。イギリスのアマチュア考古学者、アルフレッド・ワトキンズ（Alfred Watkins）によって命名。

＊序【ヒル・フィギュアの謎】参照。

＊Stonehenge, Avebury and Associated Sites

＊English Heritage　イングランドの歴史的建造物を保護する目的で英国政府が設立した組織。

＊二〇一四年、一マイル離れた所に新たなビジターセンターができ、そこからシャトルバスで列石の近くへ行ける。早朝と夜の時間帯の特別ツアーに申し込めば、列石の間に入って見学できるが、このツアーのスケジュールが不定期で人数制限もある。

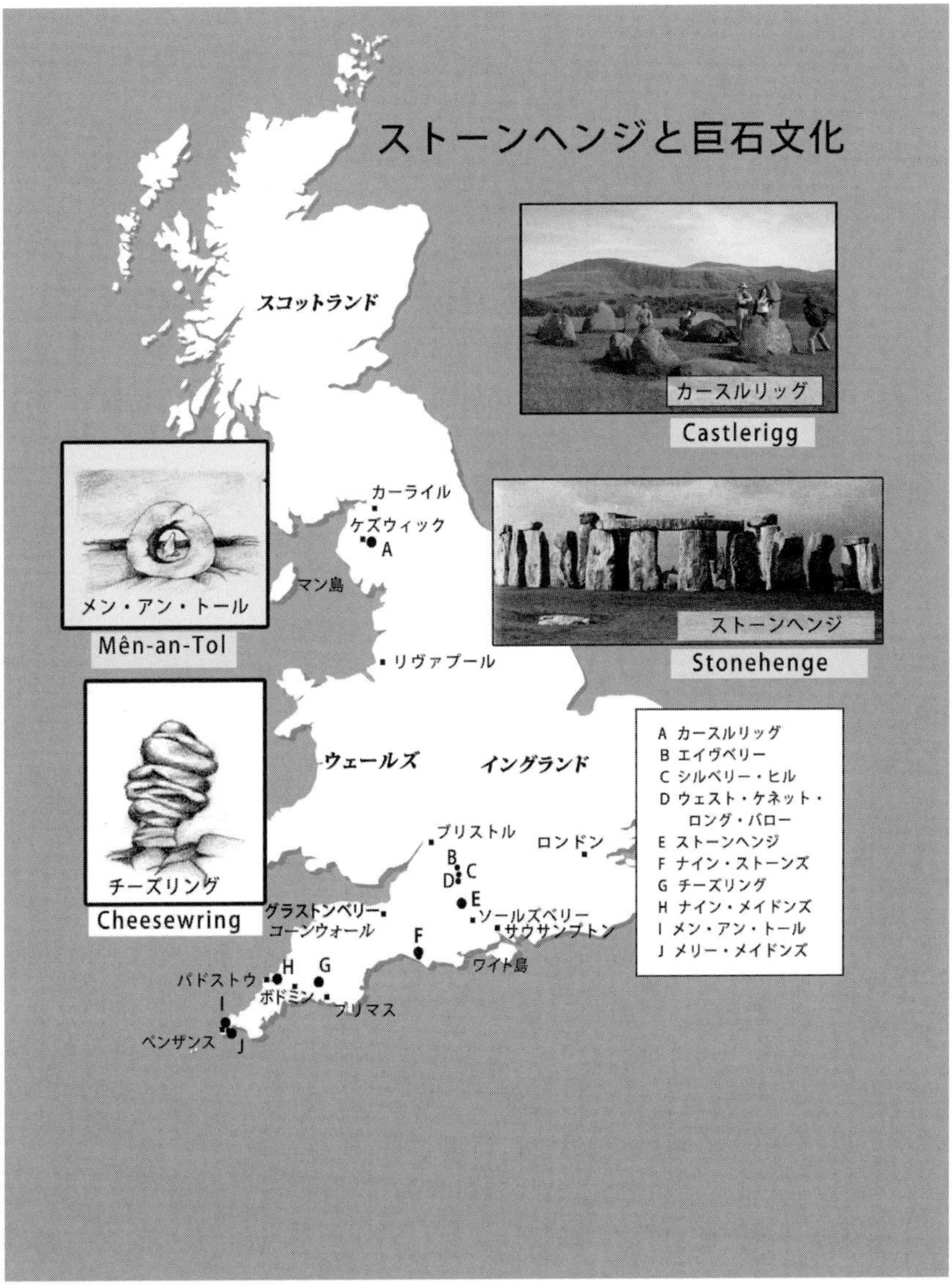
ストーンヘンジと巨石文化
スコットランド
カースルリッグ
Castlerigg
メン・アン・トール
Mên-an-Tol
カーライル
ケズウィック
A
マン島
ストーンヘンジ
Stonehenge
リヴァプール
チーズリング
Cheesewring
ウェールズ
イングランド
ブリストル
ロンドン
B
C
D
E
グラストンベリー
コーンウォール
ソールズベリー
サウサンプトン
F
ワイト島
H
G
パドストウ
ボドミン
プリマス
I
ペンザンス
J
A カースルリッグ
B エイヴベリー
C シルベリー・ヒル
D ウェスト・ケネット・ロング・バロー
E ストーンヘンジ
F ナイン・ストーンズ
G チーズリング
H ナイン・メイドンズ
I メン・アン・トール
J メリー・メイドンズ

【巨石とドルイド教】

ドルイド*と呼ばれる祭司を中心とする一団が西ヨーロッパに広がったのは、メガリス（巨石）が建造されてから数百年後である。一七世紀にジョン・オーブリーが、ドルイドがストーンヘンジを建造したという説を唱えた。遺跡は神秘的なケルト文化のドルイドの儀式の場として結びつけられ、やがてその想像は定着するようになっていった。ドルイド教が独自の宗教に巨石遺産を使用したかどうかの証拠はないが、一八世紀には、ロンドン在住のウェールズ人エドワード・ウィリアム、通称イアロ・モーガヌグ*により、ドルイド教の古い祭儀が復元された。さらに二〇世紀には、現代のドルイド結社が夏至の前夜にストーンヘンジで儀式を行なうようになった。しかし一九八五年、祭りのために遺跡を開放しないことになっていたにもかかわらず、真夏の祭典のために集まったヒッピーらとそれを阻止する警察との衝突「ビーンフィールドの戦い*」が起こり、一九九九年までストーンヘンジの列石の中に入ることは禁止された。以降、現在もここで宗教儀式を行なうことは許可されていない。

【カースルリッグ・ストーン・サークル】

▽ナショナル・トラスト

カースルリッグ・ストーン・サークル*は北部カンブリア州、湖水地方ケズウィック*の東、約二kmのところに位置する直径約三〇mの小ぶりな環状列石である。地元では「ドルイドのサークル」とか「ケズウィックのカールズ」として親しまれている。後者の「カールズ（Carles）」というのは、カースルリッグの「カースル（Castle）」を言い間違ったのだが、「農夫たち（carles）」が石に変えられたという言い伝えもある。この

＊Druid

ジョン・オーブリー

＊Edward Williams, Iolo Morganwg (1747-1826)
＊Battle of Beanfield

＊Castlerigg Stone Circle　直径三〇・五m、三九個の石から成る。
＊Keswick
＊Skiddaw　九三一mの山。
＊Helvellyn　九五〇mの山。
＊Chestnut Hill
＊William Wordsworth (1770-1850)

サークルがスキドウ*とヘルヴェリン*の二つの山合いの丘チェストナット・ヒル*に造られたのは紀元前三二〇〇年頃で、イギリスのストーン・サークルでは最古の部類だと言われている。

ウィリアム・ワーズワース*らロマン派詩人もこの神秘的なストーン・サークルを訪れた。サミュエル・テイラー・コールリッジはワーズワースとともに湖水地方を旅した一七九九年の日記の中で、カースルリッグ・ストーン・サークルからドルイドの「白装束《しろしょうぞく》の賢者らの集会」を連想している。*ジョン・キーツもまたこの場所から創作の霊感を受け、「わずかばかり生命が宿った像が、ここに一つ、あちらに一つと接しながら横たわっていた。荒涼とした沼地の上のドルイドの石の陰鬱《いんうつ》なサークルのようだ」と、未完の哲学的叙情詩『ハイペーリオン』（一八一九）のイメージの一部に使用している。*

石のサークルが何の目的で造られたのかはわかっていない。サークル内で石斧がいくつも見つかっていることから、石斧の製作場や売買場所として使われたという説もあれば、石の配置に日の出が見られることから、ケルトの新年サウィン祭*（一〇月三一日夜から一一月一日の朝まで）の儀式の場所だという説もある。カースルリッグ・ストーン・サークルは、一八八八年、古代記念物保護法*の下に置かれ、一九一三年にはハードウィック・ローンズリー*の努力でナショナル・トラストが購入、その組織の管理下に置かれることになった。

カースルリッグ・ストーン・サークル

*Samuel Taylor Coleridge (1772-1834) Nov. 15, 1799, Notebooks より。

*John Keats (1795-1821) *Hyperion* II: 33-35 より。

*Samhain　生者と死者の世界の境界が緩み、死者が訪れるとされる。現在のハロウィンにあたる。

*Ancient Monument Protection Act　一八八二年に制定された。

*Hardwicke Rawnsley (1851-1920)　第Ⅲ部第一章コラム【ナショナル・トラスト創設に向けて】参照。

【オークニー諸島の巨石文化】 ▼世界遺産

スコットランドの北部オークニー諸島には、巨大な巨石文化の遺跡がかなり保存の良い状態で残っている。メインランド島のハレー湖*とステンネス湖*に挟まれた細長い土地にはリング・オヴ・ブロッガー*とストーンズ・オヴ・ステンネス*という二つの環状列石が立っている。これらは近隣の石造の集落住居スカラ・ブレイ*や羨道《えんどう》付き墳墓メイズ・ハウの遺跡とともに、二五〇〇年～三〇〇〇年前の新石器時代の共同体生活を知るための貴重な遺跡群である。一九九九年、ユネスコ世界文化遺産に登録された。

リング・オヴ・ブロッガーは直径一〇四mという、イギリスで三番目に大きなストーン・サークルである*。六〇個の石があったと言われているが、現存するのは二七個。他のストーン・サークル遺跡同様、列石は天体観測に関係があったと言われている。ステンネスの方は高さ約五m、厚さが約三〇㎝の薄い石板の列石である。直径四四mのサークルに、かつては一二個並んでいたと言われるが、現在は四個のみである。円の中心部には二つの立石と横石がある。一八一四年に訪れたウォルター・スコット*はこれらの石組を見て、「かつてこの祭壇で生贄の儀式が行なわれたのだろう」と推測した*。サークルの北一三〇mあたりには、オーディンの石*と呼ばれる穴のあいた二・五mの石が立っている。土地の言い伝えによれば、結婚するカップルはオーディンの石にそれぞれ右手を通して握り合って将来を誓い合ったという。

スコットランド語で「高い砂丘」という意味のスカラ・ブレイは、一九世紀中頃まで砂に埋もれたままであった。一八五〇年、冬の大嵐によって島の砂が吹き飛ばされ、一群の石造建造物が突如現われた。住居は紀元前三一〇〇年頃に建造されたと言われ、

---

*Loch of Harray
*Loch of Stenness
*Ring of Brodgar
*Standing Stones of Stenness
*Skara Brae
*一番はエイヴベリー (Avebury, Wiltshire) でサークルの外周が約一・三㎞、高さ四mの石が九八個。二番はスタントン・ドリュー (Stanton Drew, Somerset) で直径一一三m、二七個の石。
*Walter Scott (1771-1832) スコットランドの詩人・作家。『ウェイヴァリー』『ロブ・ロイ』などが有名。
**Essay on Border Antiquities* (1814)
*Stone of Odin

オークニー諸島の巨石文化

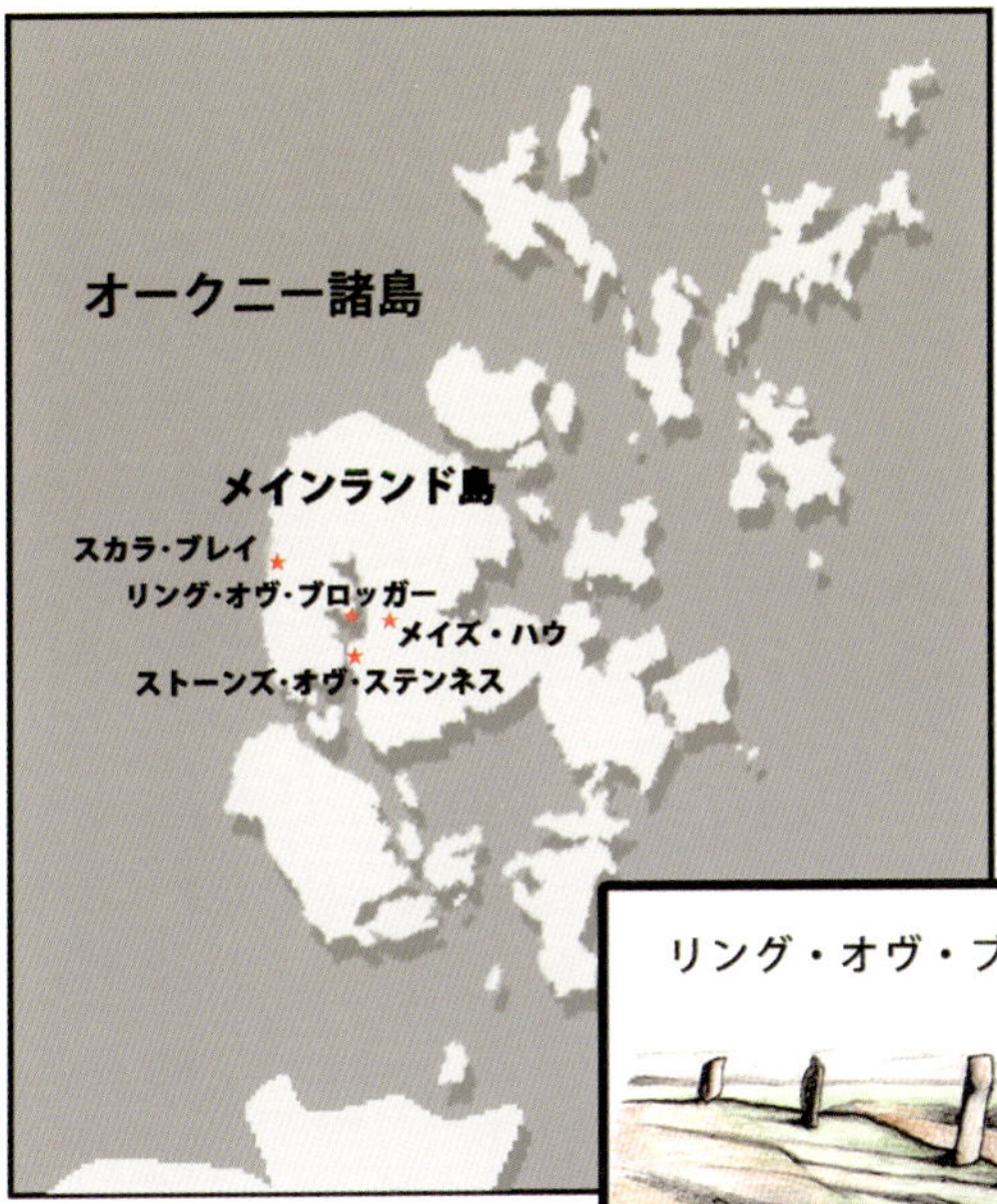

埋没したのはその数百年後だった。クジラの顎骨《がっこつ》でできた屋根、外壁あたりの魚や獣の骨から、当時の人々の生活手段が浮かび上がってくる。長年砂の下に埋まっていたことで遺跡の保存状態が良く、ヨーロッパの集落としては最も完全な形の住居が八戸余り見つかっている。各住居は基本的に同じ形態で、六m×六・三m四方の規模である。四角い部屋の中央の炉床《ろしょう》からは、灰と羊や牛の骨も見つかり、牧畜をしていたことをうかがわせる。ベッド、食器棚、椅子などすべての家具が石造りであるという点も注目されている。集落には排水設備もあり、世界最古の屋内トイレの存在も確認されている。

メイズ・ハウの墓はエジプトの三大ピラミッド*よりも古く、紀元前三〇〇〇年頃に造られたと推定されている。楕円《だえん》形の墓の直径は約三五m、高さは七mほどである。墳墓の石室に入るには、通常の大人では頭がつかえるほど天井が低く狭い通路を通っていく。通路と石室の向きは、冬至《とうじ》の日没の方向とほぼ一致するように設計され、沈んでいく太陽の光が石室内を照らすように作られている。一二世紀になると、ヴァイキング（ノース人）が十字軍に参加する途中、メイズ・ハウに侵入。石室の天井部分を破壊し、内部の宝物を略奪した。そのとき彼らは、ドラゴンやセイウチ、大蛇の絵に加え、ルーン文字*の詩を書き残している。この落書きには石室内の宝物があったことについての言及はあるが、人骨については何も記されていない。刻まれた三三もの落書きは、ヨーロッパ最大の規模の一つで、ルーン文字研究の貴重な資料となっている。

＊ギザのピラミッドは紀元前二五〇〇年ごろのもの。

＊Runes

【ヒル・フィギュア*の謎】

　オックスフォードシャーのアフィントン*には地表を削り、石灰岩の層を露出させた「白馬《ホワイト・ホース》」*を描いた遺跡がある。白馬と緑の丘のコントラストが鮮やかで、遠方から眺められるように作られた遺跡は一〇〇〇年ほど前のものと推測される。鼻から尾までの長さが約一一〇mのこの白亜の像については馬かどうか議論されてきたが、一一世紀のアフィントン・アビーの記録文書には、アフィントンの「白馬の丘」という記述が残っている。一九世紀までは祭りの一環として七年ごとに白馬を洗浄していたが、定期的な手入れをしなくなってから、白馬の姿がぼやけてきた。現在はイングリッシュ・ヘリテッジの管理下に置かれている。

　一方、ドーセット州のサーン・アバス村*の緑の丘には、巨大な「裸の男」（サーンの巨人）*が同じく、石灰岩を掘ってできた白い輪郭《りんかく》として描かれている。身長五四mの巨人は、右手に三六mの棍棒《こんぼう》を持ち、身体の中心部には六mの男根がついている。近年の調査によれば、この巨人は三〇〇年ほど前、一七世紀末頃に作られたということだ。

　サーン・アバスの巨人のフィギュアにはいろいろな伝説がある。その一つは、乱暴な巨人に悩まされた村人たちが、巨人が眠っているときに縛り付け、釘《くぎ》で固定して殺した後、巨人の姿を残そうとして、輪郭に合わせて石灰層を掘ったというものである。巨人の正体については、ギリシア神話の英雄ヘラクレス*説やケルトの狩猟神ノーデンス*説、豊穣・森林の神ケルヌンノス*説などいくつかある。このフィギュアを取り囲む長方形の囲い地には、かつて五月柱《メイ・ポール》が立てられ、毎年その柱の下で競技や酒宴が行な

*Hill Figure　白亜質の土壌を彫って描いた絵。
*Uffington
*Uffington White Horse
*Cerne Abbas
*Cerne Giant
*Heracles　ゼウスの息子。
*Nodens
*Cernunnos　ケルト神話で角を持った男性神。

われ、巨人は七年ごとの「五月一日の前夜」*に清められていたという。現在は二五年ごとに草刈りと白亜の化粧直しが行なわれている。不妊の男女がフィギュアの内側で眠り、子宝を願うという民間信仰は今も根強く生きている。

丘絵（ヒル・フィギュア）

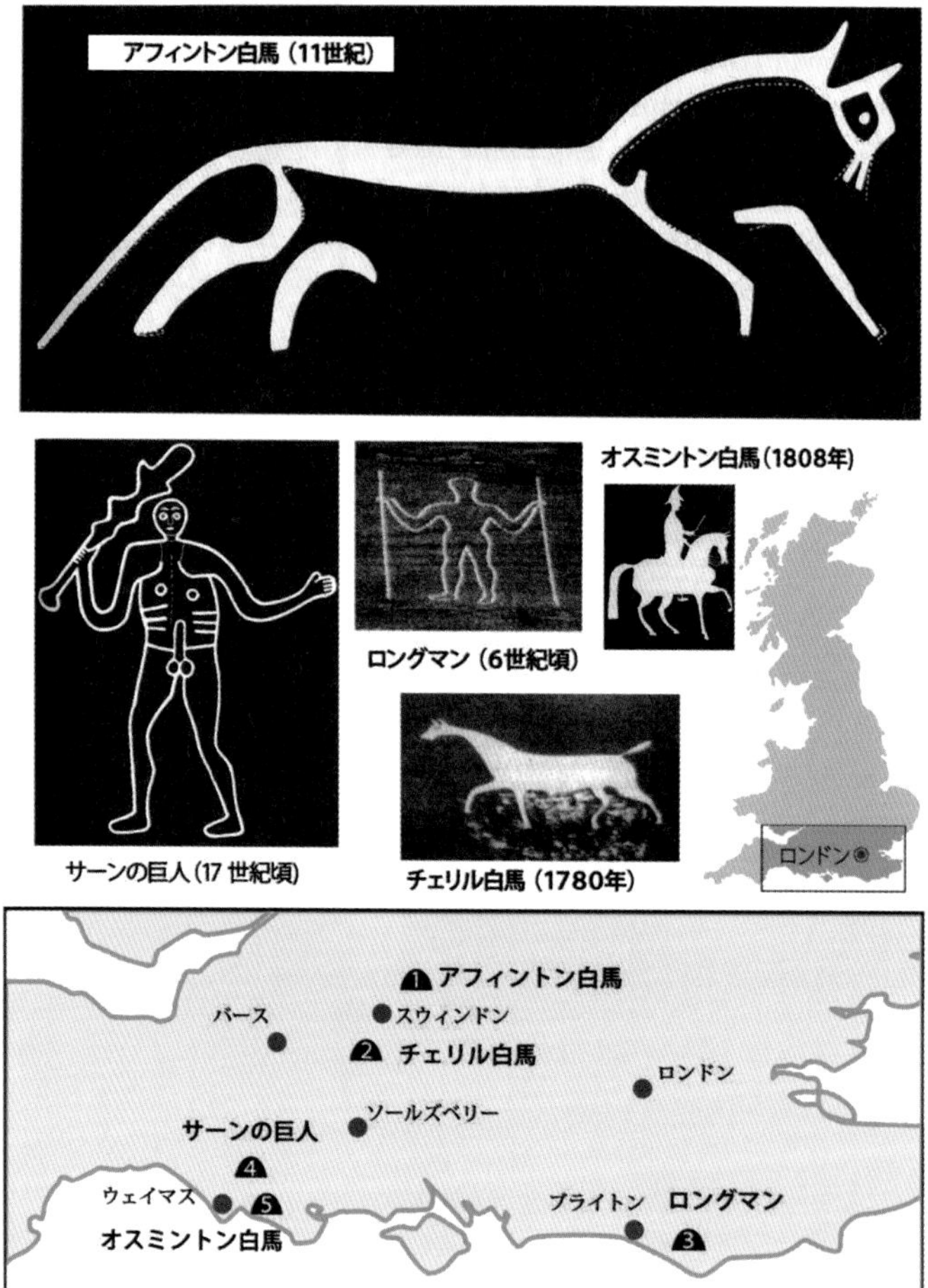

▼ロングマン　Long Man
▼チェリル白馬　Cherhill White Horse
▼オスミントン白馬　Osmington White Horse（モデルはジョージ３世の騎馬姿）

*古代ケルトのベルティナ祭（五月一日）の前夜は清めの篝火《かがりび》を焚いた。

【ケルトの石文化――ヒルフォートとブロッホとドゥーン】

ケルト人は北方系の民族グループで、アルプス以北の中欧や東欧に住んでいた。そもそもケルト人とは、単一の言語や文化を持つ民族を指すのではない。鉄器時代、鉄製武器を使用する戦士らが伝統的な文化を持つ先住民を征服。そこに支配者の文化や言語を共有し合う文化的世界が形成されていった。彼らはギリシア人からは「ケルトイ*」、ローマ人には「ケルタエ*」と呼ばれた。ケルト人は、早くは紀元前七世紀頃にブリテン島にやってきたと言われ、以降、島はケルト文化の影響をうけ、鉄の武器や道具が使用されるようになった。

鉄器時代の前六世紀以降、ヒルフォート*（丘砦）と呼ばれる要塞《ようさい》がブリテン島に三〇〇〇ほども作られた。ヒルフォートは小部族に分かれていたケルト人たちの一時的な避難所、または首長の恒常《こうじょう》的な居住地だった。南部、ドーチェスターの南西に位置するメイドン・カースル*は、イングランド最大のヒルフォートである。塁壁と溝はたびたび拡張され、紀元前四世紀頃には一八万ヘクタールの丘を囲い込む規模となった。このヒルフォートは紀元四三年、ローマのウェスパシアヌス*の軍隊によって攻撃を受け、まもなく占領された。三六七年、この丘陵の北東に神殿が建設され、ローマ支配が終わるまで使用された。

一方、スコットランドのグランピアン山脈*の北部と西部には、石造のブロッホ*（塔）とドゥーン*（小砦）が作られた。とくにオークニー諸島とシェットランド諸島*には数多く見られる。ブロッホは大量の石を空積みした中空構造の円塔で、内壁と外壁の二重構造になっている。塔の直径は五ｍから二五ｍ、壁の厚さは三ｍから五ｍ、上には

*Κελτοί
*Celtae
*hillfort
*Maiden Castle
*Vespasianus (9-79)
*Grampian Mountains
*Broch
*Dun
*Shetland Islands

ブロッホ

覆いがなく大きな穴が開いている。中央には炉床と貯水槽があり、その周りを小部屋が取り囲み、入口の近くに貯蔵庫、内部階段が上層部まで続いていた。シェットランド諸島ムーサ島にある石塔*は高さ一三mで、紀元前一〇〇年頃の建設当時の姿をとどめている唯一のブロッホである。このブロッホは現在、ヒストリック・スコットランドの管理下にある。

ドゥーンは高さ三mの単純な石組の小さな円形の砦で、とくにスコットランドの西部と内陸部のテイ川*とフォース川*の流域に見られる。アイルランドのアラン諸島最大の島であるイニシュモア島*にある「ドゥーン・エンガス*」は断崖を背後に築かれた半円形の石の砦で、防御のため、あるいはドルイド教の儀式に使用されたと推測されている。

【アイルランドの石道――ジャイアンツ・コーズウェイ】 **▼世界遺産**

北アイルランドの北部の海岸線には、五kmから八kmにわたって起伏《きふく》に富んだ石の道が続いている。巨人伝説が残る「巨人の石道」、ジャイアンツ・コーズウェイ*である。五〇〇〇万〜六〇〇〇万年前に火山の大爆発により、多量のマグマが噴出して溶岩台地が出来た。その後、溶岩は海で急速に冷却・凝固したため収縮し、割れ目のある石

＊Broch of Mousa

＊River Tay
＊River Forth
＊Inishmore　アイルランド語では Inis Mór
＊Dun Aengus　アイルランド語では Dún Aonghasa

＊Giant's Causeway

柱になった。石柱の形状は四角、五角、七角、八角などあるが、大半が六角形*である。六角の石柱が生まれる現象を柱状《ちゅうじょう》節理と呼ぶ。スコットランドのフィンガルの洞窟*、日本の玄武洞《げんぶどう》（兵庫県）や東尋坊《とうじんぼう》（福井県）なども柱状節理の例として有名である。ジャイアンツ・コーズウェイの石柱のてっぺんは平らで、直径は四〇～五〇cm、柱の根本は海中に沈んでいる。高い石柱になると一二mに及び、柱の総数は四万本とも言われている。

ジャイアンツ・コーズウェイは、アイルランドの巨人王フィン・マクール*がスコットランドの巨人ベナンドナー*と力くらべをするために作った足場だと言われている。フィンは石道をやって来た異国の王があまりにも巨大なのを見て家に逃げ帰ったところ、利発な妻ウナ*がフィンを赤ん坊に変装させ、揺りかごに寝かせた。ベナンドナーは眠っている赤子の大きさを見て、父のフィンはもっと大きいだろうと思い、恐れをなし、やって来た石道を蹴《け》散らしながら逃げ帰ったという。

ジャイアンツ・コーズウェイにはフィンの巨人伝説にまつわる奇岩が多く見られる。「巨人のオルガン*」と呼ばれる高い石柱群、靴の形をした「巨人のブーツ*」、「巨人のハープ*」などの巨岩がいくつもある。ジャイアンツ・コーズウェイは、一九六〇年代にナショナル・トラストの管理下に入り、一九八六年に世界遺産に登録、翌年には北アイルランド環境省によって自然保護区に指定された。

＊六角形は自然が生み出す最も安定した形態。
＊Fingal's Cave　一七七二年、植物学者ジョゼフ・バンクスが発見。アイルランドの巨人フィン・マクールに因んで命名した。
＊Finn MacCool
＊Benandonner
＊Oonagh
＊the Giant's Organ
＊the Giant's Boot
＊the Giant's Harp

ジャイアンツ・コーズウェイ

コラム【石に変身した乙女たち】

コーンウォールにはさまざまな石の遺跡が残っている。大きな穴のあいた「穴開き石《メン・アン・トール》」(Mên-an-Tol)*、ストーン・サークル、巨人が遊んだという言い伝えもあるテーブル状の岩「クォイト」*(Quoit)、積み重ねた石が昔のチーズ圧縮機に似ている「チーズリング」(Cheesewring)など、紀元前二五〇〇年～前一六〇〇年頃の姿を留めている。パドストウ(Padstow)の近くには「ナイン・メイドンズ」*(Nine Maidens)という名の列石がある。乙女たちが聖なる安息日《サバス》*(the Sabbath)にもかかわらず、笛吹きの陽気な音楽に合わせて踊っていたので罰として石に変えられたという伝説が残っている。ちなみに乙女(Maiden)はコーンウォール語で「石」を意味している。

またペンザンス(Penzance)からランズ・エンド(Land's End)の間のセント・ブリアン(St Buryan)の南部には、「メリー・メイドンズ」(陽気な乙女たち)(the Merry Maidens)と呼ばれる一九個からなるストーン・サークルがある。これらの立石は一番高いもので一・四m。大半は約一・二mの高さで、三～四mの間隔に並んで直径二四mの円形を作っている。このストーン・サークルから少し離れたところに、高さ三mの立石が二つあり、「パイパーズ」(笛吹き)(the Pipers)と呼ばれている。笛吹きたちは教会の鐘が真夜中を告げたので、急いで山に逃げ帰ろうとして途中、石に変えられたとか。一方、乙女たちはその後も伴奏なく踊り続けていたという。

* Stone with a hole の意味。
* コーンウォールやウェールズ以外ではドルメンと呼ばれている。
* ナイン・メイドンズ　同名のストーン・サークルもイギリス各地に存在する。
* 安息日《サバス》　キリスト教では通例、日曜日。

第一章　ローマの支配

【はじめに――ローマによるブリテン支配と遺産】

ブリテン島には砦《とりで》が多い。とりわけスコットランドの中央部を占めるグランピアン山脈から南部の地方や、ウェールズの国境地帯、イングランドの中央部と南部には丘《ヒル》砦《フォート》が点々と分布している。ローマの将軍カエサル*がブリテン島に遠征してきた紀元前五五～五四年の頃には、イングランド南東部のヒルフォートはすでにオッピドゥム*（城塞町）に発展を遂《と》げていた。コルチェスター*は、紀元四三年にローマの属州ブリタニアの最初の州都となった。ほかに当時はセント・オールバンズ*、シルチェスター*、ウィンチェスター*、セルジー*などのオッピドゥムが権力を持っていた。

紀元四七年には、西はブリストル海峡から東はハンバー湾を一直線に結ぶブリテン南部の全域がローマの占領下にあった。これらの地域は、ローマの制度を有益に導入し、いち早く政治・経済・文化面で発展を遂げていった。一方、六〇年にイケニ族の女王ボウディッカ*が反乱を起こし、征圧にてこずったローマ軍は、続けて起こったブリガンテス族*の女王カルティマンドゥア*の夫ウェヌティウス*の反乱を鎮圧《ちんあつ》するため、スコットランドとの境界にあたるソルウェー湾*とタイン川*流域まで北上し、警備を強

＊Julius Caesar (101-44BC) ジュリアス・シーザーともいう。
＊oppidum　古代ローマの支配下にあったケルト族の城壁のある町。
＊Colchester　本章【イギリス最古の町コルチェスター】参照。
＊St Albans
＊Silchester
＊Winchester
＊Selsey
＊Boudicca (?-60?)　本章【イギリス最古の町コルチェスター】参照。
＊Brigantes
＊Cartimandua
＊Venutius
＊Solway Firth
＊River Tyne

化している。その後も軍は北進を続け、スコットランドのマレー湾*まで侵攻の手を伸ばした。

ロンドンが州都になったのはボウディッカの反乱以後のことである。地方はキウィタス*という自治都市に区分けされ、各オッピドゥムが行政の中心となり、また新しい町の建設も進められ、浴場、円形劇場、水道などローマ式の都市生活が浸透していった。一二二年には西のソルウェー湾と東のタイン川流域を結んでハドリアヌスの城壁*が建造され、以後三〇〇年間、イングランドの国境地帯の平安は保たれた。

【ローマ街道――ブリテン島支配のかなめ】

紀元前一世紀半ば、ローマ軍人で政治家のカエサルがブリテン島遠征に乗り出した。ローマ軍が勢力を拡大する過程で、まずは軍事用道路が作られた。ロンディニウム*（ロンドン）がローマ支配の拠点となった紀元一世紀後半、ブリテン内のローマ都市は繁栄の絶頂にあった。産業や交易が進むと、軍事用道路は物資や人を運ぶ道路として商業に大いに貢献した。道路の多くは一世紀に作られたものであり、幹線と支線を合わせると約一万六〇〇〇kmの長さに及んだと言われる。

道路建設にはまず地面を掘り下げ、砂利《じゃり》や小石、砕石《さいせき》などを何層にも敷き詰めて重量に耐えるようにした。中央を盛り土し、両端には雨水の排水溝が設《もう》けられた。とくに主要な幹線になると石畳で舗装《ほそう》もされ、幅五〜九mの道路はできるだけ直線に作られた。すべての道路に彩色や彫刻をほどこした「マイルストーン（道標）」が置かれ、一定の間隔でマンシオネス*と呼ばれる宿駅が設けられていた。

---

*Morray Firth　インヴァネスの北東。

*civitas

*Hadrian's Wall

*Londinium

*mansiones　一日の行程ごとに置かれ、馬を替え飲食するために使われた宿。

ローマ街道と城壁
アントニヌスの城壁
ハドリアヌスの城壁
ディア 街道
ニューステッド
カーライル
カタリック
ヨーク
テンプルバラ
リンカーン
イクニールド街道
アーミン街道
チェスター
ロクセター
A
ウォトリング街道
コルチェスター
B
C
E
カーレオン
D
ロンドン
カンタベリー
G
ディール
バース
フォス街道
スティン街道
F
チチェスター
エクセター
フィッシュボーン
A ハイ・クロス
B ボートン・オン・ザ・ウォーター
C グロスター
D サイレンセスター
E セント・オールバンズ
F ウィンチェスター
G ドーヴァー

ドーヴァーを起点とするウォトリング街道*は、ロンドンの建設前からの道路である。現在のウェストミンスター区でテムズ川を渡り、セント・オールバンズを北西へと伸びていた。テムズ川に橋が建設されるとロンディニウムを中心に道路ネットワークは拡張された。なかでも、常設駐屯《ちゅうとん》地ヨーク、チェスター、カーレオンを繋《つな》ぐ道路が最も重要とされた。

アーミン街道*はヨークからリンカーンを経由してロンドンに繋がり、ステイン街道*に連結して港町チチェスターへ至った。またヨークからはディア街道*に連結し、カタリック*、ハドリアヌスの城壁を経て、スコットランドへと通じていた。フォス街道*はローマ支配初期の軍事前線上にあり、エクセターを起点に、バース、サイレンセスター、ハイ・クロスを経由してリンカーンへ至り、それと連結するイクニールド街道*は、グロスターシャーのボートン・オン・ザ・ウォーターとサウス・ヨークシャーのテンプルバラを繋いでいる。

これらのローマ街道は、五世紀初めローマ人がイングランドから退却した後、廃道となったところも多い。しかし幹線道路の大半は生き延び、近代的な道路に生まれかわっていく。イギリスで独自の本格的道路整備が始まるのは一八世紀も終わりになってからのことである。

【イギリス最古の町コルチェスター】

ロンドンから一〇〇㎞ほど北東のコルチェスター*は、ローマ文献に名前が登場するイギリス最古の町である。ローマの博物学者大プリニウス*が七七年に『博物誌』の中

* Watling Street
* Ermine Street
* Stane Street
* Dere Street
* Catterick
* Fosse Way
* Icknield Way
* Colchester
* Pliny the Elder (23-79)

で言及した町カムロドゥヌム*のことである。

紀元四三年、ローマ軍はブリタニアに侵攻を開始した。この頃、ブリテン人王クノベリン*はコルチェスターを建設。王の死後、ローマの侵入は本格化し、コルチェスターはブリテン島におけるローマ支配の最初の町となり、重要軍事拠点となった。五四年〜六〇年にかけて、当時の第四代ローマ皇帝*を祀《まつ》るクラウディウス神殿が建てられた。

女王ボウディッカの反乱が起こったのはその頃である。イングランド南東部のイケニ族の王プラスタグスは、王国と彼の家族が守られることを期待して、死に際に財産の半分をローマ皇帝に遺贈した。にもかかわらずローマはその土地を奪い、貴族を土地から追い出し、税金と徴兵を課した。この処遇に対して未亡人となったボウディッカは抗議をしたが、鞭《むち》打たれ、二人の娘は凌辱《りょうじょく》された。ローマ人に対する不満は一気に爆発。ボウディッカは周りの部族を味方につけて反乱を指揮することになった。反乱軍はコルチェスターを襲い、さらにロンドンまでも火の海にした。コルチェスターを攻撃したとき、神殿に逃げ込んだ住民も一緒に焼き払い、町中が焼け野原となった。しかし、この反乱も遠征から帰還したローマ正規軍によってすぐさま鎮圧され、女王は毒を飲んで自害したと言われている。

女王ボウディッカの像

コルチェスター城

*Camuldunum　戦争の神カムルスからの旧都市名 Camulodunon のローマ読み。
*Cunoblin（BC 一世紀後期—四〇年代）クノベリヌス(Cunobelinus)、クノベリン。シンベリン(Cymbeline)ともいい、シェイクスピア『シンベリン』によって知られる。
*Claudius（10BC-AD54 在位 41-54）

破壊されたコルチェスターの代わりに、ロンドンがローマ人の中心地となった。まもなくコルチェスターの町には二七〇〇mにおよぶ市壁が作られた。ブリテン島には大小問わず、ローマ都市の数は一〇〇を超えていた。ロンドンは国際商業都市として栄え、コルチェスターは、リンカーンやヨークと同様、退役軍人が農地を耕す植民都市としての機能を果たした。

一〇六九年、ウィリアム征服王*は、かつてクラウディウス神殿が建てられた場所にコルチェスター城の建設を命じた。この地は、一一八九年、リチャード一世（獅子心王*）から勅許《ちょっきょ》を授かり、自治都市となった。

【ハドリアヌスの城壁――ローマ帝国の境界線】 ▼世界遺産

ハドリアヌスの城壁は、イングランドがローマ帝国の属州であったとき、北から襲撃するケルト民族系ピクト人*の進入を防ぐ軍事上の防衛線として建造された。西暦一二二年にローマ皇帝ハドリアヌス*の命令で着工され、六年の歳月をかけて完成した。東はニューカースル・アポン・タインのウォールズエンド*から、西はソルウェー湾のボウネス*に及ぶ全長約一二〇km、高さ約五mの防壁である。当初は土塁と木柵による防壁だったが、二世紀末に石積みに改築された。

城壁には一ローマ・マイル（約一四八二m）ごとに見張りの小塔が設けられ、各二〇名の兵士が配置されていた。城壁に平行して軍用道路が走っており、沿道には店舗や宿舎が立ち並び、兵士たちで賑わっていたと伝えられている。その後、アントニヌス・ピウス帝*治下の一四二年、ハドリアヌスの城壁の北方、フォース川とクライド川*を結

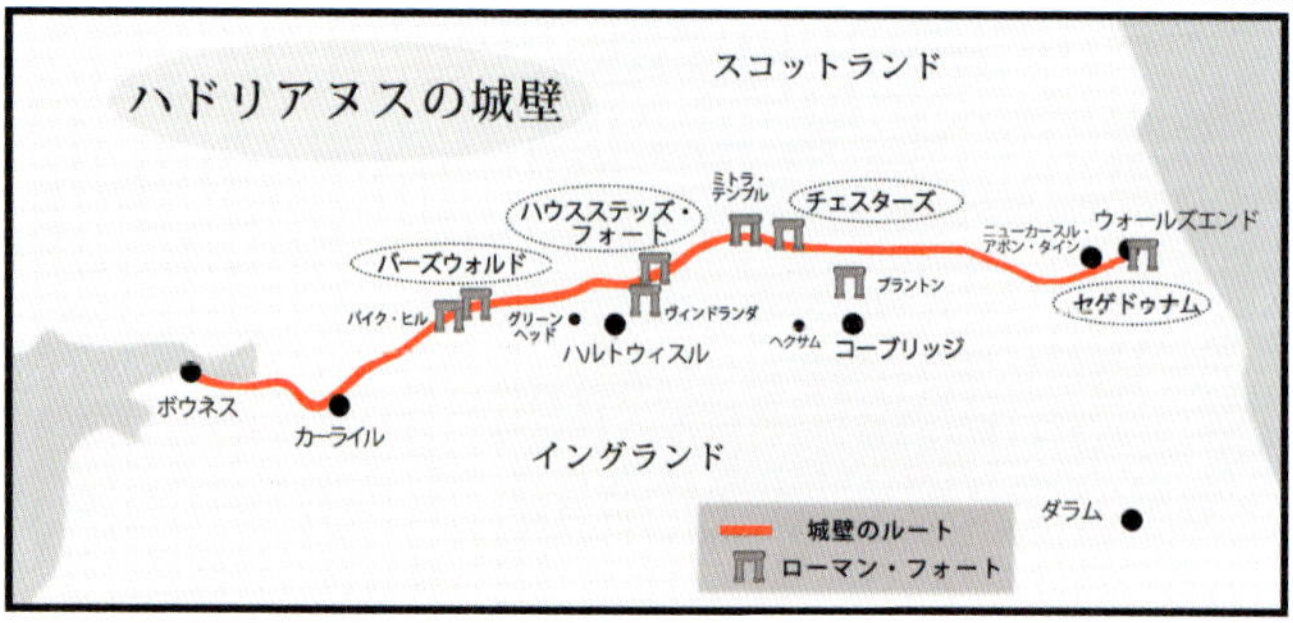

ぶアントニヌスの城壁*（全長五八・五km）が建設された。しかし建設後二〇年で放棄され、ローマ軍はスコットランドへの侵攻を果たすことはできなかった。五世紀にはローマ軍が本国に撤退してしまったため、城壁は見捨てられ、石は地元の人々が教会や農場、民家を作るのに持ち去られるままになるが、ハドリアヌスの城壁はその後一七世紀まで、スコット族*の勢力に対する防壁となっていた。

ハルトウィスル*は南タイン川流域にたたずむ市場町で、ハドリアヌスの城壁地域の心臓部にあたる。その町のすぐ西方にグリーンヘッド*という町がある。そこから東へ、ヘクサム*の北のチェスターズ*まで三二km続く防壁が見どころである。なかでも一番保存状態が良いのはハウスステッズ・フォート*である。ここではローマの水洗トイレの跡が見られる。またチェスターズからは浴場も発掘された。トルコ風呂とサウナの二つのタイプの風呂を備えたこの浴場は、ウォールズエンドの博物館*で再建された姿を見学することができる。一九八七年にハドリアヌスの城壁は世界遺産に登録。アントニヌスの城壁は二〇〇八年、ローマ帝国の国境線に含まれるものとして世界遺産に追加登録された。

ハドリアヌスの城壁（ハウスステッズ・フォート）

*第II部第二章【ノルマンディー公ウィリアム――イングランド征服の旅】参照。
*Richard I (1157-99) Richard the Lionheart　第II部第二章【リチャード一世と十字軍遠征の旅】参照。
*Picts　ブリテン島北部に住んでいた古代人。
*Publius Aelius Hadrianus（76-138 在位 117-138）第一四代ローマ皇帝。
*Wallsend on the Tyne
*Bowness on the Solway Firth
*Antoninus Augustus Pius (86-161) 第一五代ローマ皇帝。
*River Clyde
*Antonine Wall
*Scots　六世紀にアイルランドからイングランド北西部に移住したゲール人の一派。スコットランドの名はこの種族名に由来する。
*Haltwhistle
*Greenhead
*Hexham
*Chesters
*Housesteads Fort
*Segedunum Roman Fort, Buddle Street, Wallsend, NE28 6HR <https://segedunumromanfort.org.uk/>

【フィッシュボーンに残るローマ宮殿】

ロンドンから南西に電車で約一時間半、サセックスのチチェスターの近くにあるフィッシュボーン*には、ブリテン島最大のローマ宮殿の遺跡が残る。クラウディウス帝によるブリテン遠征が行なわれた紀元四三年頃、今よりもずっと内陸に食い込んだ入江の先端に位置しており、海軍基地として使われていたようだ。

この遺跡は水道配管工事で偶然発見され、一九六一年と六九年の二度にわたって発掘された。紀元七〇年、ローマ皇帝ネロ*の治世からフラウィウス朝*の初期時代に最初の宮殿が建てられたと推定されている。第二期の宮殿は紀元七五～八〇年に建てられ、その後二世紀にわたる増改築により、床やはめ込み細工やモザイクの床で装飾されていった。この壮大な建物の主は誰だったのかは謎であるが、タキトゥス*やチチェスターの集会所展示に残る碑文《ひぶん》によれば、ブリタニアの首長で、ローマ人風の名前を持つティベリウス・クラウディウス・トギドゥブヌス*だと言われている。

フィッシュボーンの宮殿のように、多様な種類の石材が使われた例は珍しい。最初の宮殿に用いられた石材は地中海産、フランス産、ブルターニュ産などの大陸物のほか、イギリス西海岸産、コーンウォール産が見られた。時代が下って第二期に入ると、さらに多くの石材が使われ、豪華さが増した。特にフランス産とパーベック産の大理石*は最も多く利用された。

宮殿の間取りは東に居室、南に浴場、中央に中庭があり、第二期になると中庭の周りを東西南北、四つの翼廊《よくろう》が取り囲み、東に入口、西に謁見《えっけん》室が加わった。三世紀の終わり頃、火災が発生、その後は放置され、宮殿は荒廃していった。

---

*Fishbourne

*Nero Claudius Caesar（37-68 在位 54-68）キリスト教徒を迫害した。

*Flavius　古代ローマ氏族名。六九年～九六年まで支配した王朝。

*Cornelius Tacitus (55?-120?) 帝政期ローマの政治家・歴史家。

*Tiberius Claudius Togidubnus (or Cogidubnus)

*Purbeck marble　ドーセット州南部のパーベック島産の石灰石で、特に上質のもの。

*Fishbourne Roman Palace & Gardens, Roman Way, Fishbourne, West Sussex, PO19 3QR <https://sussexpast.co.uk/properties-to-discover/fishbourne-roman-palace>

現在、この宮殿遺跡は、古代ローマ遺跡のモザイク数として最大級のコレクションを有する野外博物館*となっている。発掘された遺物の中で注目されたのは各部屋のモザイクの床で、なかでも「イルカに乗ったキューピッド」は保存状態が最も良いモザイクである。

【ウェールズ最大のローマ遺跡】

ウェールズの首都カーディフ*から東におよそ二〇kmのところにカーレオン（カエルレオン）*という名の町がある。ここは紀元一世紀、ローマ支配の時代にイスカ・シルルム*と呼ばれ、エボラクム*（ヨーク）、デヴァ*（チェスター）とともにブリテンにあるローマ軍の常設駐屯地の一つであった。カーレオンには第二軍団オーガスタ*が駐屯し、ウェールズの諸部族を管轄したほか、スコットランドでの戦いや、ハドリアヌスの城壁やアントニヌスの城壁の建造にも携わった。

一辺が一kmの四角い石壁に囲まれたウェールズ最大のこの要塞イスカ・シルルムは、周辺のアスク川*や自然の有利な地形によって守られていた。現在のカーレオンはその遺跡の上に造られている。要塞は最盛期には五五〇〇人もの兵士が住んでいたと言われ、数多くの兵舎に加え、大浴場、屋内訓練場、工房、穀倉の跡が見つかっている。要塞のすぐ外には六〇〇〇人を収容できる円形競技場があり、兵士たちの訓練場として使われ、剣闘の催しも行なわれた。

三世紀末にはイスカ・シルルムから軍隊が去り、ローマ軍が撤退した後のカーレオンは、アーサー王伝説と結びつけられていった。中世ウェールズの騎士物語集『マビ

イルカに乗ったキューピッド

*Cardiff
*Caerleon　「（ローマ）軍団の要塞」の意味。ニューポート(Newport)の北東。
*Isca Silurum　「イスカ」は水、「シルルム」はシルルム族の領地にあったことから。
*Eboracum
*Deva または Deva Victrix
*the Second Augustan Legion　ローマ正規軍団の一つ。
*River Usk

ノギオン』*やジェフリー・オヴ・モンマス*は、アーサー王の王宮*をカーレオンに設定し、円形競技場はその形態からアーサー王の円卓と関連づけられた。聖職者・地誌学者ジェラルド・オヴ・ウェールズ*をはじめ中世の旅人たちに、カーレオンは人気の土地であった。一九六四年に発掘された浴場跡は、イギリスのローマ浴場の中でバースとともに最も完全な形を留めている。浴場博物館*となった現在、浴場跡に加えて、二世紀当時の施設を紹介している。この博物館は、ウェールズの歴史的建造物を保護する政府組織のカドゥ*が管理している。

【温泉の町バース】 ▼世界遺産

古代ローマ人は風呂好きで、正餐《せいさん》の前に風呂に入るのが習慣だった。しかし個々の家に風呂があったわけではない。古代ローマの多くの都市に公衆浴場《テルマイ》*があり、この憩《いこ》いの社交場で人々は半日、時には終日、裸で過ごしていたと伝えられている。二一六年に完成し、今は遺跡としてローマに残るカラカラ浴場*は総面積一一万㎡と巨大で、皇帝から庶民に至るまで多くの人々が利用した。

イギリスにバース*という町がある。ロンドンから西に電車で一時間半の距離にある観光地で、温泉が一つの呼び物である。紀元前九世紀、温かい泥と鉱泉水が発見されたのがそもそもの始まり。町はローマ占領時代の紀元六三年頃に造られ、当時ローマ人はこの町を「スリスの泉」という意味で、アクアエ・スリス*と呼んでいた。スリスは先住民のケルト人が崇拝していた地元の泉の女神で、ブリテン島以外ではドイツ南東部のアルツァイ*にその名が残っているだけである。スリスの語源は古ケルト語で

＊*Mabinogion*　一一世紀後期頃の作品。

＊Geoffrey of Monmouth（1100?-55?）

＊第Ⅱ部第二章【アーサーゆかりのコーンウォール】参照。

＊Gerald of Wales (1146-1223) 第三回十字軍遠征の志願兵を募る旅を『ウェールズ旅行記』(*Itinerarium Cambriae*)に著わす。

＊Caerleon Roman Fortress and Baths（Roman Baths Museum としても知られる）High Street, Caerleon, Newport, NP18 1AE <http://cadw.gov.wales/daysout/Caerleon-roman-fortress-baths/?skip=1&lang=en>

＊Cadw　ウェールズ語で「保存する」の意味。

＊thermae

＊Terme di Caracalla

＊Bath

＊Aquae Sulis

＊Alzey

＊Minerva

＊the Temple of Sulis Minerva

「目、視力」を意味するsuliだという説があり、さらには「太陽」を意味するさまざまなインド・ヨーロッパ語と関連しているとも考えられている。スリスは治癒《ちゆ》の女神ミネルヴァ*としてローマ化され、ケルトの泉信仰の地にローマ風の浴場とスリス・ミネルヴァ神殿*が建てられ、一大保養地へと変身していった。

バースのローマ大浴場は、紀元六五年頃にケルト人とローマ人が共に建設したものである。浴場は「床下暖房*」、スチーム風呂、マッサージ室、水風呂が備わっていた。円柱に囲まれた長方形の大浴槽は、長さ約二五m、幅約一二m、深さ約一・六mの規模である。五世紀にローマ軍が撤退したあと町は衰退し、大浴場は土に埋もれ廃墟となった。一二世紀以降、源泉である聖なる泉は「王の浴場」として改装され、現在も摂氏四六度の湯が湧きでている。この王とは、紀元前八六三年、ブリトン族の伝説上の王となったブラドゥード*のことで、王子の時に患《わずら》っていたハンセン病を温かい泉の泥で完治させたという伝説が残っている。

バースの町が本格的に復活するのは一七世紀末から一八世紀になってからである。町は、社交界の寵児《ちょうじ》ボー・ナッシュ*、起業家で慈善家のラルフ・アレン*、建築家ジョン・ウッド親子*らによる都市計画によって華やかによみがえった。町の北方、円形広場を囲むザ・サークルと

女神スリス・ミネルヴァの頭部

バースの大浴場

*hypocaust　かまどから出た熱を床下の浅い空間に送る暖房装置。

*Bladud or Blaiddyd　モンマスの『ブリテン列王記』(*Historia regum Britanniae*)に初出。

*Richard Nash (1674-1761)　Beauとは「伊達男」のこと。第III部第三章【温泉地――ロイヤル・タンブリッジ・ウェルズ】参照。

*Ralph Allen (1693-1764)

*John Wood, the Elder (1704-54) and the Younger (1728-82)

呼ばれる三三戸の住宅群、三〇戸から成る三日月形ロイヤル・クレセントの住宅群はウッド親子によるもので、建物の前面に立ち並ぶイオニア式*列柱と併せて壮麗な都市美を形成している。ジョージ一世*に始まるハノーヴァー王朝の時代、貴族や上流階級の人たちは、王室の保護の下、ボー・ナッシュが取り仕切るバースで鉱泉水を求め、ポンプ・ルーム*に集った。大浴場が遺跡として発掘されたのは一九世紀になってからである。バースは新旧織りなす町の素晴らしい景観によって一九八七年、世界文化遺産に登録された。

ロイヤル・クレセントの集合住宅

バースのパルトニー橋
イギリスに唯一残る屋根付橋
（ロバート・アダム設計、1774）

*ギリシア古典建築様式の一つ。

*George I（1660-1727 在位 1714-27）

*the Pump Room　一七〇六年建造。現在はティー・ルームになっている。一九〇頁のジョン・ニクソンの絵を参照。

コラム【カエサルのブリテン侵攻――「分割して統治せよ」】

紀元前五五年の晩夏、カエサルはブリテン島への侵攻に出発した。二個軍団と補助軍の総勢一万人程度の兵力を率いた遠征であった。前もって将校ガイウス・ウォルセヌス (Gaius Volusenus) の軍船を偵察に派遣したが、イングランド南東部の沿岸地域の報告しかなく、ブリテンは未知の世界だった。

カエサルはドーヴァー北部のディール (Deal) か、ウォルマー (Walmer) から上陸したらしい。上陸前に嵐に遭遇して艦隊は大打撃を受けたため、戦力は万全ではなかった。ブリテン側の戦車や騎兵隊による攻撃に遭い、さらに食糧不足も伴い、ローマ軍一行は冬に入る前にガリアに帰還。第一回遠征は失敗に終わった。

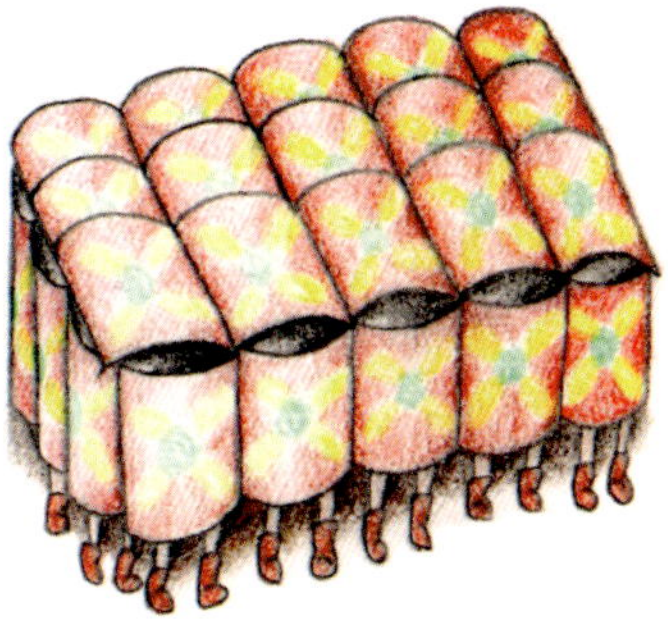

テストゥード隊形

翌、前五四年、今度は五個軍団と補助軍、同盟者の騎兵隊という十分な兵力を整えて侵攻。今回も天候に邪魔されたが、前回とほぼ同じ浜辺に上陸した。カエサルの軍勢はブリトン人の騎兵、戦車、歩兵を振り切って大きく前進し、山上に向かっては、盾で頭を防御しながら密集隊形を組んで行軍するテストゥード隊形* (Testudo) で攻撃した。

カエサルにとって幸運だったのは、敵のブリテン内に分裂が生じていたことだった。ブリテン側のリーダーはカッシウェラウヌス (Cassivellaunus)。ところが、同じくブリテン側であるマンドゥブラキウス* (Mandubracius) は、カッシウェラウヌスに父を殺されてガリアへ亡命していた。彼は王位をとりもどすために、カエサルに人質を渡し、食糧も提供した。

こうしてカエサルは、本来なら敵側であるマンドゥブラキウスを利用することができたのである。被支配者同士を「分割して統治せよ」* (Divide and conquer) とはこのことである。

結局カッシウェラウヌスは追い詰められ、和平を求めてきた。カエサルは人質と年貢を要求し、さらにマンドゥブラキウスの氏族を攻撃しないことをカッシウェラウヌスに誓約させ、ガリアに帰還したのである。

カエサルは遠征の記録を自らの手で『ガリア戦記』に記している。再びローマ軍がこの島に侵攻したのは、これよりほぼ一〇〇年後*のことである。

*テストゥード隊形　ローマ軍が攻囲戦で、特に攻城の際に使う陣形の一つ。ラテン語で「亀」の意味。
*マンドゥブラキウス　現在のエセックス州を中心に勢力を持っていた。
*「分割して統治せよ」　ローマの歴史家タキトゥスが使った言葉。
*西暦四三年、クラウディウス帝がブリタニア遠征を開始。

コラム【ボウディッカ・ウェイ】

一九九〇年代に作られたボウディッカ・ウェイは、ノリッジ(Norwich)を起点にし、ディス(Diss)を終点（あるいはその逆）とする五七kmのウォーキング・ルートである。この散策ではボウディッカの戦いをはじめ、イングランドの史跡だけでなく、南部ノーフォーク州やウェイヴニー峡谷(the Waveney Valley)の自然が楽しめる。ルートはノリッジ→ケスター・セント・エドマンド(Caistor St Edmund)（一〇・一km）→タスバラ(Tasburgh)（一八・五二km）→プラム・マーケット(Pulham Market)（一四・八km）→ディス（一三・五km）の四区間に分割され、体力と時間に合わせてプランが組める。

ノーフォークには肥沃《ひよく》な農耕地があり、大陸との貿易で豊かで、中世にはイングランド中で最も居住人口の多い地域だった。中世の教会は八〇〇以上現存しており、ノルマン風の円塔状の造りで特に知られている。なかにはノルマン征服《コンクエスト》以前のものもある。

ルートに従ってノリッジを南下すると、まもなくイケニ族の市場町*で、ローマの行政中心地だったケスター・セント・エドマンドのそばを通る。聖エドマンド殉教《じゅんきょう》王*(St Edmund the Martyr, 841?-70?)にちなんだセント・エドマンド教会の身廊部分は約九五〇年前のものだ。二区の終点となるタスバラのセント・メアリー教会の一部、円筒形の塔は一〇五〇年頃建てられた。第三区のプラム・マーケットは、一二世紀から一七世紀までは市場町であった。

終点のディスはウェイヴニー峡谷に位置し、湖の周りにできた市場町である。エドワード証誓王*(Edward the Confessor, 1003?-66)時代は王直属の土地であり、ウィリアム征服王*が編纂《へんさん》した土地台帳『ドゥームズデー・ブック』(*the Domesday Book*)にも載っている古い町である。

*古名ウェンタ・イケノールム(Venta Icenorum)は、Market Place of the Iceni の意味。
*聖エドマンド殉教王　イースト・アングリアの王（在位八五五―七〇）で、デーン人侵攻の際、殉教死した。

＊エドワード証誓王　イングランド王（一〇四二―六六）
＊第Ⅱ部第二章【ノルマンディー公ウィリアム――イングランド征服の旅】参照。

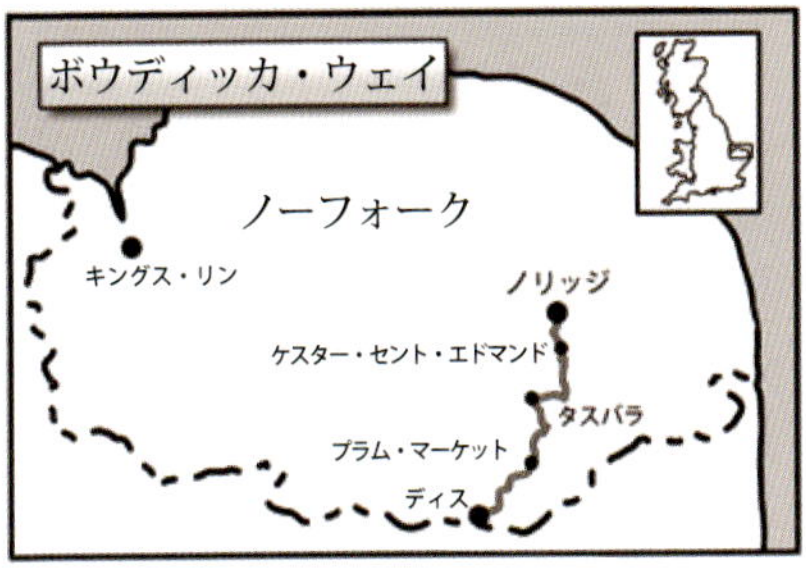

《アーサーの戴冠》(マシュー・パリス、1230-50)
騎士道の理想を体現するアーサーは多くの文学に描かれた

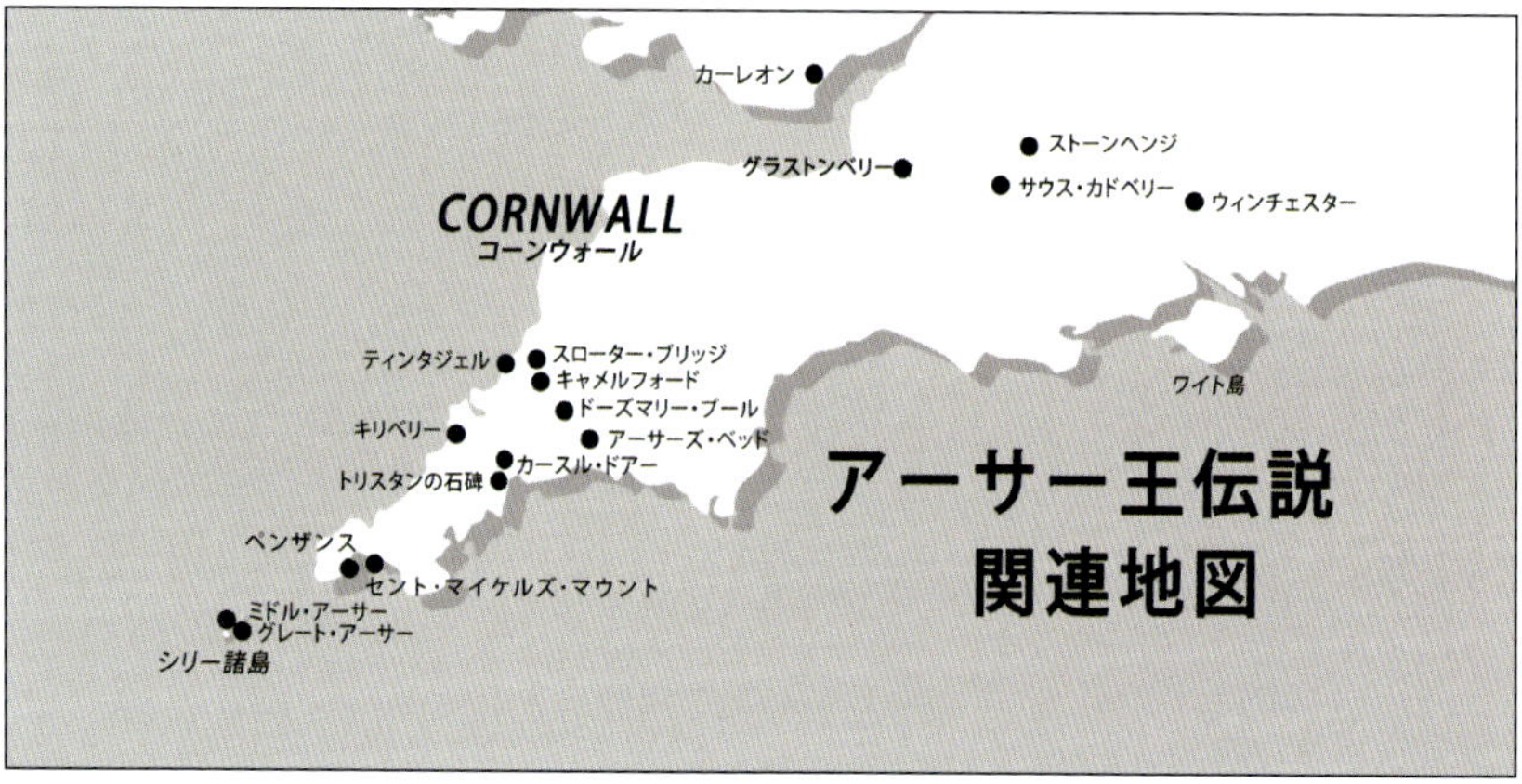

第二章　アーサーを巡る旅

【はじめに――ブリテン史に光芒を放つアーサー王】

ブリテン島では多くの土地がアーサー王と結びつけられてきた。一説によればアーサー王は五世紀後半から六世紀前半にかけて、当時ローマの属州であったブリタニア（今のイギリス）に実在したと言われる人物である。ブリテン史では五世紀から八世紀は暗黒時代と言われ、同時代人による歴史文献資料がほとんどないのが現実であるが、そのような状況のなかで唯一光芒《こうぼう》を放っているのが、アーサー王である。

その背景には、ブルターニュ出身の聖職者で年代記作家であるジェフリー・オヴ・モンマスの影響が大きい。ジェフリーは、六世紀から一二世紀にかけて、ウェールズやコーンウォール、フランス北西部のブルターニュ地方に住んでいたケルト系ブリトン人の間で形作られてきた伝承をもとに、アーサー王伝説を歴史の中に位置づけることによって、アーサー王の名声を不動のものとした。

伝説の大枠は、アーサーは魔術師マーリン*が予言した人物として誕生したということ、岩に突き刺さっていた剣を引き抜いて一五歳で王として即位したこと、サクソン人をベイドン山*の戦いで打ち破り、ブリテン島に理想の王国をつくり、キャメロット*

---

*Merlin　ミルディン（Myrddin）とも呼ばれた。
*Mount Badon　現在のバースと言われている。
*Camelot

に城を築いたということである。そして今日に至るまで、イギリス王室の歴代の王たちはアーサー王に魅入られ、アーサーが理想とした平和と繁栄の王国を追い求めているということも含まれている。

アーサー王伝説の土地は、イングランド北西部のカンブリア地方、ウェールズの北部と南部、コーンウォール地方に点在している。これら一帯はブリトン人が長く独立を保って生活していた地域である。アーサー王が生きていた時代よりもはるか昔の先史時代の遺跡*もあれば、語頭のキャム(Cam)からキャメロットと関係づけられてきたコルチェスター*など、アーサーと関係づけられる土地は多い。とりわけコーンウォール地方のティンタジェル*やサウス・カドベリー*は、考古学的発掘の結果、当時の権力の座であったと証明されている。

【アーサー王の武勇の旅とアヴァロン島】

伝説の王アーサーの出生《しゅっしょう》には秘密があった。ジェフリー・オヴ・モンマスによると、ブリテン島の王ウーゼル・ペンドラゴン*は、コーンウォール公爵ゴールロワ*の妻イグレーヌに惹かれ、マーリンの魔法で公爵に変身して彼女と一夜を共にした。二人の間に生まれたのがアーサーである。アーサーは不義の子であったが、ウェールズのエクトル卿*に養育され、逞《たくま》しく立派な若者に育った。

岩に刺さった剣を引き抜き、王と認められたアーサーは、マーリンの指導によって王としての資質を表わしていく。その決め手となったのが、

アーサーの死、エクスカリバーを湖に返上（オーブリー・ビアズレー）

＊アーサー（ウェールズ語でアルスュール(Arthur)）の名がつく遺跡がウェールズ北部や西海岸に残っている。
＊第Ⅰ部第一章【イギリス最古の町コルチェスター】参照。
＊Tintagel　本章【アーサーゆかりのコーンウォール】参照。
＊South Cadbury
＊Uther Pendragon　「竜の頭」を意味するペンドラゴンは、偉大な王に対する敬称である。
＊Gorlois
＊Sir Ector

湖の乙女から授かった宝剣エクスカリバー*である。剣を手に入れた後のアーサー王の躍進ぶりはめざましかった。彼はブリテン島から北欧へ、さらには大陸、ローマへと遠征を続け、留守中は甥《おい》のモードレッド*に王国を任せていた。しかし、モードレッドが王妃グイネヴィア*を略奪し、結婚しようとしているという知らせを受けたアーサーは、ただちに帰国。王は甥と戦うが、瀕死《ひんし》の重傷を負う。エクスカリバーは王権の象徴として、アーサーが王位にある間だけ、その威力を示した。死を悟ったアーサーは騎士ベディヴィア*に命じ、王剣を湖の乙女に返させた。その後、異父姉で魔法使いでもあるモルガン*によりアヴァロン島*に運ばれ、眠りについたと伝えられている。

ケルトの伝承によれば、アヴァロンはリンゴがたわわに実る至福の島で、アーサー王伝説に取り入れられ、妖精の住む場所となった。ここはモルガンが支配する女人の島であり、異界である。アーサーはこの島で、ブリテン王国の再興のために、自らが復活を遂げる日まで眠ることになった。一二世紀、ヘンリー二世*の治世にはグラストンベリー*が沼地の中にある島だったため、グラストンベリー修道院*の修道士たちはここがアヴァロン島だと主張した。同修道院内のレディ・チャペルの南側の墓地にアーサーが埋葬されているという噂があったため、修道士たちが掘り起こしたところ、オークの棺が見つかった。中には、アーサー王とその妻グイネヴィアと思われる男女の遺体があり、修道院側は聖堂の内陣に社《やしろ》を設け、改めて遺骨を納めた。しかしアーサー王の墓や遺骨はグラストンベリー修道院が仕組んだ作り話だとも言われている。

*Excalibur 「激しい雷」を意味するゲール語の「カラドブルグ」(caladbalg)から。
*Mordred/Modred
*Guinevere
*Bedivere
*Morgan Le Fay（妖精モルガン）マーリンの弟子。
*the Isle of Avalon
*Henry II（1133-89 在位 1154-89）プランタジネット王家初代の王。
*Glastonbury　イングランド西南部サマセット州の町。
*Glastonbury Abbey

アーサー王の墓

【アーサーゆかりのコーンウォール】

コーンウォールはイギリス王室との繋がりが深い。コーンウォール公爵はイングランドで初めて創設された爵位であり、かつてはイングランド王位、現在では連合王国王位の第一継承者に与えられる。[*] コーンウォールは、英雄アーサー王ゆかりの地として、イギリスの王権強化にひと役買っている。

ティンタジェルはコーンウォール半島の北の海岸に位置する。ここにはアーサーが生まれたと言われる城があった。ただし、大西洋に面した険しい断崖の上にその城が建ったのは一二世紀頃なので、五～六世紀に存在したアーサーの生誕と結びつけるのは無理があるだろう。ティンタジェルの海岸には多くの洞窟があるが、その一つが「マーリンの洞窟」[*]である。一説によれば、海岸に流れ着いた乳飲み子のアーサーを、マーリンがこの洞窟で拾い上げたと言われている。

コーンウォールの中央部のヒースに覆われた荒野ボドミン・ムア[*]には、アーサーゆかりの名所がいくつかある。ボドミン・ムアの西を流れるキャメル川に、スローター・ブリッジ[*]という石橋が架かっている。アーサーが甥のモードレッドと戦い、致命傷を負った場所だと言われている。ここから南東へ車で一時間ほど行くと、底なしの湖と言われるドーズマリー・プール[*]が広がる。傷つき倒れたアーサーが、騎士ベディヴィアに命じ、エクスカリバーを投げ入れさせた湖である。近くには王の狩場だった「アーサー王の

ティンタジェル城の遺跡

マーリンの洞窟

＊現在のコーンウォール公爵はチャールズ皇太子である。

＊Merlin's Cave
＊Bodmin Moor
＊Slaughter Bridge　Slaughter は古英語で「沼地」の意味。
＊Dozmary Pool

丘陵地*」と呼ばれる丘がある。丘陵地の高台から見下ろすと、「アーサー王のホール」*と呼ばれる縦四八mと横二〇mほどの土地が、石で囲まれているのが見える。石の数は五六個。上向きの石板は椅子のようにみえ、アーサー王の居城キャメロットの大ホールを彷彿《ほうふつ》させる。

ボドミン・ムアの南東には「アーサー王のクォイト（石舞台）*」として知られるトレセヴィ・クォイト*がある。クォイトとは石壁の屋根となる天井石のことで、円盤投げの「円盤」という意味もある。アーサーの怪力は大きな石までも投げ飛ばす巨人を連想させたのだろう。「アーサー王のベッド*」はトレワサ・トール*の丘の上にある丸石で、そこには人間の形をした窪《くぼ》みができている。

コーンウォール州南西部の町ランズ・エンド*の彼方には、かつて陸続きにリオネス*という国（都市）が存在したという伝説がある。アーサーに仕える騎士トリスタン*の故郷だとされるが、突然の津波で海底に沈んだ。しかし水没を逃れた一部が現在のシリー諸島（コーンウォール公領）になったということである。約一四〇ある小島、岩礁のうち、現在、五つの島を除いて無人である。無人島のなかにはグレート・アーサーとミドル・アーサーと呼ばれる島がある。なおキャメロットの場所についてはさまざまな説がある。キャメル川沿いのキャメルフォード*、少し南に下ったキリベリー*、サマセットのカドベリー・カースル*、あるいはウェールズのカーレオン、イングランド北部のカーライル、南部のウィンチェスター*などが挙げられている。

＊Arthur's Downs
＊King Arthur's Hall

＊Arthur's Quoit
＊Trethevey quoit

＊King Arthur's Bed
＊Trewortha Tor　「アーサー王伝説関連地図」（四二頁）参照。tor は「岩山」の意味。
＊Land's End
＊Lyonesse
＊Tristan, Tristram　アーサー王円卓の騎士の一人。本章【トリスタンとカースル・ドアー】参照。

＊Camelford
＊Killibury
＊Cadbury Castle
＊Winchester

【アリマタヤのヨセフの旅の終着地——グラストンベリー】

現在のグラストンベリーは、世界最大規模のロック・フェスティヴァル*で有名だが、この地は古代キリスト教神話だけでなく、アーサー王や聖杯伝説と関わる宗教・文化・歴史的エピソードが豊富である。

キリスト教の伝説によれば、イエス・キリストが子供の頃、伯父のアリマタヤのヨセフ*に連れられてきたグラストンベリーで、簡素な泥壁の教会を建てて祈ったと伝えられている。もっともよく知られている伝説では、キリストが磔刑《たっけい》により死に、復活を遂げた後、アリマタヤのヨセフがこの地に福音をもたらしたという話である。最後の晩餐の杯《さかずき》で磔《はりつけ》になったキリストの血を受けたヨセフは、聖杯を携えてイギリスに渡り、グラストンベリーにやってきた。長旅で疲れたヨセフは、グラストンベリーの郊外にある丘*に杖を地面に突き刺して眠りこんだところ、翌朝、杖はサンザシ*の木に成長し、花をつけていたという。ピューリタン*はこの話を迷信だと考えて木を伐採《ばっさい》しようとしたが、地元の牧師が枝を切って木のありかを分からないようにしたため、現在もサンザシの古木が葉を茂らせている。毎年、切られた小枝はイギリス王室に届けられ、クリスマスのテーブルを飾っている。

ヨセフは聖杯を、ケルトの冥界《めいかい》の入り口だというトール*の麓《ふもと》へ埋めたと言われている。そこから泉が湧き出てきて、「聖杯の泉」*が誕生した。これが後にアーサー王と円卓の騎士たちによる聖杯探求*の旅物語につながっていき、円卓の騎士たちによって発見されることになる。

ヨセフは、現在のグラストンベリー修道院の廃墟の場所に教会を建て、

キリストの死
アリマタヤのヨセフがイエスの血を聖杯に受けようとしている（「マルコによる福音書」15章43節）

＊六月末に五日間開催されている。
＊Joseph of Arimathea
＊ウィアリオール・ヒル（Wearyall Hill）のこと。グラストンベリーの中心地から南西へ徒歩で一〇分ほどにある。
＊Glastonbury Thorn
＊Puritan　清教徒。英国国教会の改革を唱えたプロテスタントの一派。
＊Tor
＊the Chalice Well
＊本章コラム【聖杯探求】参照。

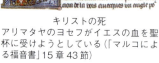

ブリテンにおける最初のキリスト教共同体を創設したと言われている。五～六世紀には、ウェールズの聖デイヴィッド*をはじめ、初期キリスト教の偉大な聖人たちが霊感を求めてここを訪れている。一〇世紀になると、聖ダンスタン*の下で厳格なベネディクト戒律が導入された。一六世紀の修道院解体*によって、最後の修道院長と二名の修道士は絞首刑のうえ、四つ割きにされ、僧院は解体されて巡礼は途絶えてしまった。しかし廃墟と伝説は生きながらえて、今日、再び巡礼の地として、多くの人たちを引き寄せている。

グラストンベリー・トール

グラストンベリー修道院

グラストンベリー・ソーン（サンザシの木）

＊St David (?-601?)　第Ⅱ部第一章【聖デイヴィッド――苦行の道】参照。

＊St Dunstan (909-988)　カンタベリー大司教。

＊第Ⅱ部第一章コラム【修道院と解散法】参照。

【トリスタンとカースル・ドアー】

伯父であるコーンウォールのマルク王に仕えていたトリスタン*は、アイルランドきっての大男モーホルト*と戦ったとき、深手を負った。アイルランド王の娘イゾルデ*に治療してもらったトリスタンは、帰国後、マルクとイゾルデの結婚が決まったため、花嫁を迎えに再びアイルランドへ渡る。帰途、結婚するはずの王とイゾルデのために媚薬《びやく》が準備されていたが、若い二人はそれと知らずに飲み、互いに惹かれあう。到着後はマルク王の追っ手から逃れようとするが、結局イゾルデは捕えられ、マルクの王妃となった。一方、イゾルデへの愛が絶望的だと悟ったトリスタンは、ブルターニュに渡り、別の「白い手のイゾルデ」と結婚。しかし彼が瀕死の重症に陥ったとき、これを癒すことができるのはアイルランドのイゾルデのみと考えて、呼び寄せる手紙を書いた。迎えに行った船長は、イゾルデが乗っていれば白い帆、乗っていなければ黒い帆をかかげることを約束した。船が戻って来たとき、嫉妬深い「白い手のイゾルデ」は黒い帆が上がっていると嘘をつき、絶望したトリスタンは死んでしまう。*ほどなくして駆けつけたアイルランドのイゾルデも後を追って死んだ。二人の遺骸が並んで葬られた墓からブドウの木が生え、互いに寄り添い、絡み合ったと伝えられている。

港町フォイ*から北へ車で一〇分ほど行くと、丘の上に、かつてマルク王の城があったというカースル・ドアー*の砦が広がる。そこには約二・六mほどの石柱が立っている。これは「トリスタンの石碑*」と呼ばれ、碑文は「クノモーラスの息子ドルスターヌス、ここに眠れる」と読める。「ドルスターヌス」は六世紀のトリスタンの名前で、「クノモーラス」はマルク王のことだろうと推測されている。一六世紀になってもう一行「レ

*母は出産直後「悲しみの子」(トリスタン)と名付けて死んだ。
*Morhalt
*Isolde

《トリスタンとイゾルデ》(ジョン・ダンカン、一九一二)
二人は愛の媚薬を飲もうとしている

City of Edinburgh Council

*トマス・マロリーの『アーサー王の死』ではトリスタンはマルク王により王妃の前で殺された。
*Fowey 地図「聖者の道」(八六頁)参照。
*Castle Dore 城跡はここから数マイル北のランティエン(Lantyen)だとも言われている。
*The Tristan Stone

セント・マイケルズ・マウント

ディ・オーシラとともに*」の文字が発見された。「オーシラ」(Ousilla)はコーンウォール語で「イセルト」(Iselt)、これが変形してIsolde「イゾルデ」となった。つまり、碑文の言葉どおりであれば、トリスタンはマルク王の甥ではなく息子であり、イゾルデとともに埋葬されていることになる。

カースル・ドアー近郊にはトリスタン伝説にまつわる場所がいくつかある。一つはセント・マイケルズ・マウント*である。伝説では、マルク王がイゾルデへ送る絹のローブを買うために、隠者《いんじゃ》をセント・マイケルズ・マウントの港へ遣わしたと言われている。またイゾルデ本人が侍女とともに買いに行ったと言う話もある。この他にもチャペル岬のロッシュ・ロック（トリスタンズ・リープ*）という石は、マルク王の追っ手を逃れたトリスタンが対岸に移り飛び、劇的な逃亡を遂げたと伝えられている場所である。

【ウィンチェスター城のアーサーの円卓】

アーサーの円卓が初めて登場したのは、アーサー王伝説の種本となったジェフリー・オヴ・モンマスの『ブリタニア列王記*』をフランス語に訳した『ブリュ物語*』の中である。『ブリュ物語』の作者ウォース*は、アーサー王は騎士たちの序列争いを避けるために円卓を作ったとしている。ウィンチェスターは『列王記』において、アンブロ

---

*DRVSTANVS HIC IACIT CVNOMORI FILIVS CUM SOMINA OUSILLA=Here lies Tristan and Son of Cunomorus with Lady Ousilla

*St Michael's Mount 「アーサー王伝説関連地図」（四二頁）参照。

*Roche Rock (Tristan's Leap)

**Historia regum Britanniae* (1139)

**Roman de Brut* (1155)

*Wace (1100?-74?)

シウス・アウレリアヌス*が好んだ町として登場。またトマス・マロリーは『アーサー王の死』*の中で、ウィンチェスターをキャメロットと同一視している。ウィンチェスターがキャメロットだというのは、アーサー自らがウィンチェスター城の大広間の壁に円卓を架けたことをその証拠としている。

だが、ウィンチェスター城の円卓をアーサーの円卓だとすることは疑問視されている。放射性炭素や年輪の調査により、アーサーの生きた六世紀のものではないことがわかったからだ。この円卓は、一二七〇年代のエドワード一世*の治世に作られたものらしい。*エドワード一世はアーサー王に非常に興味を持っており、グラストンベリー修道院にアーサーの霊廟《れいびょう》を建立したほどである。一五二二年、ヘンリー八世はこの円卓に彩色をほどこさせた。テーブルの席は緑と白に色分けされ、二五人の騎士の名前は金色で書かれている。アーサー王の席に当たる場所にヘンリー八世の像が描かれ、テーブルの中心には赤と白のチューダー・ローズ*が描かれている。

【マーリンの辿った道——予言と魔法】

マーリンは「アーサー王物語」の中で、アーサーの誕生*と王権存続に関わる中心的な存在として登場するが、マーリンの生い立ちと人物像は複雑で謎めいている。文献をたどる限り、マーリンの名が現われるのはジェフリー・オヴ・モンマスの『ブリタニア列王記』が最初である。

マーリンは聖霊（あるいは男性夢魔《むま》）による処女懐胎《かいたい》によって生まれたと言われていた。ウェールズ王ヴォーティガーン*の築城のエピソードでは、城砦《じょうさい》の完成には父なき

---

*Ambrosius Aurelianus　五世紀頃。アングロ・サクソン人と戦ったブリトン人指導者。

*Thomas Malory (1400?-71)　*Le Morte D'Arthur* (1485)

*Edward I（1239-1307 在位 1272-1307）

*エドワード三世（1312-77 在位 1327-77）が作ったという説もある。

*ランカスター家の赤バラとヨーク家の白バラが合体して生まれた。

ウィンチェスター城のアーサーの円卓

*本章【アーサーゆかりのコーンウォール】参照。

*Vortigern　実在性ははっきりしない。

*Carmarthen　ウェールズ語では Caerfyrddin で、Caer と Myrddin

子の血が必要だということで、探させたところ、カマーゼン*に住むマーリンという子供が見つかった。ところがマーリンは、王城が完成を見ないのは地下に淵があり、水門の中に住んでいる赤と白のドラゴンが毎晩戦いを繰り広げているからだと説明した。さらに彼は、イノシシ（アーサーのこと）が現われるまではこの戦いは続くと予言した。

ジェフリーは、白いドラゴン（サクソン人）が赤いドラゴン（ブリトン人）をいつか倒すだろうと語っている。ブリトン人とはアングロ・サクソン人侵入以前に住んでいたケルト系民族のことで、赤いドラゴンはケルトの水の神として現在のウェールズ旗に描かれている。一九五九年、この旗はエリザベス二世によってプリンス・オヴ・ウェールズ*大公領の旗として公式に認められた。

マーリンの魔法の手腕を示すエピソードも豊富だ。その一つに、マーリンはアイルランドから、環状に並んだ石組みをソールズベリーの平原へ移動させたという話がある。その石組みとは、現在、ストーンヘンジ*として知られているものである。伝説では、月明かりの中、マーリンが石の環の中で竪琴を弾くと岩に生命が宿り、石は踊りながらアイリッシュ海を飛び越えて王たちの霊魂が宿る平原にやって来たという。これらの石組みは「巨人の踊り」とも称される。

ジェフリーのもう一つの著書『マーリンの生涯』*では、マーリンは王子として生まれ、発狂して森で野人の生活を送ったのち、正気を取り戻して予言者から賢人へと変貌を遂げている。マーリンの人生の最後は、若いヴィヴィアン*に恋をし、彼女に教えた魔法で人の目には見えない城に捕えられてしまう。こうしてマーリンは永遠に姿を消したが、声だけは今も聞こえるということである。

の合成語で「マーリンの町」の意味。

ウェールズ旗

*Prince of Wales　元はウェールズのケルト族の首長の称号。一四世紀ウェールズを征服したエドワード一世が長子に与えた称号に始まり、伝統的にカナーヴォン城で授与式が行なわれる。現在はチャールズ皇太子（コーンウォール公爵）。第Ⅱ部第二章【エドワード一世のウェールズ征服】参照。

*序【ストーンヘンジの謎】参照。

**Vita Merlini (The Life of Merlin,* 1150)

*Viviane　マロリーの『アーサー王の死』ではニムエ (Nimue) と呼ばれる。

コラム【イギリス王室とアーサー王伝説】

六世紀、ブリテン島はサクソン人の侵入を受けて荒廃していた。そんな時代、ケルト系ブリトン人のアーサーは、岩に突き刺さった王剣を抜き、一五歳で即位。サクソン人を打ち破り、平和の王国をつくった。キャメロットに宮廷を築いたアーサー王は、イギリスの王権強化のための政治・文化的英雄として繰り返し歴史に登場してくる。

一二世紀、ジェフリー・オヴ・モンマスは『ブリタニア列王記』において、アーサーを政治的に「ノルマン征服《コンクェスト》」と結びつけた。これを基にノルマンの血を引く時の王ヘンリー二世は、自分の王座を正当化するため、先祖はアーサーであると主張。グラストンベリー修道院にあるアーサー王とその妻グイネヴィアの墓地にも詣《もう》でている。一三世紀、エドワード一世は、ウェールズ討伐《とうばつ》の帰路、王妃エリナーと同修道院を訪ね、アーサー王のために霊廟を建立。皇太子エドワード（後のエドワード二世）の誕生を祝って、カナーヴォン城(Caernarfon Castle)で円卓の騎士の盛大な宴を行なっている。一四世紀半ば、百年戦争*の火蓋を切ったエドワード三世*(Edward III, 1312-77)は、円卓の騎士団の復興に力をいれ、ガーター騎士団を創設。その長子エドワード黒太子（ブラック・プリンス）*(Prince of Wales, Duke of Cornwall, 1130-76)は、騎士道の華と謳《うた》われた。

一五世紀、サー・トマス・マロリーの『アーサー王の死』が、イギリス最初の印刷業者キャクストン(William Caxton, 1422?-91)によって出版された。「円卓の騎士物語」や「聖杯探求の物語」は、すべてマロリーの創作といわれている。チューダー朝初代の王ヘンリー七世はマロリーの著作に感化され、王妃エリザベスを当時の首都ウィンチェスターに呼び、その地で生まれた子供をアーサーと名付けた。しかし皇太子アーサーは強国スペインからキャサリンを妻に迎えたものの、一五歳で夭折《ようせつ》。アーサー二世としての即位は夢に終わる。

一六世紀、ヘンリー八世もアーサー王の血を意識していた。現在、ウィンチェスター城のグレートホールの壁には、エドワード三世のために作られたと言う「アーサー王の円卓」が掛かっている。ヘンリーはこの円卓の王座に自画像を描かせた。王は第一王妃キャサリンとの間にもうけた長子にアーサーと名づけたが、その子は五二日の短命だった。

イギリス王室史上、最も理想的な君主と言われるエリザベス一世もまたアーサー王の心酔者で、王にまつわる野外劇を好んだ。一六〇三年、女王が亡くなり、スコットランドのジェームズ六世がイングランド王ジェームズ一世として即位、スチュアート朝が始まる。当初、ジェームズは二国を統一したブリテン王アーサーとして歓迎された。

一九世紀、アーサーはイギリスの国民的英雄として、アルフレッド・テニソン (Alfred Tennyson, 1809-92)、オーブリー・ビアズレー (Aubrey Vincent Beardsley, 1872-98)、エドワード・バーン＝ジョーンズ (Edward Burne-Jones, 1833-98) らの文学や絵画に現われる。テニソンは、『王の牧歌』(*Idylls of the King*, 1859) においてアングロ・サクソン民族の優越観を踏まえて、アーサーをサクソン人として描いた。J・コミンズ・カー (J. Comyns Carr, 1849-1916) は戯曲『アーサー王』(*King Arthur*, 1895) で、イギリス君主としてのアーサー像を確立した。王室レヴェルでは、ヴィクトリア女王の夫君アルバート公がウェストミンスター宮殿の自室にアーサー王の偉業を描かせるなど、一九世紀はアーサー王リヴァイヴァルの時代であった。

二〇世紀の中葉、エリザベス二世が女王に即位し、再びアーサー王の血筋が取り上げられた。長子チャールズは、その正式名をチャールズ・フィリップ・アーサー・ジョージという。またその長子ウィリアム王子の名にもアーサーが登場する。王子の正式名は、ウィリアム・アーサー・フィリップ・ルイス・ウィンザーである。

歴史を通して政治的表象として先王たちの心を捉えたアーサー王は、今日、民衆の英雄として各種イヴェント、映画、アニメ、ゲームなどを通して再生産され、その人気は留まるところを知らない。

* Hundred Years' War (1337-1453)　エドワード三世の母がフランス王フィリップ四世の娘であったため、フランス王位を要求したことから起こった英仏間の戦争。
* **エドワード三世**　在位一三二七―七七年。
* **エドワード黒太子**（ブラック・プリンス）「黒太子」の呼称は常に黒っぽい鎧を身に付けていたためとか、フランスでの残虐な行為を「黒」(noir) と呼ばれたためとか言われている。

コラム【聖杯探求】

アーサー王伝説の後半は、円卓の騎士たちが、十字架に架けられたイエス・キリストの血を受けた聖杯を求めて冒険の旅に出るという「聖杯探求」がテーマとなっている。聖杯はアリマタヤのヨセフによってブリタニアに運ばれ、以後、代々の子孫によって受け継がれてきたと言われている。広くヨーロッパには、聖杯や聖遺物には病気治療などの奇跡をもたらすという信仰があった。

伝説によれば、聖霊降臨祭の日* (Whitsunday)、アーサー王の円卓に騎士たちが集っているとき、突如、聖杯が現われ、騎士たちを一周して姿を消したとある。そこへ高潔の騎士ガラハッド(Galahad)が現われ、それまで誰も座ることのなかった円卓の「危険の座」に座るという事件が起こった。不適任者が座ると即座に死ぬと言われていたが、恐れていたことは何も起こらなかった。ガウェインはじめ円卓の騎士たちは、ガラハッドこそが聖杯の騎士だと確信し、次々と聖杯探求に旅立って行った。

　円卓の騎士のうち、聖杯の探求に成功したのは、パーシヴァル(Perceval)、ガラハッド、ボールス(Bors)の三人だった。伝説では、ガラハッドだけが聖杯を手にできた唯一の成功者と描かれている。ガラハッドは最も優れた円卓の騎士ランスロット(Lancelot)とアリマタヤのヨセフの血を引くエレイン姫との間に生まれた一粒種である。コルベニック城(the Castle of Corbenic)で聖杯を見出したガラハッドら三人の騎士たちは、城主の傷を癒したあと、それを携えて東方の神秘の国サラス(Sarras)へと船出。そこでしばらく暮らすが、王になった一番年少のガラハッドが、いち早く天に召され、魂は聖杯と共に昇天する。パーシヴァルは僧になって一年余りで世を去り、ボールス一人が生きてキャメロットに戻り、*彼らが経験した聖杯探求の生き証人となったと伝えられている。

聖杯探求のクライマックス場面
サー・ガラハッドが円卓の危険の座につくと聖杯が現われた（『ランスロ』の写本画、エイヴアール・デスパンク、1475頃）

＊**聖霊降臨祭の日**　キリストの復活後五〇日目に精霊が炎の舌のように、弟子たちの上に降りてきたことを記念する日。

＊ボールスは死亡、パーシヴァルが生きてアーサーに語ったとする別版もある。

コラム【カムランの地を探す旅】

　歴史に残されたわずかな文献をたよりに、アーサー王が戦った最後の古戦場の跡を辿ってみよう。一〇世紀の筆者不詳の史料『カンブリア年代記』*(*Annales Cambriae*)の記録には、五三七年にカムラン(Camlann)の戦いで、アーサーと宿敵メドラウト(Medraut)（ウェールズ語のモードレッド）が戦死したことが書かれている。英雄アーサーについての歴史的証言はこれだけしかなく、アーサーの武勇や偉大さはその後の詩や伝説の領域で肉付けされてきたといえる。

カムランが現存するなんらかの古代ローマの地名だとするなら、それに適合する場所は、ハドリアヌスの城壁のカンボグランナの砦(the Fort of Camboglanna)だと推定される。カンボグランナはアージング川(River Irthing)の支流カム・ベック(Cam Beck)のほとりにあった。言い伝えによれば、戦いは土手で行なわれたということだ。ここは二世紀、ローマ皇帝マルクス・アウレリウス*(Marcus Aurelius)の時代、ローマ軍団の異民族部隊サルマタイ人*(Sarmatians)兵士がブリテン島に派遣されたときに駐屯していた所である。アーサーの時代より前になるが、このローマ六個軍団*の隊長ルキウス・アルトリウス・カストゥス*(Lucius Artorius Castus)と部下のサルマタイ人の兵士たちが、アーサー王と円卓の騎士の原型であるとも言われている。

カムランがどの地名なのかに関しては他にも諸説がある。一二世紀のジェフリー・オヴ・モンマスは、コーンウォールのキャメル川沿いにあるスローター・ブリッジがカムランであると主張した。しかし地元に伝わる伝承では、戦闘は紀元八二二三年頃のことで、六世紀のアーサーの時代と随分かけ離れている。コーンウォール半島の先端で、海に沈んだリオネス(Lyonesse)もその一つである。サマセットのクイーンキャメル(Queen Camel)も候補として挙げられている。またウェールズ北西部のメリオネス州(Merionethshire)にはカムランという地名が実際に存在するなど、カムランの地の探索は今後も続けられるであろう。

*ウェールズの歴史を綴った年代記だが、コーンウォール、イングランド、スコットランドも含まれている。
***マルクス・アウレリウス**　在位一六一―一八〇。五賢帝の一人で、『自省録』をものする。
***サルマタイ人**　紀元前四世紀から後四世紀にかけてウラル南部の黒海北岸に及ぶ地域サルマチア(Sarmatia)に住んでいたイラン遊牧民。
***ローマ六個軍団**　一二二年からブリタニアに駐在。
***ルキウス・アルトリウス・カストゥス**　生没年不明。二世紀後半から三世紀前半。

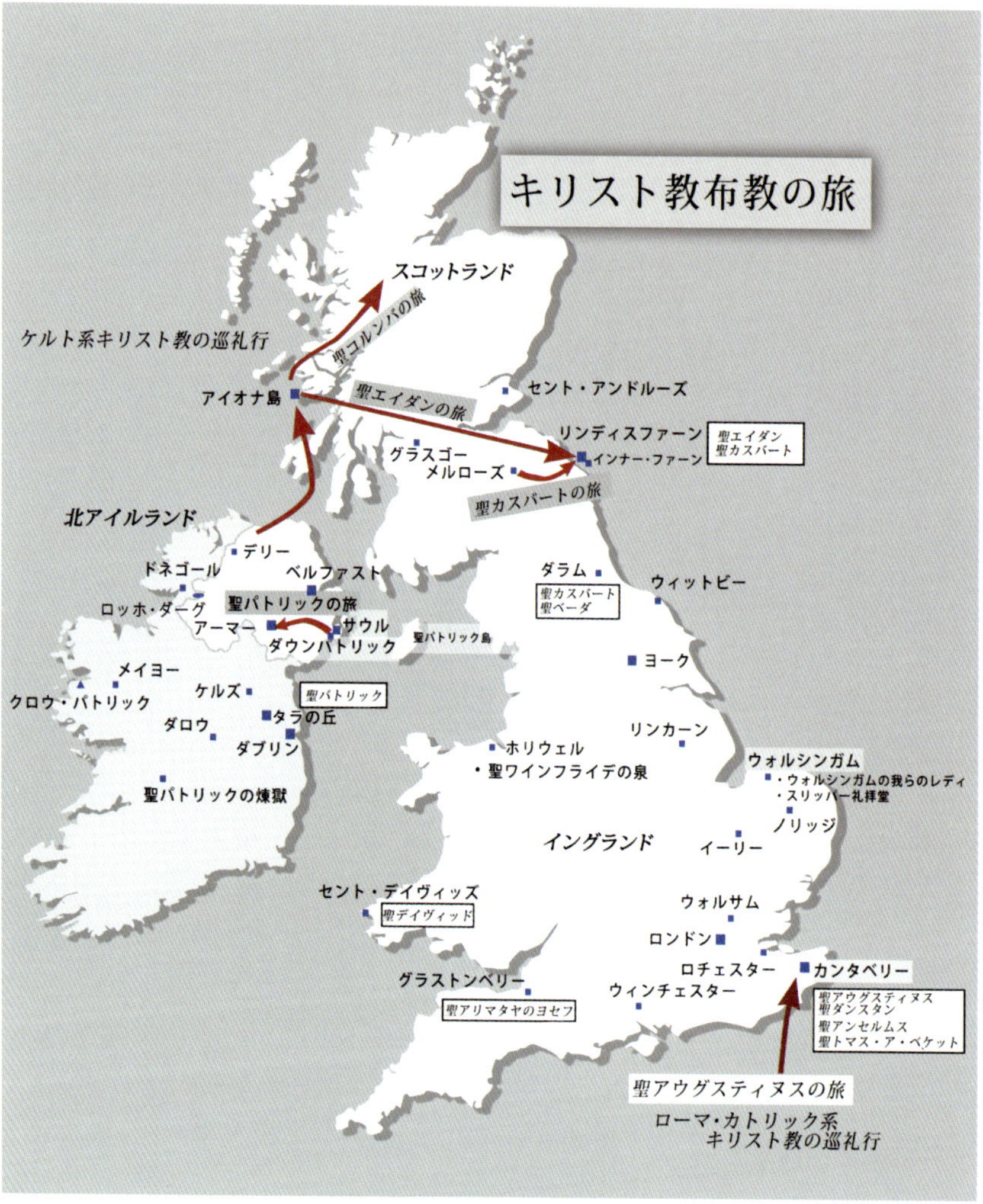

キリスト教布教の旅
スコットランド
聖コルンバの旅
ケルト系キリスト教の巡礼行
アイオナ島
聖エイダンの旅
セント・アンドルーズ
リンディスファーン
聖エイダン
聖カスバート
グラスゴー
メルローズ
インナー・ファーン
聖カスバートの旅
北アイルランド
デリー
ドネゴール
ベルファスト
ロッホ・ダーグ
聖パトリックの旅
アーマー
サウル
ダウンパトリック
聖パトリック島
ダラム
聖カスバート
聖ベーダ
ウィットビー
ヨーク
メイヨー
クロウ・パトリック
ケルズ
聖パトリック
タラの丘
ダロウ
ダブリン
聖パトリックの煉獄
リンカーン
ホリウェル
・聖ワインフライデの泉
ウォルシンガム
・ウォルシンガムの我らのレディ
・スリッパー礼拝堂
ノリッジ
イングランド
イーリー
セント・デイヴィッズ
聖デイヴィッド
ウォルサム
ロンドン
ロチェスター
カンタベリー
グラストンベリー
聖アリマタヤのヨセフ
ウィンチェスター
聖アウグスティヌス
聖ダンスタン
聖アンセルムス
聖トマス・ア・ベケット
聖アウグスティヌスの旅
ローマ・カトリック系
キリスト教の巡礼行

第一章　巡礼の旅

【はじめに――巡礼行、旅の原点】

　中世におけるキリスト教の中心的特質といえば、聖人・聖遺物崇拝であろう。それぞれが奇跡物語で語られ、聖地は神、聖人、聖遺物と切り離せない関係にあった。神の摂理を地上にもたらし、布教のために苦難の道を歩んだ聖人たちは、神の超自然力を授かり、病気治癒や予言、奇跡を行なった。彼らの最期は殉教や苦行の隠者としての死であった。平和のうちに亡くなった場合でも、彼らの遺体や遺骨はことごとく神の御利益《ごりやく》があるものとして、多くの信徒の崇敬の対象となった。

　聖人の墓所の上には礼拝堂が建てられ、命日や祭日には遠方からも御利益を求める多くの人たちが参集した。修道院近隣の川や泉は治癒の効き目をもつ自然の観光資源となり、宿泊・医療施設、特産物を売る店舗などが生まれ、道路や橋なども整備され、巡礼路が形成されていった。他方、巡礼者は所定の参拝コースをたどり、非日常の世界で神を体験し、人格の変容や再生を経て、新たな人生の第一歩を踏み出す契機を得ていた。また巡礼行を終えた後には思い出の記念品を購入し、聖水を瓶に入れて持ち帰ることなどが、ごくありふれた風物誌であった。

ここでは、近代のグランド・ツアーやマス・ツーリズムの原点ともいえる中世の巡礼、すなわち聖人たちが辿った信仰の道に照準を合わせていく。ブリテン島におけるキリスト教は、大きく二つの経路をとって布教活動がなされた。一つは聖パトリックを始祖とし、ローマ支配以来のアイルランド・ケルト系キリスト教が辿った北からの布教の旅である。もう一つは聖アウグスティヌスにより、カンタベリー*を拠点に展開したローマ・カトリックによる南からの布教の旅である。

●ケルト系キリスト教の巡礼行

【聖パトリック――アイルランド巡礼】

アイルランドの守護聖人、聖パトリック*の生まれはウェールズあるいはイングランドと言われている。一六歳の時、パトリックはアイルランドの海賊にさらわれ、奴隷《どれい》として苦難の六年間を過ごした。その後、夢の中で神の声を聞き、脱走して故郷のブリテン島に辿り着いた。そして再び夢のお告げにより、パトリックは一生を神への奉仕に捧げようと決心するのである。後年、彼は司教として再びアイルランドの地に赴き、サウル*から布教を始め、アーマー*に司教座を置き、各地に教会を組織した。最初に改宗したのはドルイド僧や王たちだった。死後、彼はダウンパトリック*の教会に埋葬され、命日の三月一七日*は今日も巡礼者が絶えない。

ケルトの聖地「タラの丘」*で、三つ葉のシャムロック（クローバーの一種）を使って父と子と聖霊の三位《さんみ》一体*の奥義を説いた話は有名である。もともと古代ケルト人にはトリスケル*（三重の螺旋《らせん》）やトライアッド*（三者一組）という思考習慣があった。ト

---

*Canterbury

*St Patrick, Patricius (378-461)

*Saul　北アイルランドのダウンパトリックの近隣地。

*Armagh

*Downpatrick

*「聖パトリックの祝日」として北アイルランドでは休日となり、アイルランド各地でストリート・パレードなどが行なわれている。

*Tara　ダブリンの北方にある丘。王宮があり古代ケルト社会の中心地。

*The Trinity 「父と子と聖霊の名によって洗礼を授ける」（「マタイによる福音書」）。

*triskele / triskelion

*triad

リスケルは太陽の象徴であるが、神々が三つの顔や名前を持っているという思考はケルト人には馴染みのものであり、キリスト教への改宗を説くには好都合だった。

メイヨー州のクロウ・パトリック*は、四四一年、パトリックが四〇日間、断食と祈りを捧げた聖山である。毎年リーク・サンデー*と呼ばれる七月の最終日曜日になると、この山は巡礼者で溢れる。山頂のミサで聖体*を拝受するのに山道を延々二時間、裸足で登る人たちもいる。

アイルランドの北西部、ドネゴール州にある湖ロッホ・ダーグ（紅い湖）*に浮かぶステーション島*の洞窟は、贖罪《しょくざい》と悔恨《かいこん》の霊場であり、「聖パトリックの煉獄《れんごく》*」への入口として有名である。伝承によれば、パトリックが祈りの最中に霊感を得て、杖で地面に輪を描いたところ、大地が口を開けた。地底で火が燃えているのを見た人たちは地獄を見たと恐れをなし、一斉に改宗したということである。ドルイドの神々はパトリッ

「タラの丘」に立つケルト十字架

「タラの丘」に立つ聖パトリック像

*Croagh Patrick
*Reek Sunday　「リーク」はゲール語で「高い山」の意味。実際は標高約七六〇m。
*キリストの身体とされる薄いパン。
*Lough Derg　聖パトリックが大蛇を退治した時、血で真っ赤に染まったことから。
*Station Island
*St Patrick's Purgatory

トリスケル
ケルトの渦巻き型三脚巴

クによってこの洞窟に追い込まれたと言われている。中世末期に至るまで、各国の巡礼者がこの洞窟内で徹夜行を体験したとも伝えられている。ダンテ*もこの洞窟を訪れ、『神曲』の地獄、煉獄の構想を得たという。一七八〇年、洞窟は閉鎖され、現在、三日間の徹夜行は教会内で行なわれている。

◆ヒストリック・スコットランド

【聖コルンバ――アイオナへの旅】

アイオナ島*は、スコットランドの西海岸に浮かぶインナー・ヘブリディーズ諸島*の小島である。島が宗教的に注目されるようになったのは、五六三年、アイルランドの聖人コルンバ*が一二人の弟子たちとこの島に移り住み、キリスト教化に努めたからである。コルンバはドネゴール生まれの王族で、別名「教会の鳩」を意味するコルム・キル*とも呼ばれる。ちなみにアイオナ(Iona)はヘブライ語で「鳩」の意味でもある。

言い伝えによれば、コルンバは学生の頃、師フィニアン*が持っていた美しい装飾の『旧約聖書』の「詩篇」に惹かれて写本した。しかし写本は所有者に対する侵害であり、聖所を侵犯する行為であると*王一族から審判を受け、王側と争いになるまでに深刻化した。この戦いで王側に何千人もの死者が出たのに対し、コルンバ側はたった一名だった。これが原因でコルンバはアイルランドを追放される。コルンバは死者たちの魂の救いを祈りながら、アイオナ島に辿り着く一五年にわたる布教の旅で、デリー*、ダロウ*、ケルズ*に修道院を建立。彼がアイオナに創建した修道院は、スコットランドおよび北部イングランドの布教の中心となった。五六五年にはブレンダン*がこの島にコルンバを訪問したと伝えられている。五九七年、コルンバは死去。巡礼地としてのアイオナの名声は高まった。

ダンテ『神曲』煉獄篇
(ギュスターヴ・ドレ、1868)

*Dante Alighieri (1265-1321) イタリア、フィレンツェの詩人。

*Iona

*Inner Hebrides

*St Columba (521-97)

*Colum Cille (Church Dove)

*St Finnian of Moville (495?-589)

*聖書を無断で写筆することは禁じられていた。

*Derry

*Durrow

*Kells

*Brendan (484?-578?) 本章コラム【聖ブレンダンの航海とアメリカ大陸】参照。

八世紀末、ヴァイキングのたび重なる襲撃を受け、コルンバの遺骨はアイオナ修道院からアイルランドとスコットランド本土に二分された。遺骨の一方は、アイルランドのダウンパトリックで聖パトリックとともに眠っている。もう一方は箱*に入れられ、スコットランド内を移動する過程で、中の遺骨の所在がわからなくなった。八〇六年には六八名の修道士がヴァイキングに殺害されるという惨劇に見舞われた。コルンバを偲《しの》んでアイオナ修道院で制作され、のちにケルズに移された有名な装飾写本『ケルズの書』*は、これらの多難を乗り越えた歴史の証人である。現在この写本は、ダブリン大学トリニティ・カレッジ博物館が所有している。

今日、アイオナ島の巡礼のハイライトは、島の南端にある「聖コルンバ湾」*であろう。コルンバが初上陸し、石塚を建てた湾港である。浜には色とりどりの小石が散らばっている。巡礼者は小石を二つ選び、一つは罪や重荷を取り除くために海に投げ入れ、もう一つは新しい決意の象徴として持ち帰っていく。一九七九年以降、アイオナ島はスコットランド・ナショナル・トラスト*の管理下に置かれている。またアイオナ修道院は二〇〇〇年、スコットランドの歴史的遺産を保護する公的団体ヒストリック・スコットランド*に譲渡された。復元されたアイオナ修道院には、シェイクスピア*の悲劇の主人公マクベス*が眠っている。

ヴァイキングの襲来（９世紀）

『ケルズの書』の中の「キリストの肖像」

*この箱は一二〜一三世紀頃、アバディーン州のモニーマスク(Monymusk)修道院に所蔵されたことから「モニーマスク聖遺物箱」と呼ばれている。

**the Book of Kells*

*the Bay of Coracle / Columba's bay

*the National Trust for Scotland

*Historic Scotland

*William Shakespeare (1564-1616)

*Macbeth（在位 1040-57）マクベスは従兄のダンカン一世を殺害し、王位を奪った。当時アイオナ島はスコットランド、アイルランドの王たちの埋葬地だった。

◇イングリッシュ・ヘリテッジ

【聖エイダン――リンディスファーンへの旅】

イングランドの北東、ノーサンバーランド州にリンディスファーン*という離島がある。別名ホーリー・アイランド*と言って、中世のケルト系キリスト教布教の基点である。東西が約五km、南北が約二km半の小島で、潮が満ちると島になり、引潮になると本土のブリテン島と長さ五km弱の一本の土手道*でつながる。現在も多くの人たちの巡礼地となっている。

ブリテン島がアングロ・サクソン族の異教に晒《さら》されていた六三五年、ノーサンブリア*の王オズワルド*の要請をうけた聖エイダン*が、スコットランドの南西の離島アイオナからこの島にやって来た。当時まだ英語を話せなかったエイダンは、将来の布教のことを考え、英語が話せるフランシスコ修道会の少年見習い僧を一二名連れてきた。彼らはリンディスファーン修道院を建て、祈りと学問と瞑想《めいそう》の生活を送り、布教に努めた。聖エイダンが起こす奇跡は人びとの心をつかんだと言う。

六五一年八月三一日、聖エイダンは天から下ってきた一条の光に包まれて天に昇っていったと伝えられている。七九三年、リンディスファーン修道院はヴァイキングに破壊され、修道士の中には殺害されたものもいた。たび重なる襲撃に耐えかねた修道士たちは、八七五年、この島を去った。リンディスファーン修道院はノルマン時代にベネディクト会によって再建され

リンディスファーン修道院の廃墟

聖エイダン像。右にリンディスファーン修道院、左奥にリンディスファーン城が見える

＊Lindisfarne

＊Holy Island

＊現在は舗装道路。この南側には今も歩いて渡れる巡礼路がある。

＊現在のノーサンバーランドにあったアングル人の土地。アングロ・サクソン時代の七王国の一つ King of Northumbria

＊Oswald（在位 633-41）

＊St Aidan (d.651) アイルランドの聖人。コナハト生まれ。

たが、一五三六年、ヘンリー八世の修道院解体*で放置されて廃墟となった。一九世紀に保存活動が始まり、この廃墟は現在、イングリッシュ・ヘリテッジの管理下にある。

【聖カスバートの祈りの旅——リンディスファーンからダラムへ】

聖カスバート*の幼少の頃はさだかではない。六五一年、一六歳の時に聖エイダンの魂が昇天するのを見て修道士になることを決心し、メルローズ修道院*の門をたたいた時から歴史に登場してくる。五九六年、ローマ教皇が派遣した聖アウグスティヌスにより、南のカンタベリーを拠点にローマ・キリスト教会の勢力が拡大。さらに六六四年のウィットビー公会議*における「復活祭論争*」で、北のケルト系キリスト教会は敗れ、弱体化の道を辿っていた。そんな状況の中、同年、指導者を失って荒廃していくリンディスファーン修道院を建て直すために招かれたのが、聖カスバートであった。

聖カスバートは、一〇年ほど修道院経営に携わった後、念願のインナー・ファーン島*での隠棲生活に入った。それからさらに一〇年後の六八四年、教会とエクフリス王*

リンディスファーンに迎え入れられる聖カスバート

ベーダの『聖カスバート伝』に基づく写本（12世紀）。死後10年たっても損なわれていなかったカスバートの遺体

*本章コラム【修道院と解散法】参照。

*St Cuthbert (635?-687)

*Melrose　エディンバラの南東約五〇㎞にある。

*The Synod of Whitby

*復活祭の日の決め方に関する論争。春分に一番近い新月の日にするというケルト系キリスト教会に対し、直後の日曜日にするというローマ教会の方式が採用された。現在、春分後の最初の満月の次の日曜日になっている。

*the Inner Farne　ノーサンバーランド沖にある島の一つ。

*Egfrith / Egfrid (645?-85 ノーサンブリア王 670-85)

の説得によって、リンディスファーン修道院の第五代司教となった。二年間、修道院経営と宣教に努めた後、死期が近いのを悟った彼は、再びインナー・ファーン島での隠遁生活に戻った。六八七年三月二〇日に亡くなると、カスバートの亡骸は遺言どおり、インナー・ファーン島に埋葬された。その直後から、島は病気治療の霊験《れいけん》あらたかな場となっていった。六九八年、聖者として奉納されるために遺骸がリンディスファーンに移されるとき、死後一〇年以上経っていたにもかかわらず、腐敗しておらず、カスバートの聖性がさらに証明されることになったと言う。

リンディスファーンはその後、ヴァイキングのたび重なる侵略を受けた。修道士たちはカスバートの亡骸と『リンディスファーンの福音書』*を携え、島を出て、長旅の末、九九五年にダラム*の地に辿りついた。聖カスバートのために石造りの白い教会が建てられ、ダラムは巡礼の地となった。遺骸は一一〇四年にダラム大聖堂*に安置され、現在に至っている。

【聖デイヴィッド――苦行の道】

聖デイヴィッド*は、六世紀に活躍したウェールズの守護聖人である。言い伝えでは、聖デイヴィッドはペンブルックシャー*の生まれで、母ノン*が族長サントに凌辱されて生まれたと言う。嵐の日、ノンは絶壁の大岩にしがみついて息子を産もうとした時、稲妻が天から下り、岩が二つに割けた。のちにこの岩の一つが、セント・デイヴィッズ大聖堂*の礎石《そせき》となり、もう一つは聖ノン教会*と聖なる泉の源*となった。

デイヴィッドは南ウェールズのヴェール・オヴ・グラモーガンの修道院*で信仰生活

＊the Lindisfarne Gospels　七〇〇年初頭にイードフリス(Eadfrith)によってリンディスファーンで作成されたと言われている。原本は大英博物館所蔵。

＊Durham　本章コラム【ダラムの町――大聖堂と城】参照。

＊Durham Cathedral

＊St David (520?-600?)

＊Pembrokeshire　ウェールズ南西部の旧州（―一九七四）。現在は同名の独立自治体。

＊Non / Nonna, Nonnita とも言われる。

＊St David's Cathedral

＊the Chapel of St Non　現在は遺跡。

＊二〇〇九年、ベネディクト教皇がこの聖泉の水を使用してミサを行なった。

＊the Vale of Glamorgan　自治都市。

を始めた。スランゼウイ・ブレヴィ*で開かれた宗教会議に行った時、最初の奇跡が起こった。会場がざわつき口論になった時、デイヴィッドが立っていた地面がひとりでに盛り上がり、彼は場内を鎮《しず》め、素晴らしい説教をした。その時、一羽の鳩（聖霊の力による雄弁さの象徴）が舞い降り、デイヴィッドの肩に止まったと言われている。彼は隠者として厳しい修行に励み、口に入れる物はほとんど水だけという日々を送ったため「水だけ苦行者」と呼ばれた。苦行を終えた彼はウェールズ、コーンウォール*、ブルターニュを旅し、一二の僧院を建立。さらに遠くローマを経て、エルサレムへの大巡礼も行なった。故郷に戻ったデイヴィッドは修道院を創設し、そばを流れるアラン川*で多くの人たちに洗礼を施した。デイヴィッドの遺骸は、現在のセント・デイヴィッズ大聖堂の前身である修道院に埋葬された。一〇～一一世紀のヴァイキングの襲撃、略奪を乗り越えた聖人の聖遺物は移動式の棺に納められ、その後、修道院の跡地に建てられたセント・デイヴィッズ大聖堂に安置された。

一一二三年にはローマ教皇カリクストゥス二世*によって列聖され、彼を祀《まつ》るセント・デイヴィッズ大聖堂は、中世を通じて西洋世界の巡礼の中心地となった。教皇の布告によれば、「大聖堂への二回の巡礼はローマへの一回の巡礼に等しく、三回ならばエルサレムへの一回に値する」とまで言われた。しかし一六世紀の宗教改革によって、大聖堂はイングランド国教会の主教区となり、デイヴィッドの聖遺物は密かに持ち出され、今も行方がわからない。ウェールズには聖デイヴィッドを祀る教会は多く、ウェールズだけでも五〇を数える。

聖デイヴィッド

*Llanddewi Brefi　カーディガンシャーにある。

*グラストンベリーではアリマタヤのヨセフの教会を訪問。第Ⅰ部第二章【アリマタヤのヨセフの旅の終着地――グラストンベリー】参照。

*River Alun

*Pope Calixtus II（1065?-1124　在位 1119-24）

コラム【ダラムの町――大聖堂と城】

▼世界遺産

ダラムはイングランドの北東部にある都市で、カンタベリーよりも古くからの巡礼地である。ダラム大聖堂と城は、U字型に大きく蛇行《だこう》するウィア川(River Wear)に囲まれた町の高台に隣接して建っている。

ダラム大聖堂は聖カスバート*の遺体を納める礼拝堂として建てられた。一〇九三年に初代司教ウィリアム・カリレフ*(William of St Carilef, d.1096)によって着工され、一二世紀初め、司教フラムバード*(Ranulf Flambard, 1060?-1128)の時代に完成。完成に至るまでの時期はノルマン王権の絶頂期であり、大陸の名工や設計技師がイングランドに集まっていた。

ダラム大聖堂

ダラム城

その結果、ダラム大聖堂はブリテン島で最も美しいノルマン・ロマネスク様式で建てられた。その後、ガリラヤ礼拝堂*(the Galilee Chapel)や九つの祭壇の礼拝堂*(the Chapel of the Nine Altars)が増築されるなど、増改築を経て現在に至っている。

聖堂内の宝物館には、聖カスバートの聖遺物が展示されている。キリストや四人の福音書記者*、聖母子像が表面に線刻されたオーク材の棺やカスバートの十字架は一見に値する。また宝物館には、聖カスバートの伝記作者で偉大な年代記編者の聖ベーダ*(Beda Venerabilis, 672?-735)の遺体も安置されている。

ダラムはスコットランドとの国境に近い位置にあるため、北の防衛拠点と考えたウィリアム征服王は、一〇七二年に城の建造を始めた。ダラム城は外壁（ベイリー）で囲まれ、その中の築山（モット）に建築され、モット・アンド・ベイリー式(Motte-and-Bailey)と呼ばれる中世ノルマン式城郭《じょうかく》の典型である。ノルマン様式の重厚で荘厳な造りの城は、一八世紀に大部分がゴシック様式に建て替えられた。ダラム城は一九世紀前半まで歴代の司教の住居であった。司教はプリンス・ビショップ(Prince Bishop)と呼ばれ、一四世紀以来、政治的にも経済的にも国王に匹敵する絶大な力を持っていた。その権力は一八三〇年代まで続いた。

城は現在、ダラム大学*(Durham University)の学生寮となっていて、夏には学生によるガイドツアーがある。大学の建物の一部と大聖堂は映画『ハリー・ポッター』のホグワーツ魔法学校の授業シーンのロケ地としても使用された。一九八六年、大聖堂は城とともに世界遺産に登録された。

*本章【聖カスバートの祈りの旅――リンディスファーンからダラムへ】参照。
***ウィリアム・カリレフ**　一〇八〇年にウィリアム征服王によりダラム司教に指名。
***司教フラムバード**　民衆から収奪した金でウィリアム三世(一〇六〇―一一〇〇)の乱脈な財政を支えた。
***ガリラヤ礼拝堂**　一一七五年建造。
***九つの祭壇の礼拝堂**　一二四二年～一二八〇年の建造。
***四人の福音書記者**　新約聖書の四つの福音の作者。マルコ、マタイ、ルカ、ヨハネ。
***聖ベーダ**　主著『イングランド教会史』(*Historia ecclesiastica gentis Anglorum*, 731)。
***ダラム大学**　オックスフォード、ケンブリッジ大学に続いてイングランドで三番目に古い大学。

コラム【セント・アンドルーズの巡礼路】

イスラエル北部ガリラヤ(Galilee)の漁師だったアンドルー(アンデレ)はイエスの弟子となり、ギリシアの南西部海岸に位置する港町パトラス(Pátra / Patras)でX十字架に架けられ殉教した。*四世紀に聖レグルス(St Regulus / St Rule)が、聖アンドルーの遺骨を「地の果て」まで運ぶようにと夢でお告げを受けて旅に出るが、途中、船が難破してスコットランドの東海岸に漂着した。その地がのちにセント・アンドルーズ*(St Andrews)と呼ばれるようになった。

一一六〇年にアンドルーの遺骨を納めるため、セント・アンドルーズ大聖堂の建立が始まった。大聖堂はスコットランド最大の教会であり、中世には信仰の中心地として巡礼も盛んになり、とくに大陸からの巡礼者は増加した。当時の巡礼ルートは大聖堂に集結するようにファイフ州に張り巡らされており、フォース湾に到着するフェリー航路も整備されていた。しかし一六世紀の宗教改革後、大聖堂は放置され、五〇〇年以上続いた巡礼も途絶えてしまった。

聖アンドルーはX型の十字架で殉教した

セント・アンドルーズ大聖堂跡

近年、中世の巡礼ルートが歩けるように再開発されて各地で巡礼が復活してきた。二〇〇〇年にはセント・アンドルーズからエディンバラまで中世の巡礼ルートを踏襲した巡礼が行なわれ、「聖アンドルーの道」(The Saint Andrew's Way)として巡礼路が復活した。さらに二〇一二年からは「セント・アンドルーズの道」(The Way of St Andrews)という現代的な巡礼ウォーキングが新たに企画された。聖ヤコブの遺骸があるとされるスペインのサンティアゴ・デ・コンポステーラには有名な巡礼路「サンティアゴの道*」(世界遺産 El Camino de Santiago de Compostela)があり、現在も年間二〇万人以上もの巡礼者が訪れている。サンティアゴのように、かつて主要な巡礼地であったセント・アンドルーズも、現代の巡礼愛好者を世界中から呼び寄せられるかもしれない——こうした思いつきが「セント・アンドルーズの道」という企画に結び付いたのである。

「セント・アンドルーズの道」には短いルートや長いルートがあり、それぞれの旅程や体調に合わせて選択し、一部は交通機関を利用し、途中から巡礼ルートに入ることもできる。エディンバラ→セント・アンドルーズ（一〇〇km）、ロスリン・チャペル*(Rosslyn Chapel)→エディンバラ（一六・六km）、アイオナ→セント・アンドルーズ（二七九km）などのルートが整備され、長い行程には途中、ベッド・アンド・ブレックファスト*の宿泊施設もある。

* **St Andrew**　青地に白い斜め十字の聖アンドルー旗がスコットランド旗となる。
* **セント・アンドルーズ**　ファイフ州にある北海に面する町。ゴルフ発祥地として知られる。
* **「サンティアゴの道」**　主にフランスからピレネー山脈経由でスペインに入る四つの道を指す。
* **ロスリン・チャペル**　映画『ダ・ヴィンチ・コード』（二〇〇六）のロケ地の一つ。
* **bed-and-breakfast**　朝食付きの安価な宿泊施設。

◉ローマ・カトリック系キリスト教の巡礼行

【聖アウグスティヌスの旅】

　五世紀の中頃、北欧のアングル族とサクソン族がイギリスに侵入したため、ブリトン人はブリテン島の北部に追いやられていた。ケルト系キリスト教の布教を除いて、信仰の火はほとんど消滅状態であった。教皇グレゴリウス一世*はローマの奴隷市場でアングル族の奴隷少年が売られているのを見て、天使《アンジェル》を想起し、イギリスのアングロ・サクソン人をキリスト教化しようと考えた。教皇は五九七年、ベネディクト会士のアウグスティヌス*をブリテン島に派遣した。

　アウグスティヌスは、四〇名の会士を伴ってフランス経由でサネット島*に上陸し、ときのケント王エゼルベルト*に歓迎された。王は数年前にフランス王の娘でキリスト教徒のベルタ*を王妃に迎えていたこともあり、同年のクリスマスの日、王の臣下の一万人が洗礼を受けた。これは「カンタベリーの奇蹟」と呼ばれている。ローマ占領時代のカンタベリーは軍事基地であり、現在も残る楕円形の市壁はその時代のものである。カンタベリー大司教となったアウグスティヌスは、市壁の内部にイングランド布教の中心となる司教座聖堂*を創設し、市壁の外には修道院*を構え、イギリスの歴代の王たちの遺体を葬る場にした。

　アウグスティヌスの死後、遺体は修道院に葬られ、巡礼の地となった。一四世紀、修道院の敷地には菜園やぶどう園、二〇〇〇巻を超える写本を蔵する付属図書館も完備されていて、全盛期には市壁内のカンタベリー大聖堂*とその規模を競っていたと言われる。しかし一五三八年、ヘンリー八世による修道院解散令*によって閉鎖され、朽

---

*Pope Gregory I（540?-604 在位 590-604）

*Augustinus (?-607?)

*Isle of Thanet　ケント州の極東に位置する。当時はタナトゥス (Tanatus) として知られていた。

*Ethelbert (560-616)　最初にキリスト教に帰依したアングロ・サクソン王。列聖される。

*Bertha　フランス王カリベルトの娘。

*Cathedral

*アウグスティヌスの死後、聖アウグスティヌス修道院 (St Augustine's Abbey) と呼ばれるようになった。

*Canterbury Cathedral　本章次項【聖トマス・ベケットと巡礼路――カンタベリー大聖堂】参照。

*Dissolution of the Monasteries　本章コラム【修道院と解散法】参照。

ち果てるままにされ、そのとき遺体も失われてしまった。現在、修道院の遺跡は世界遺産に登録され、イングリッシュ・ヘリテッジの管理下にある。

【聖トマス・ベケットと巡礼路——カンタベリー大聖堂】　▼世界遺産

ロンドンから南東のドーヴァーに向かう途中にカンタベリーの町がある。中世には大司教座*を持つイングランド第一の宗教都市であった。一〇七〇年、カンタベリー大司教ランフラン*はアウグスティヌスが建てた大聖堂跡に聖堂を建設し始めた。一一七四年にノルマン時代の聖堂は火災で焼失したが、長期にわたる工事の結果、一五〇三年、ノルマン様式、ロマネスク様式、バロック様式、ゴシック様式の建築様式を取り入れた壮麗な歴史建造物として大聖堂が完成した。一六世紀、ローマ・カトリックから独立したとき、カンタベリー大聖堂はイングランド国教会*の総本山となり、一五五九年、エリザベス一世はカンタベリー大司教をカンタベリー大主教*に改めた。大聖堂には聖ダンスタン*や聖アンセルムス*などのカンタベリー大司教をはじめ、多くの聖人が葬られている。カンタベリーが巡礼地として有名になったのは、ヘンリー二世*と教会の自由をめぐって対立した大司教トマス・ア・ベケット*が、一一七〇年、王の配下によって聖堂内で暗殺されたことによる。死の数日後から奇跡が起こり始め、一一七三年二月二一日、トマスは列聖*された。その後、多くの巡礼者がカンタベリーに訪れるようになり、一四世紀にはジェフリー・チョーサーの傑作『カンタベリー物語』*が生まれた。

カンタベリー大聖堂は上から見ると十字架の形をしている。南西の端が正面入口で、

---

*Archbishop's see 本章コラム【歴史遺産の町——ヨーク大聖堂】参照。
*Lanfranc（在位 1070-89）
*Anglican Church 正式名はアングリカーナ・エクレシア（Anglicana Ecclesia）。
*the Primate of All England
*St Dunstan（909?-88 カンタベリー大司教 959-88）
*St Anselmus Cantuariensis（1033-1109 カンタベリー大司教 1093-1109）
*Henry II（1133-89 在位 1154-89）
*St Thomas À Becket（1118-70 カンタベリー大司教 1162-70）暗殺は一二月二九日。
*canonization 聖人として認可を受けること。
*Geoffrey Chaucer（1340?-1400）*The Canterbury Tales*

中に入ると縦に長い身廊*が東へ伸びている。それに続く聖歌隊席は身廊より高い位置にあり、聖堂内陣*と主祭壇は幅広の階段を上ったさらなる高見に位置している。それよりもなお高い所にあるのが、東の本堂奥、聖トマスの聖廟であるトリニティ・チャペルとコロナ*である。聖堂の北西翼廊はトマスが殉教したとされる場所で殉教翼廊*と呼ばれている。ここには殺害の剣を模した殉教の碑が建てられ、暗殺を描いた中世の絵画の模写が掲げられている。

聖堂内で最も古いロマネスク様式の地下聖堂《クリプト》*は、キリストの墓であるエルサレムの聖墳墓*をモデルに造られ、巡礼の重要な場所となっている。巡礼者は殉教場所から階段を下り、地下聖堂を東に進んだあと、巡礼者の階段*を上って主祭壇に至り、最終目的地である本堂奥のトリニティ・チャペルとコロナに辿り着く、という身体的・精神的な旅をする。ロウソクが一本立てられた聖廟の床下にはトマスが埋葬され、チャペルの北側にはトマスの生涯と奇跡を物語るステンドグラスが飾られている。このチャペルにへ

*the nave　南北に走る短い翼廊(transept)と交差して十字を形成している。
*the presbytery　主祭壇を安置する聖職者専用の空間。
*the Corona　コロナは宝冠のことで円筒タワーの聖廟の名称となっている。トマス暗殺時にかぶっていた宝冠が刺客の剣により切断されたことから命名された。
*the Martyrdom Transept
*the crypt　礼拝・納骨に用いる。
*the Holy Sepulchre
*the Pilgrim's Steps

カンタベリー大聖堂内の主祭壇

トマス・ベケットの殉教

ンリー四世*と王妃*の聖廟や、百年戦争の時に活躍したエドワード三世の嫡男《ちゃくなん》ブラック・プリンス（エドワード黒太子）の墓もある。

聖トマス・ベケット（カンタベリー大聖堂ステンドグラス）

一九八八年、カンタベリー大聖堂は、廃墟となった聖アウグスティヌス修道院と、アウグスティヌスが修道院建立前に布教拠点としていた聖マーティン教会*とともに、世界遺産に登録された。

【ウォルシンガム――イングランドのナザレ】

イングランド東部のノーフォーク州にある小村ウォルシンガム*は、聖母マリア崇拝の巡礼地である。エドワード証聖王（懺悔《ざんげ》王*）の統治時代の一〇六一年、地元の宿の女主人リチャルディーズ*の前に聖母マリアが現われ、「ナザレの家」に似せた聖所を建てるように告げたと言う。ナザレの家とは、天使ガブリエルがマリアにイエス・キリストの誕生を告げた聖なる家である。リチャルディーズは私財を投じて「ウォルシンガムの我らのレディ*」という木造のチャペルと修道院を建てた。

ウォルシンガムの聖所は、病気や災難から奇跡的な回復力を授けることで評判が高まった。とくに、十字軍が聖地エルサレムから持ち帰った小瓶入りの「マリアの乳《ミルク》」の力が聖所の魅力を引きたてた。これはベツレヘムの聖母マリアの洞窟「ミルク・グロット*」内部の白亜質《チョーク》の土が溶け込んだ乳白色の水のことである。聖所にはその白い

---

*Henry IV (1367-1413)　エドワード三世の孫。ヘンリー・ボリングブルックの名でも知られている。ランカスター朝を開いた。

*Joan of Navarre (1370?-1437)　イベリア半島のナバラ王国の王女。ヘンリー四世の二番目の妻。

*St Martin's Church　建立年不明。ロンドンの同名の教会とは別のもの。

*Walsingham　正式には Little Walsingham のこと。

*Edward the Confessor (1004-66)　第Ⅱ部第二章コラム【権力の座――ウェストミンスター寺院】参照。

*Richeldis de Faverches

*Our Lady of Walsingham

*Milk Grotto / Cave of Our Lady Milk として知られている。ベツレヘムの洞窟の上には小さな礼拝堂が建っている。

*Henry III（1207-72 在位1216-72）

*エドワード一世、二世、三世、ヘンリー四世、七世などがいる。

*Henry VIII（1491-1547 在位1509-47）

石塊としても置かれていた。ウォルシンガムは「イングランドのナザレ」、ブリテン島は「マリアの贈り物」と呼ばれ、中世にはヨーロッパ中から巡礼者が押し寄せ、国王や王妃も訪問した。一二二六年、ヘンリー三世*の訪問をはじめとしてエドワード一世は一一回、その後も歴代の王族の訪問が続いた。*ヘンリー八世*は王子の時代と国王の時代に一度ずつ訪れ、カトリックの王妃キャサリン・オヴ・アラゴン*は常連の巡礼者であった。一三〇四年には、聖所の一マイル（約一・六km）手前に「スリッパー礼拝堂」*が建立され、靴を脱いだ巡礼者はそこから裸足で参詣した。一五一一年、ヘンリー八世は第二子ヘンリー王子*の健康を願って裸足で参詣した。

しかし一五三八年、宗教改革により修道院は破壊され、マリア像はロンドンで焼かれた。修道院の跡は個人の所有になったが、その後も巡礼は細々と続き、一五七八年にはプロテスタントのエリザベス一世が訪問し、一七八一年にはメソジスト派創始者のジョン・ウェズリー*が修道院の破壊を嘆く説教を行なった。一九世紀になると、オックスフォード運動*によってカトリック再建の道が開かれ、一八九七年に久々のカトリック巡礼が行なわれた。一九二一年にはウォルシンガ

スリッパー礼拝堂の境内（ローマ・カトリック教会）

噴水から聖水を瓶に受ける少女
白いプレートには「あなたはわたしの愛する子、わたしの心に適《かな》う者」（「ルカによる福音書」3章22節）とギリシア語で彫られている

*Catherine of Aragon (1487-1536)　ヘンリー八世の第一王妃。スペインのアラゴン王の娘。
*Slipper Chapel
*一五一一年一月に誕生後、二ヵ月足らずで死亡。
*John Wesley (1703-91)　讃美歌作者チャールズ・ウェズリーの兄。
*J・H・ニューマンを指導者として国教会をローマ・カトリック教会と和解させようとした運動。

ウォルシンガム・アビー境内に建てられた十字架
ゴルゴダの丘を復元したもの（イングランド国教会）

ムの主任司祭パッテン*が巡礼の復興に尽力した。一九三一年にはイングランド国教会の聖堂が建立され、一九三四年にはローマ・カトリック教会が、「スリッパー礼拝堂」を「イングランド聖母聖堂*」と宣言した。

現在のウォルシンガムは観光地であると同時に巡礼の地である。特に祝祭日*には、カトリックの信者だけでなく、イングランド国教会の巡礼団や超教派の信者たちも訪れる聖地となっている。

【聖ワインフライデの泉――ウェールズの巡礼地】

ホリウェル*にある聖ワインフライデの泉*は、ウェールズ最古の巡礼地の一つで、七世紀以来、今日まで巡礼者が絶えない。イギリスの王侯貴族に愛された聖地であり、フランスの少女ベルナデット*が聖母マリアを目撃し、奇跡が起こったという「ルルド*の泉」にちなんで、「ウェールズのルルド」としても知られている。

伝説によれば、六六〇年のこと、敬虔《けいけん》な少女ワインフライデが狩りでのどが渇いたキャラドック王子*に水を求められ、その後、誘惑されそうになったので逃げた。もう少しで教会の入口だという所で捕まり、彼に首を切り落とされてしまう。しかし聖職者である叔父の祈りによって生き返り、彼女は女子修道院長となった。このとき彼女

野外説教をするジョン・ウェズリー

*Alfred Hope Patten (1885-1958)
*The Roman Catholic National Shrine of Our Lady in England
*「受胎告知の祭日」（三月二五日）、「聖母被昇天の祝日」（八月一五日）、「ウォルシンガム聖母教会の祝日」（九月二四日）。
*Holywell　ウェールズ北東部のフリントシャーにある。
*St Winefride's Well
*Bernadette Soubirous (1844-79)　フランスの聖人。
*Lourdes　フランスのピレネー山麓にある巡礼地。
*Caradoc

の首が落ちた所に聖なる泉が湧き出し、巡礼地となったということである。

歴代のイギリス王室もこの泉の効能を信じて巡礼を重ね、また礼拝堂を建てた。一一八九年、リチャード獅子心王*はこの泉で十字軍遠征の成功を祈願し、一四一六年、ヘンリー五世*はシュルーズベリー*から泉まで徒歩で行き、アジャンクール*の戦勝に感謝した。一五世紀後半、ヘンリー七世の母レディ・マーガレット・ボーフォート*は泉の見渡せる地下聖堂つきの礼拝堂を建立。一七世紀にはジェームズ二世*夫妻が訪れ、子供を授かった。一八二八年にはヴィクトリア王女(後のヴィクトリア女王)*がホリウェルに宿泊し、泉へ巡礼した。

現在のゴシック聖堂は一六世紀初期のものでイギリスの最古の巡礼地の一つで歴史的建造物として保存対象になっている。当時の巡礼者は浸水して象徴的に洗礼を経験することによって、イエス・キリストに没入するきっかけを得た。今日、癒しの効験に対する感謝の印は、奉納されている巡礼者たちの数多くの杖によって物語られ、湧水を持ち帰る訪問客も多い。

---

*第Ⅱ部第二章【リチャード一世と十字軍遠征の旅】参照。
*Henry V（1387-1422 在位 1413-22）
*Shrewsbury　ウェスト・ミッドランド地方。
*Agincourt　フランスのセーヌ川河口の北岸の町。ヘンリーの三度のフランス遠征の最初の戦い（一四一五年）。
*Lady Margaret Beaufort（1443-1509）
*James II（1633-1701 在位 1685-88）名誉革命で王位を追われた。
*Queen Victoria（1819-1901 在位 1837-1901）

コラム【歴史遺産の町——ヨーク大聖堂】

ヨーク (York) はイングランド北部ノース・ヨークシャー州の都市である。ほぼ二〇〇〇年にわたり、ブリテン島の北の首都として栄え、多くの民族文化を吸収してきた歴史遺産の町である。ハドリアヌスの城壁が築かれたローマ時代の七一年、ローマ九個軍団 (the Ninth Legion) の本営がリンカーンからカール・エブラウク (Cair Hebrauc) に移ったため、町はラテン語風にエボラクム* (Eboracum) と呼ばれた。四世紀末には、この地を支配したサクソン人がゲルマン語風にエオフォルウィーク (Eoforwic) と呼び、九世紀にはデーン人 (ヴァイキング) がヨーヴィック (Jorvik) と呼んだというのがヨークの地名の由来である。

ヨーク大聖堂

この町には、中世に建てられたイングランド最大のゴシック建築のヨーク大聖堂 (York Minster) がある。五kmにわたるローマ時代の城壁に囲まれたヨーク旧市街の北端に大聖堂は位置し、地下にはローマの遺跡が眠っている。四世紀の初め、コンスタンティヌス大帝* (Constantine the Great, 274-337) はこの場所でローマ皇帝として即位宣言をした。彼はキリスト教を最初に公認し、自らもキリスト教徒となった皇帝である。六二七年、ノーサンブリアのエドウィン王* (Edwin, 586?-633?) がキリスト教に改宗したとき、王はここに木造の小さな聖堂を建てた。それが大聖堂の起源で、後に石造りに改築された。しかし一一世紀、ヨークに進駐したノルマンディー公ウィリアム征服王*がデーン人ら北方の民と戦い、町は戦場と化し、聖堂は完全に焼失。町はしばらく荒廃したままになった。

現在のヨーク大聖堂は一二二〇年頃に着工され、約二世紀半の歳月をかけて一四七二年に完成した。ノルマン様式の建築からゴシック様式へと改築を重ね*、荘厳な大聖堂に生まれ変わった。七世紀に二大司教管区ができて以来、ヨーク大聖堂は、南の首座 (大司教座) カンタベリーに対して、イングランドの北半分を管理する北の首座となった。現在、この二つの大聖堂が、四二あるイングランド国教会の主教管区を統括している。

ヨーク大聖堂には世界最大級の規模をもつ大窓 (Great East

Window）がある。高さ二四m、窓枠が九列でテニスコートなみの広さがあり、ステンドグラスには天地創造から終末までの絵が描かれている。また南翼廊にあるバラ窓は「バラ戦争*」(War of the Roses) を象徴した図像で埋められている。白バラを紋章とするヨーク家は赤バラのランカスター家に敗北するが、ヨーク家のエリザベス (Elizabeth of York, 1466-1503) とランカスター家のヘンリー・チューダー（ヘンリー七世*）の結婚によって両家が合体した。大聖堂の身廊と聖歌隊席を仕切る衝立《ついたて》には、ウィリアム一世からヘンリー六世* (Henry VI, 1421-71) に至るまでのイギリス国王の像が並んでいる。

*エボラクム　ケルトの地名 Eburacon に由来するなど多くの説がある。
*コンスタンティヌス大帝　ローマ皇帝在位三〇三―三七。ヨーク大聖堂の南側の翼廊を出たところに彼のブロンズ像がある。
*エドウィン王　在位六一六―三三。第Ⅱ部第二章コラム【王位興亡の歴史を語るエディンバラ】参照。
*ウィリアム征服王　第Ⅱ部第二章【ノルマンディー公ウィリアム――イングランド征服の旅】参照。
*グレイ大司教（在位一二一六―五五）によるもの。
*バラ戦争　この内乱は一四五五年、ヘンリー六世の摂政リチャード・プランタジネット (Richard Plantagenet, 3rd Duke of York, 1411-60) が王に反旗を翻して起こった。
*ヘンリー七世　在位一四八五―一五〇九。チューダー家最初の王。
*ヘンリー六世　在位一四二二―六一／一四七〇―七一。

コラム【聖書翻訳家たちが辿った試練の道】

五世紀の初め、ヒエロニムス (Eusebius Sophronius Hieronymus, 340?-420) によるラテン語訳聖書ウルガタ (editio Vulgata)*が完成した。二〇世紀の第二バチカン公会議*に至るまで、これがカトリック教会の公認聖書だった。このウルガタ聖書を一四世紀にイギリスで初めて英語に翻訳したのが、オックスフォード大学教授で聖職者のジョン・ウィクリフ (John Wycliffe, 1320?-84) である。彼は、教会が財産を持ち世俗化することや、「化体《かたい》説*」(transubstantiation) は誤りであるなど、聖書に照らしてカトリック教会の実態をことごとく批判した。彼は火刑にされることこそなかったが、死後三〇年たった一四一四年、コンスタンツ公会議で異端と宣告され、その結果、墓が暴かれて遺体は燃やされ、灰は川に捨てられた。

ジョン・ウィクリフ

一六世紀、ウィリアム・ティンダル (William Tyndale, 1495?-1536) は、聖書のギリシア語原

ティンダル『新約聖書改訂版』(1534年)

フランダースにおいて火刑に処せられるティンダル

典からの英語訳を試みた。彼がケンブリッジ大学に入学した頃は、ドイツでは、ルター(Martin Luther, 1483-1546)がローマ・カトリック教会に対する『九五ヵ条の質問状』*をウィテンベルク(Wittenberg)の教会の扉に貼り付け、宗教改革の火《ひ》蓋《ぶた》を切った時代だった。ルターは聖書こそがキリスト教の本質であると呼びかけ、一五三四年、ドイツ語訳を出した。彼はカトリック教会からの破門状を公然と焼き払い、異端者として弾圧された。ティンダルもその弾圧のあおりを受け、ドイツ(ハンブルク)、ベルギー(アントワープ)など大陸を転々としながら、聖書の翻訳を続けた。苦難の末、一五二六年に新約聖書の英訳を出版。一五三〇年には旧訳の「モーセ五書」を出版したが、ドイツ官憲に捕えられ、一五三六年に火刑となった。

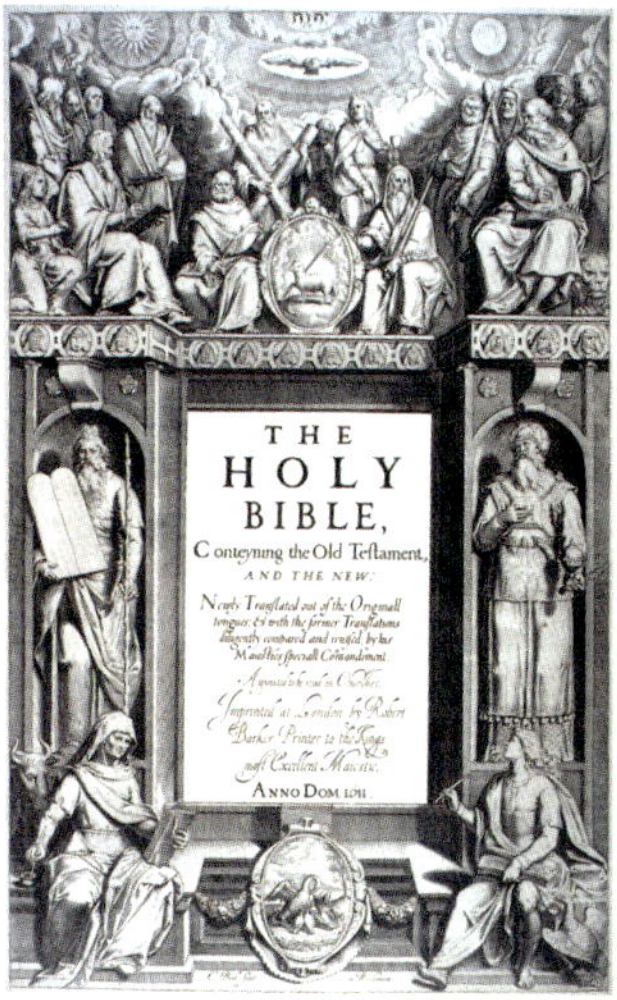
『欽定英訳聖書』(1611年)

一五三五年、イギリスではカヴァデイル聖書*が出版され、普及した。一六一一年、ティンダル訳を踏まえた『欽定英訳聖書』(Authorized Version / King James Version)が完成し、これは一九世紀末までイングランド国教会の公式聖書となった。

一八世紀、オックスフォード大学で神学を学んだジョン・ウェズリーは、当時の生気のない国教会を批判し、聖書的なキリスト教を回復しようとした。几帳面で厳格な生活により、彼は方法論者《メソジスト》と呼ばれた。三二歳の時、伝道を志して北アメリカに渡り、モラヴィアン*(Moravian)の人たちの徹底的な聖書主義と信仰を通して神を理解する態度に感化され、帰国後、信仰覚醒運動*を始めた。ウェズリーは聖書改訳、聖書注解、神学論文など多くの実績を残した。教区司祭の許可がなけれ

《居眠りをする会衆》
（ウィリアム・ホガース、1736）

ば説教は禁止されていたが、彼は全国をかけ巡り、聖句に溢《あふ》れた独自の辻説法を展開。国教会側から反発を招いて締め出されてしまうが、彼の死後、メソジスト福音運動はアメリカで花開く。『欽定英訳聖書』の出版から約二七〇年後、『改訳聖書』(*Revised Version of the Bible*) が出版されたが、ジョン・ウェズリーが試みた聖書改訳の三分の二までが採用されたと言われている。

＊**editio Vulgata**　民衆書、公共書という意。
＊**第二バチカン公会議**　一九六二〜六五年、ローマ教皇ヨハネ二三世のもとで開催され、後任のパウロ六世が推進させた公会議。
＊**化体説**　聖餐式でパンとブドウ酒がキリストの肉と血に変わるという説。
＊**『九五ヵ条の質問状』**　正式には『贖宥《しょくゆう》状の意義と効果に関する見解』。贖宥状とは罪の償いを免除されたしるしとして教会が発行した証書（免罪符）のこと。
＊マイルズ・カヴァデイル (Myles Coverdale, 1488-1568) により編纂され、一五三五年出版。
＊**モラヴィアン**　共通の体験などによって教会の革新を目指した宗教グループ。
＊**信仰覚醒運動**　この運動からメソジスト派が生まれる。

コラム【修道院と解散法】

古代ローマにおけるキリスト教徒迫害時代、砂漠に逃れて祈りの生活を送った人がいた。こうした外界から離れた土地で終生独身を通し、禁欲的な祈りの生活を送る人々の集団が修道会を形成していった。修道会とはキリスト教の西方教会*の組織を指す。

現在も活動している最古の修道会は六世紀に創立した聖ベネディクト会 (Benedictine Order) である。イタリア中部ヌルシア (Nursia) 生まれのベネディクト (St Benedict, 480?-543?) は、修道院生活の戒律を作り、それがヨーロッパの修道会の統一規則となった。聖ベネディクト修道会は黒い衣服を着ていたため「黒い修道士」と呼ばれた。やがてベネディクト会からクリュニー会* (Cluniac Reforms)、シトー会 (Cistercian Order) が生まれた。

イングランドには五九七年、聖アウグスティヌスがカンタベリーに聖アウグスティヌス修道院を創設した。クリュニー会やシトー会の修道院は一〇六六年のノルマン人による征服後に入ってきた。一二世紀までにさまざまな修道会が各地に修道院を増やし、八〇〇ほどもあり、イングランドの四分の一の土地を所有していたとも言われる。

修道院に不運が襲ったのは一六世紀のことである。ヘンリー八世 (Henry VIII, 1491-1547) は妻キャサリン・オヴ・アラゴン (Catherine of Aragon, 1485-1536) が世継ぎの男子を産まなかったため、離婚してアン・ブーリン (Anne Boleyn, 1507-36) との結婚を望んだ。ローマ教皇クレメンス七世* (Clemens VII, 1478-1539) が離婚を認めなかったが、ヘンリー八世はアンとの結婚を強行。教皇に破門されることになった。そこで、ヘンリー八世は一五三四年、議会の支持のもとで、自らをイングランド国教会の長とする「首長令」を発した。

戒律を持つ聖ベネディクト

ヘンリー八世の破門後も、修道院の財産はそのままローマ教皇庁の支配下にあった。そこで王は大法官のトマス・クロムウェル (Thomas Cromwell, 1485?-1540) に命じ、修道院や教会の収入財産を調査させた。その結果、修道院の規律が緩んで腐敗が著《いちじる》しいという理由で、一五三六年、小修道院解散法を制定した。これによって年収二〇〇ポンド以下の二〇〇以上の修道院が閉鎖させられた。

この勅令《ちょくれい》に伴い、民衆も国教会の信仰が強制され、新たな税が課せられたため、一五三六年、ヨークシャーのロバート・アスク (Robert Aske, 1500-37) をリーダーとする反乱が起こった。聖なる巡礼にも似たこの反乱は「恩寵《おんちょう》の巡礼」(Pilgrimage of Grace) と呼ばれた。しかし、王からの恩赦《おんしゃ》という「恩寵」は与えられず、首謀者ら多数が反逆罪で処刑された。続いてヘンリー八世は大修道院の利権を没収するというやり方で自発的な解散を促し、それに応じない修道院に対しては、一五三八年の大修道院解散法制定により、強制的に解散へと追い込んだ。

*西方教会　ローマ・カトリック教会を指す。
*クリュニー会　華麗な装飾を重んじた。
*クレメンス七世　教皇在位一五二三―三四。

コラム【戦う修道士たち――テンプル騎士団】

テンプル騎士修道会(The Knights Templar)は、一一世紀から一二世紀の十字軍遠征の要請に応じて創設された宗教騎士団で、正式名称は「キリストとソロモン神殿の貧しき戦友たち」(Pauperes Commilitones Christi Templique Solomonici)である。白いマントに赤い十字架が彼らのユニフォームであったため、「赤い修道士」とも呼ばれた。聖ヨハネ騎士修道会*が病人や貧者の看護・救護団体であったのに対し、テンプル騎士修道会は聖地および巡礼者たちの保護・防衛を主要な任務としていた。

テンプル騎士団の紋章

一一一八年、テンプル騎士修道会は、シャンパーニュ伯ユーグ・ド・パイヤン(Hughes de Payens, 1118-36)の下に集まった騎士たちによって結成された。彼らは信仰と武力を兼ね備え、初期の頃は二人で一頭の馬を共有し、すべてを巡礼への奉仕に捧げていた。彼らの多大な貢献によってエルサレム王ボードワン二世*(Baudouin II of Jerusalem)からソロモン神殿の跡地を与えられ、そこに本部を置いた。これが「テンプル（神殿）騎士団」の名前の由来である。一一二九年のトロワの公会議*で騎士団が正式に認められたことにより、以後、彼らの活躍と名声は世に知られていった。

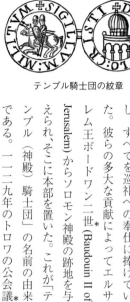

彼らは清貧、貞潔、服従をモットーにして、騎士魂を持ってサラディンと勇ましく戦った。一一三九年、ローマ教皇はテンプル騎士団に対し、すべての宗教的服従から解放し、納税義務を免除するという特権を与えた。やがて騎士団は貿易や金融業まで始め、創設から一世紀も経《た》たないうちに、莫大な財力と権力を有するようになった。彼らの力に恐れを感じたフランス国王フィリップ四世*(Philip IV, 1268-1314)は、教皇クレメンス五世*(Clemens V, 1264?-1314)を通じて、偶像崇拝、瀆神《とくしん》*、不倫の名目で騎士たちを弾劾《だんがい》し拷問《ごうもん》まで行なった。一三〇九年にヨーク、ロンドン、リンカーンで始まった異端審問は一三一一年まで続いた。その翌年、フィリップ四世の圧力を受けた教皇クレメンス五世は、テンプル騎士団の廃絶を宣言*。一三一四年、最後の騎士団総長ジャック・ド・モレー(Jacques de Molay, 1244?-1314)が火刑となった。テンプル騎士団の財産は聖ヨハネ騎士団に委譲された。

ロンドンのテンプル教会(Temple Church)は、かつてはテンプル騎士団のイングランド本部であった。円塔の礼拝堂*(The Round Church)はエルサレムの聖墳墓教会(the Church of the Holy Sepulchre in Jerusalem)を模したものだと言われ

テンプル教会の外観

円塔の礼拝堂に眠る騎士たち
(テンプル教会)

ている。円塔内の床には騎士団のパトロンたちの等身大の彫像《エフィジー》が九体安置されているが、ここは墓ではない。テンプル騎士団の栄光と悲劇の歴史には謎に満ちた部分が多い。一八世紀以降、騎士団の後継者が現われ、末裔《まつえい》だと自称するフリーメイソン*(Freemason)や歴史に隠されていたというシオン修道会(Priory of Sion)などの秘密結社が話題を呼んだ。ダン・ブラウンのサスペンス小説『ダ・ヴィンチ・コード』(Dan Brown, *Da Vinci Code*, 2003)が映画化され、その人気も手伝って舞台となったテンプル教会を訪れる観光客は後を絶たない。

***聖ヨハネ騎士修道会**　後に聖ヨハネ騎士団と呼ばれる。ホスピタル騎士団ともいう。

***ボードワン二世**　在位一一一八—一一三一。
***トロワの公会議**　公会議(英 Ecumenical Council)は全世界の教会から代表者が集まり、審議するキリスト教の最高会議。トロワ(Troyes)はフランス北東部の都市。
***フィリップ四世**　娘イザベラは英国王エドワード二世の妻。
***クレメンス五世**　教皇一三〇五—一四。
***瀆神**　神聖を否定するなど神を汚すこと。
*ポルトガルではキリスト騎士団として今日も存続している。
***円塔の礼拝堂**　一一八五年創設。円筒は最も神聖な場を象徴する。
***フリーメイソン**　一七一七年にイングランド・グランド・ロッジが結成。

コラム【巡礼路のウォーキング——シスターシャン・ウェイと聖者の道】

ウェールズにある「シスターシャン・ウェイ」(the Cistercian

Way)は、シトー会の修道院と道中の景観を訪ね歩く巡礼の道である。シトー会はベネディクト会を母体とし、一〇九八年にフランスの中東部シトーに設立された修道院がルーツである。染料を使用しない白い修道服を着たことから、「白い修道士」と呼ばれた。彫刻や美術を認めないという点でクリュニー会と一線を画した。シトー修道会の特徴は、平修道士に農業その他、修道士の生活を支える労働を担わせることだった。ヨーロッパ全土に広がり、ウェールズに進出したのが一一三一年で、ティンターン・アビー*(Tintern Abbey)が最初に建てられた修道院である。翌年にはノース・ヨークシャ州にファウンテンズ・アビー*が創設された。

一六世紀に修道院解体によってシトー会は分裂したが、一九九八年、創立九〇〇年を記念して、新しい巡礼の旅が始まった。全長、約一〇五〇kmにおよぶ巡礼路は、中世の巡礼路を含めてウェールズを大きく縦に円を描くように走り、一六の中世シトー会修道院を結んでいる。北東部には、八世紀にアングロ・サクソンの王国の一つ、マーシアの王オッファ(Offa of Mercia, 757?-796)がケルト人の東進を防ぐために築いた「防壁」(Offa's Dyke)や、夏に国際音楽祭で賑わう小村スランゴーレン(Llangollen)がある。中東部を歩けば、空中庭園で有名なポウィス城(Powis Castle)に立ち寄ることができる。南東部には廃墟ティンターン・アビーや古代ローマの駐屯地カーレオンなど、歴史的な町や風光明媚な海岸線など見どころが多い。

コーンウォールにはケルト教会の多くの修道僧たちが通った巡礼路、「聖者の道」(The Saints' Way)が残っている。北のノース・コーニッシュ海岸(North Cornish Coast)のキャメル川と南岸のフォイ川を結ぶこの半島縦断ルートは、古代ローマ人の交易ルートでもあったが、ローマ人が撤退したあとはケルト人たちの生活路となった。

一九八六年、「聖者の道」が復活。現在の巡礼路は、北岸の港町パドストウ(Padstow)にある元ケルト修道院の聖ペトロック*(St Petroc, ?-564?)教会が起点である。丘を越え、高地を巡り、スタンディング・ストーン(立石)、聖なる泉、ケルト十字架などコーンウォールの神秘に触れながら、南岸のフォイ(Fowey)に至る。巡礼路は途中から二手に分かれる。西ルートを行けば、観光地として知られる植物と人間の共生環境施設「エデン・プロジェクト*」(Eden Project)があり、旅の終盤は海岸線を楽しみながらフォイに辿りつける。静かな自然を楽しみながらの東ルートを辿れば、自然保護区ヘルマン・トール*(Helman Tor)やフォイ川渓谷、トリスタンとイゾルデの伝説に登場するマルク王の居城カースル・ドアー*

の跡地、トリスタンの石碑*に悠久の時を感じるかもしれない。いずれの巡礼路も全長は約四五kmである。

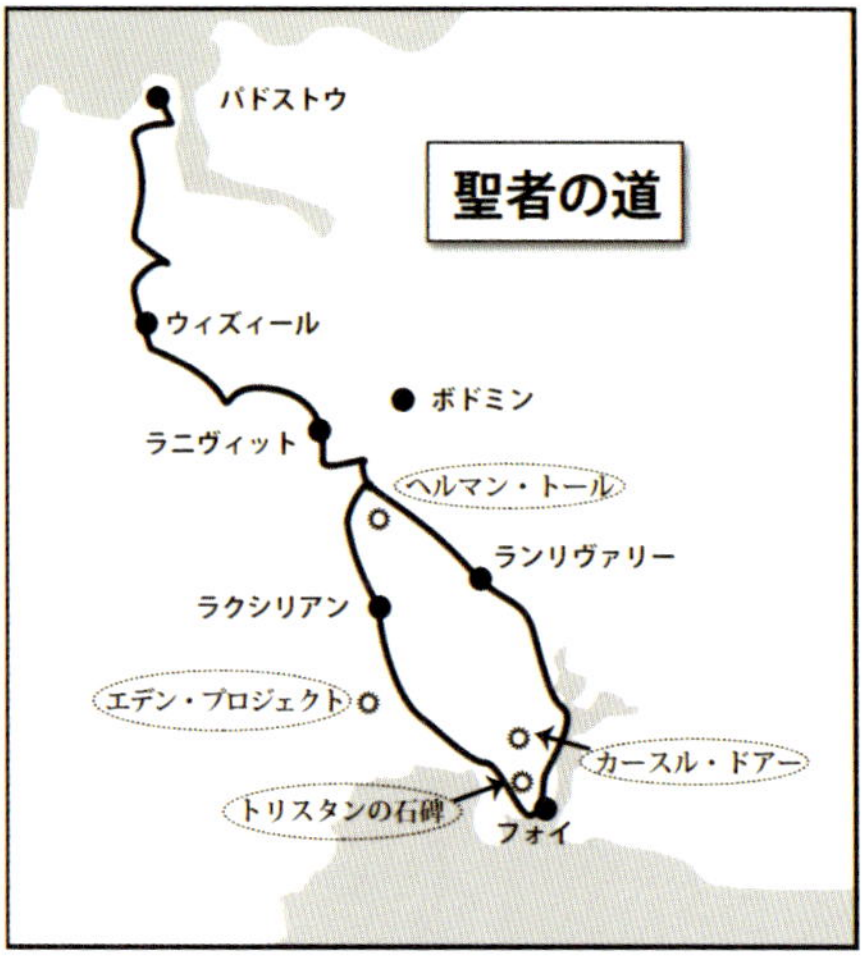

*ティンターン・アビー　ワイ川 (River Wye) の西岸に残る廃墟。第Ⅲ部第一章【ギルピンのワイ川紀行】参照。
*ファウンテンズ・アビー　第Ⅲ部第一章【ファウンテンズ・アビー――宗教の場から庭園の一部へ】参照。
*聖ペトロック　コーンウォールの守護聖人の一人。
*「エデン・プロジェクト」二〇〇一年にオープンした。
*ヘルマン・トール　コーンウォール野生生物トラストが管理。
*カースル・ドアー　第Ⅰ部第二章【トリスタンとカースル・ドアー】参照。
*トリスタンの石碑はフォイに向かう国道沿いに立っている。

●文学コラム●

●異界への旅――『ブランの航海』

『ブランの航海』は、正式には『フェヴァルの息子ブランの航海と冒険』(*Immram Brain maic Febail, ocus a Echtra*) といい、アイルランドの「語り」の原点ともいえる詩を中心とした七世紀頃の伝承物語である。ケルトの異界を描く「冒険譚《エフトリ》」と「航海譚《イムラヴァ》」という二つの要素を備えている。イムラヴァは別世界＝異界への旅を記録した中世ケルト人による航海の話であり、古代ギリシアにおけるホメロスの『オデュッセイア』の航海物語やキリスト教の探求物語の要素などを含んだ一つの文学ジャンルである。

『ブランの航海』の話は次のようである。ある日、フェヴァル王の息子ブランが城砦の周りを散歩していると美しい音楽が聞こえ、その調べの心地よさに眠ってしまう。目覚めると、ブランの傍らに白い花が咲いている銀の小枝があり、王宮に持ち帰った。そこへ一人の不思議な女が現われ、その小枝は楽園の島エヴナのリンゴの木であり、ブランにその島を訪れるようにと唄いながら誘うと、枝とともに姿を消す。翌日、ブランは九人ずつ三艘の舟隊を組んで海に乗り出した。二日後、海上に二輪馬車に乗ってやってくる海神リル (Lir) の息子マナナーン (Manannan) と出会い、楽園への道が示される。ブラン一行は「喜びの島」を廻り、「女人の島」へと針路をとる。「女人の島」では幾百年も過ごすが、まるでそこにいたのは一年のようであった。やがて仲間の一人ネフターン(Nechtan)が郷愁の思いにとらわれ、ブラン一行はエリン(Erin)（アイルランド）に帰ることを決める。島の女は引き止めるが、彼らの決心は変わらなかった。すると女は、到着しても決して大地に触れぬようにと忠告した。しかしネフターンはエリンの地に触れ、瞬く間に灰と化してしまう。ブランは上陸することなく、海上から岸辺の人々に自分たちの冒険を語り、その後、再び漂泊の旅に出ていく。

この作品の中心主題は「異界への旅」である。異界とはケルトの原初的志向における西方海上の島、楽園であり、『ブランの航海』では「女人の島」で、現世では祝祭にあたる。『ブランの航海』はケルト文学のさまざまな要素に、キリスト教の巡礼の要素を加えた古代アイルランド文学の要《かなめ》といえる作品といえる。

●聖ブレンダンの航海とアメリカ大陸

聖ブレンダン*(St Brendan, 484?-578?)の航海物語は一〇〇以上もの写本が残るほど、イムラヴァ（航海譚）のなかで最もよく知られている物語である。

聖ブレンダンは楽園の島を求め、一四人の修道士と遅れてきた三人を伴って西方の海へ旅に出る。この旅はキリスト教的探求の旅ではあるものの、イムラヴァに特徴的な異形の生き物に出会う。ヤコニウス(Jasconius)と呼ばれる巨大な魚の島、空飛ぶグリフォン*(Gryphon / Griffon)、海水に浮かぶ岩山に座らされたユダ*(Judas)などに遭遇した後、聖人の「約束の地」を見つけるのである。七年に及ぶ旅を終えてアイルランドに戻った後、聖ブレンダンは亡くなる。

八世紀頃にできた『聖ブレンダンの航海』は実在した聖人の西方の旅に、フィクションが混在した物語である。歴史的

魚の上でミサを執り行なう聖ブレンダン
（1621年の銅版画）

な根拠はないが、記述された舟の作り方からその舟で大西洋の横断は可能だとして、「約束の地」が実際にはアメリカではないかという推測もされている。

＊聖ブレンダン　アイルランドのクロンファート(Clonfert)の修道院長。
＊グリフォン　ワシの翼と上半身、ライオンの下半身を持つ伝説上の生き物。
＊ユダ　イエスを裏切ったイスカリオテのユダ。

●チョーサーとカンタベリー巡礼

一四世紀のジェフリー・チョーサーの時代には、テムズ川にかかる最古の木造橋ロンドン橋はアーチが二〇もある石造に変わっていた。ロンドン橋の上には住居や商店、そしてトマス・ベケットを祀る教会もあった*。橋を渡って南岸から少し進むとケント街道に出る。『カンタベリー物語』では、騎士、粉屋、農場の親方、修道士、バースの女房など、さまざまな階層から成る二九名の巡礼団（後に三一名となる）が、この街道を通ってカンタベリーまでトマス・ベケット詣《もう》でに出かけた。

ロンドン橋の南郊のサザーク(Southwark)から南に下るドーヴァーまでの約五八マイル（約九三km）が、チョーサーら巡礼者の道だった。サザークのタバルト亭(Tabard Inn)に集った巡礼者たちは、宿の主人の提案で、カンタベリーまでの往路と帰路の道中、各自がそれぞれ二つずつの物語を語ることを決めた。翌朝出発後、くじ引きで騎士の話が始まる。

巡礼の経路は、グリニッジ、ダートフォード(Dertford)、ロチェスター(Rochester)、シッティンボーン(Sittingbourne)、オスプリンジ(Ospringe)、ボートン・アンダー・ブリーン(Bourhton-under-Blean)を経てカンタベリーへと向かった。

《タバルト亭に集う巡礼者たち》
（エドワード・ヘンリー・コーボールド、1870）

タバルト亭跡のブルー・プラーク（イングリッシュ・ヘリテッジにより著名人の家や歴史的場所に設置されている）

所要日数は四泊五日。ただし、完成した『カンタベリー物語』は未完の作品を加えて二四の物語しかなく、カンタベリーに到着しないところで終わっている。

カンタベリーは、今ならロンドンのヴィクトリア・ステーションから電車で一時間ほどで到着する距離である。

＊第Ⅳ部【ロンドン橋は何度も落ちた】参照。一一七六年に着工。

●クリスチャンの巡行——『天路歴程』

鋳掛《いかけ》屋の息子ジョン・バニヤン (John Bunyan, 1628-88) は初等教育しか受けなかったが、信仰心の篤《あつ》い妻の影響によって、次第に敬虔な信仰生活に入っていった。鋳掛屋の仕事を継ぎながら、バニヤンは清教徒教会の説教師として名前が知られていく。しかし、王政復古後、イギリス国教会以外の宗教の伝道は禁止され、それに違反した罪で彼は投獄された。一二年にも及ぶ長い獄中生活の中で、バニヤンはいくつかの宗教書を執筆した。一六七二年に一度は釈放されたものの、翌年再び投獄。このときは六ヵ月の監禁であったが、その間『天路歴程』を著わしたのである。原題は『巡礼者の前進——この世から来るべき世へ』(*The Pilgrim's Progress from This World to That Which is to Come*, 1678)であり、現世から神の国に向かう巡礼者の旅を描いている。作者が見た夢という形式をとった『天路歴程』は、固有名詞を普通名詞として使用した寓話の宗教書である。一六七八年の初版後、同年秋に第二版、一〇年後には第一一版と、各版一万部を売り尽くし、世界で最も多くの人に読まれる書物となった。

重い荷物を背にした「クリスチャン」が、自分が住んでいる「滅びの町」が火によって滅びる運命であることを、ある書物から知る。背中の重荷とは罪であり、自分で降ろすことはできない。妻子はクリスチャンの不安にまったく耳を傾けないため、彼は一人でその町を出ていく。第一部は、彼が目指す「天の町」へ辿りつくまでの苦難の旅が描かれている。彼の体験は、キリスト信者がこの世で経験するさまざまな外

クリスチャンの巡礼
伝道師に導かれて歩む巡礼者
(J. スタートの銅版画)

的、内的苦難を表わしている。第二部はクリスチャンの妻である「クリスティアナ」が啓示を受けて、息子たちと隣人の「慈悲」と共に旅に出発する。彼らは「心の大いなる者」に守られながら、クリスチャンが辿ったのと同じ苦難の旅を続ける。道中に子供の結婚も含みながら、目的地に到着する。

第二章　イギリス王室の旅と国家儀礼

【はじめに――王権獲得の推移と王室儀礼】

今日、イギリスを訪れる多くの観光客は、宮殿や遺跡など王室の文化の産物に触れずに帰途につくことはまずないであろう。この章では、歴史の転換点における王や女王のダイナミックな動きに注目し、遠征や逃亡の旅を通して王権獲得の推移を追うとともに、巡幸、戴冠式、婚礼、葬儀、ページェント（儀礼行列）といった王室儀礼を通してイギリス王室の豊かなヘリテッジ文化を概観する。

イギリス王室の歴史は、一〇六六年にイングランドを統一したノルマンディー公ウィリアム一世*の戴冠によって始まったというのが通例である（ノルマン征服）。王位継承に対する宗教がらみの戦火は、以後、無数の対立・抗争を生み出し、王権は目まぐるしく変転した。王権獲得の旅にはさまざまな形態がある。聖地エルサレム奪還を目指す宗教・遠征の旅。ウェールズなど隣国の征討をめざす政治・侵略の旅。近代初期は覇権を賭けて世界の海に乗り出した国家形成期にあたる。エリザベス一世は頻繁に巡幸という国家儀礼を通して、君主としての確固たる地位を築いている。チューダー王家の後、王権はスコットランドのスチュアート王家に移る。ジェームズ六世はイン

*本章【ノルマンディー公ウィリアム――イングランド征服の旅】参照。

グランド王位継承の旅を果たし、同君連合の王として即位した。

　スチュアート王家が途絶えるとイングランド王位は、ドイツのハノーヴァー王家のゲオルグ（後のジョージ一世）に継承され、かつての対立先だったスコットランドは、ジョージ四世*によって巡幸の対象地となった。ハノーヴァー王家最後の君主はヴィクトリア女王。イギリスが世界へ覇権を拡大した大英帝国*の象徴となった。長い治世の間、女王はゴールデン・ジュビリー*（即位五〇周年記念）、ダイアモンド・ジュビリー（即位六〇周年記念）という、帝国にふさわしい国家祝典を行なった。しかし、二〇世紀〜二一世紀のエリザベス二世になると、同様の国家祝典は国民への親しみやすさ、世界への友好を目的にしたものへと変容していく。王室儀礼はいまや、イギリスの観光産業の振興に欠かせない文化遺産という支柱になっているのである。

【ノルマンディー公ウィリアム――イングランド征服の旅】

　一〇六六年一月、イングランドではウェセックス王家*のエドワード証聖王*が妃兄弟ハロルド*を後継者として亡くなったことにより、ハロルドが正式にイングランド王位についた。一方、ノルマンディー公ウィリアム*は、生前にエドワード証聖王から王位継承が約束され、またハロルドの同意も得ていたとして*彼の即位に驚き、イングランド侵攻の準備を進めた。しかし夏までに準備はできたものの気象条件が悪く、七〇〇隻《せき》の艦隊を率いてイングランド南岸ペヴェンシー*に上陸したのは九月の末だった。

　同じ頃、ハロルドの兄弟トスティグ*がノルウェー王ハーラル三世*と結び、北からイングランドに攻め入った。しかしハロルドの率いるイングランド軍は、ヨーク北東の

*本章【ジョージ四世のエディンバラ訪問】参照。
*the British Empire
*jubilee　二五年、五〇年、六〇年などの記念祭、祝典。
*イングランド南西部にあったアングロ・サクソンの一王国。九〜一〇世紀にかけてイングランドを統一する。
*Edward, the Confessor (1003?-66)
*Harold II, Godwinson (1022?-66)
*William the Conqueror (1028?-87)　エドワード証聖王の母はウィリアムの祖父の姉。
*ノルマンディー側の資料ではウィリアムのイングランド王位が正当化されている。
*Pevensey
*Tostig Godwinson (d.1066)　ノーザンブリアの支配者。
*Harald III (1015?-66)

ノルマンディー公ウィリアム

スタンフォード・ブリッジ*で両軍を撃破。両軍の長はともに戦死。時を同じく、ノルマンディー公の上陸をヨークで聞いたハロルド王はすぐさま南下した。一〇月一四日早朝、ヘイスティングズの近郊のセンラックの丘*で、約七〇〇〇の兵を率いたノルマンディー公は、同数の兵を有するイングランド軍と対峙《たいじ》した。両者の決定的な違いはイングランド軍がほとんど歩兵だったことである。低地側にいたノルマン軍は初め苦戦したが、撤退のそぶりを見せたり、矢の雨を降らせたりして戦った。なによりも彼らには二〇〇〇におよぶ弓兵と騎兵隊がいたので、やがて形勢は逆転。ついにハロルド二世は目を矢で打ち抜かれて戦死し、ノルマンディー公ウィリアムは勝利した。

その後ウィリアムは、ドーヴァーやカンタベリーなどイングランド南東部を制覇した。次に、城壁で囲われたロンドンを迂回するように、ケント、サリー、バークシャーを破壊しながら通り抜け、ウォリングフォード*に到着。ここからテムズ川を渡り、バーカムステッド城*へ向かった。そこでサクソンの王子エドガー*に迎えられ、「ウィリアム征服王」として認められた。しかし、ウィリアムは戴冠をあくまでもロンドンで行なうことを主張。そして同年のクリスマス当日、ウェストミンスター寺院*にてイングランド王ウィリアム一世として戴冠したのである。ロンドン塔*、ウィンザー城*はウィリアムの居城となった。

【リチャード一世と十字軍遠征の旅】

一一八七年の夏、聖地エルサレムがイスラムのサラディン*の手に落ちた。ローマ教皇グレゴリウス八世*はすぐさま聖地奪回にむけて、第三回十字軍遠征の発令を出した。

＊Stamford Bridge
＊Senlac Hill (Ridge) 現在のバトル (Battle)
＊Wallingford
＊Berkhamsted Castle
＊Edgar Atheling (1050?-1125) 証聖王は大伯父にあたる。
＊Westminster Abbey
＊Tower of London
＊Windsor Castle
＊Saladin (1137-93) 当時のエジプトの支配者。
＊Gregory VIII（1100?-87 在位 1187）

これを受けて英仏独の三大国の王が動いた。翌年早々、イングランド王ヘンリー二世は、フランス王フィリップ二世*と停戦協定を結び、連合軍を派遣することになった。この遠征にいち早く志願してきたのが、ヘンリー二世の三男リチャード王子*であった。

遠征の第一陣はドイツ王で神聖ローマ皇帝でもあるフリードリヒ一世*であった。しかし小アジアを進軍中、川で溺死してドイツ軍は解散。一一九〇年七月、遅れをとっていたリチャードはフランス王フィリップ二世とともに聖地に向かった。イングランド側は白い十字の布を、フランス側は赤い十字の布を身につけ、リチャードの親友であったテンプル騎士団の総長ロベール・ド・サブレ*も同行した。リチャードは遠征に向かう途中、パレスチナに最も近く、聖地への物資供給に最適な寄港地キプロス島を占拠し、そこでナヴァール（現スペイン北部）の王女ベレンガリアと結婚*。そして一一九一年七月、テンプル騎士団とともにアッコン*

*Philip II（1165-1223 在位 1179-1223）

*Richard I / the Lion-Heart (1157-99 イングランド王 1189-99)

*Friedrich I（1122-90 神聖ローマ皇帝戴冠 1155）赤髭王 (Barbarossa) と呼ばれた。

*Robert de Sablé (d.1193) 第Ⅱ部第一章コラム【戦う修道士たち——テンプル騎士団】参照。

*Berengaria of Navarre (1170?-1230) 結婚は一一九一年五月一二日。

*Acre ヘブライ語では「アッコ」。イスラエル北西岸の海港都市。

を奪回した。
リチャード一世は遠征における勇敢で寛容な態度から「獅子心王」と呼ばれていた。しかしアッコンを占領した彼は、サラディン軍の捕虜二七〇〇名余りを全員斬首《ざんしゅ》刑*にするという残忍さも合わせ持っていた。王は三度にわたる戦闘で勝利を収めたが、エルサレム奪回には至らず、一一九二年、サラディンとの休戦協定の締結となった。翌年、サラディンは死去し、一つの時代は終わった。

リチャード王の帰還には困難が伴った。船の難破で陸路を余儀なくされた王は、変装してオーストリアを通過中に身分が発覚。レオポルド五世*に捕らわれて、神聖ローマ皇帝ハインリヒ六世*に引き渡された。一年間の幽閉生活を送った後、一五万マルクという莫大な身代金と引き換えに解放され、一一九四年三月、勝利者の栄光とともにサンドウィッチ港*に戻ってきた。王はウィンチェスター大聖堂で二度目の戴冠式*を挙げ、早くも二ヵ月後には、かつての十字軍の相棒だったフランス王フィリップ二世を相手に戦いを開始した。しかし一一九九年四月、リモージュのシャリュ城*で矢を肩に受け、その傷が元で死亡した。年老いた母エリナー*はフランスのロワール地方のフォントヴロー大修道院*から駆け付け、愛息リチャードの

リチャード獅子心王の銅像
（国会議事堂前）

アッコン陥落
（メリー＝ジョゼフ・ブロンデル、19世紀半ば頃）
白馬に乗るフィリップ２世と左端のリチャード１世の前にアッコンの人々が引き出されている場面

*「サラセン人の大虐殺」一一九一年八月二〇日。
*Leopold V（1157-94 オーストリア公在位 1177-94）
*Heinrich VI（1165-97 神聖ローマ皇帝在位 1191-97）
*Sandwich　国防上の特別五港の一つ。そのほかはドーヴァー（Dover）、ヘイスティングズ（Hastings）、ハイズ（Hythe）、ロムニー（Romney）。
*初回の戴冠式は一一八九年九月三日、ウェストミンスター寺院で行なわれた。
*Château de Châlus-Chabrol
*Eleanor of Aquitaine（1122-1204）エレアノールのこと。エレナー

死を看取った。イングランド王としての在位は一〇年間で、リチャードが王国に滞在したのはわずか六ヵ月足らずだった。

【エドワード一世のウェールズ征服】

ヘンリー二世の時代、ウェールズの南部はイングランド人の植民地、北中部はイングランドが主権を持つウェールズ人の国であった。ヘンリー三世死後、エドワード一世*の治世になると、ウェールズ人の独立への機運もあり、ウェールズ大公*ルーウェリン・アプ・グリフィズ*がほぼ全ウェールズを支配していた。イングランドに対する臣従の礼をとらないルーウェリンに対し、エドワード一世は立腹。ウェールズとイングランドの関係は悪化した。

王にとって好機となったのは、兄ルーウェリンの暗殺に失敗した弟ダフィズ（＝デイヴィッド*）と、共謀者の南ポウィスの元領主*が王の元に亡命してきたことだった。翌一二七七年、イングランド軍は南西部のカーマーゼンからウェールズへと攻め込んだ。翌年、エドワード王が中部のポウィス地域を突破し、ウェールズを南北に分断する作戦に成功した。北部のメナイ海峡*を遮断し、穀倉地帯のアングルシー島*を占拠したため、ルーウェリンは成すすべもなく降伏。城は陥落、エドワード軍の手中に落ちた。この間、エドワード一世は第二次ウェールズ侵攻に備え

ウェールズを征服したエドワード１世（1285 年頃の写本）

* L'abbaye de Fontevraud とも表記される。
* Edward I（1239-1307 イングランド王 1272-1307）
* プリンス・オヴ・ウェールズ (Prince of Wales) のこと。
* Llywelyn ap Gruffydd (1223?-82) 最後のプリンス・オヴ・ウェールズ。
* Dafydd ap Gruffydd (1238?-83)
* Gruffydd ap Gwenwynwyn (d.1286?)
* Menai Strait
* Isle of Anglesey

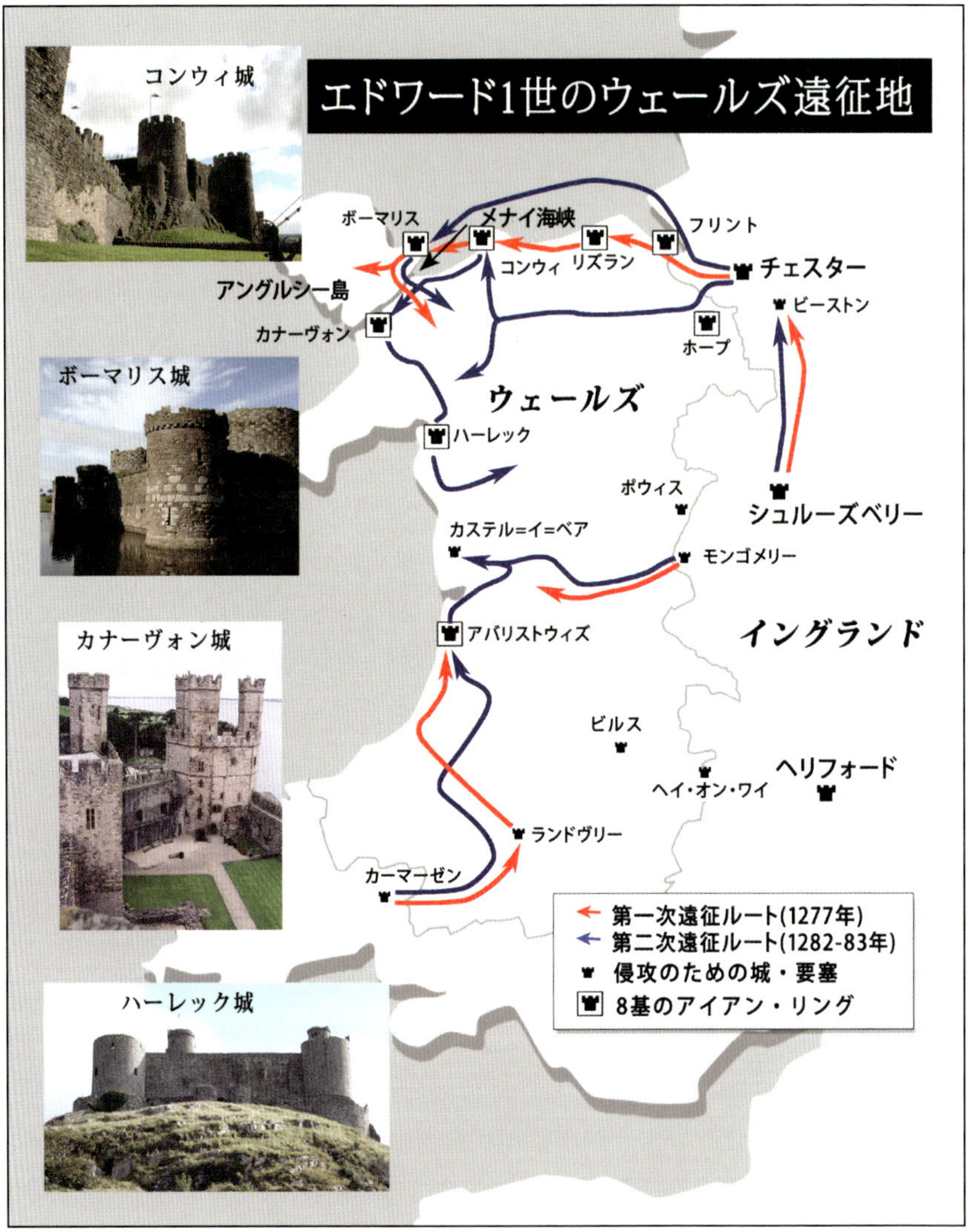

エドワード1世のウェールズ遠征地
コンウィ城
ボーマリス城
カナーヴォン城
ハーレック城
ボーマリス
メナイ海峡
フリント
コンウィ
リズラン
チェスター
アングルシー島
ビーストン
カナーヴォン
ホープ
ウェールズ
ハーレック
ポウィス
シュルーズベリー
カステル=イ=ベア
モンゴメリー
アバリストウィズ
イングランド
ビルス
ヘイ・オン・ワイ
ヘリフォード
ランドヴリー
カーマーゼン
第一次遠征ルート(1277年)
第二次遠征ルート(1282-83年)
侵攻のための城・要塞
8基のアイアン・リング

て、征圧したフリント*、リズラン*、アバリストウィズ*の地にそれぞれ築城、一二七七年、奪ったビルス*城の補強に着手した。機を狙っていたルーウェリン、そして兄と和解したダフィズは一二八二年に挙兵。しかし、イングランドとの兵力の差は歴然としており、ルーウェリンはビルスで戦死。死後、彼の首ははねられ、ロンドン塔にさらされた。翌年、ダフィズもシュルーズベリーで処刑され、ルーウェリンの家系は断絶した。

ウェールズ征服後、エドワード一世は船で物資や援軍を送りやすいウェールズ北部沿岸に、一二八三年、さらなる城砦建築を計画した。ハーレック城、コンウィ城が築城され、カナーヴォン城は補強工事が行なわれた。一二九五年にはボーマリス城の建設に着工した*。特にカナーヴォン城はウェールズ攻防戦の最前基地・最大の拠点であり、居城としての快適さを備えた城だった。王の長男、後のエドワード二世*はカナーヴォン城で誕生。一三〇一年、王はリンカーンにて一七歳の息子をプリンス・オヴ・ウェールズに叙した。

【エリナー・クロス――葬送の旅】

ロンドンのチャリング・クロスの駅前広場に十字形をした記念塔が立っている。これは一三世紀、ウェールズを制圧したエドワード一世*が王妃エリナー*の死を悼んで建てた十字塔、エリナー・クロス*である。王と王妃との仲は睦《むつ》まじく、二人の間には一六人の子女がいた。その三男エドワード皇太子（後のエドワード二世）には、スコットランド初の女王マーガレット*が婚約者として定められていた。ところが一二九〇年、マーガレットはわずか七歳でスコットランドに旅立つことになったが、途中で死去*。

＊Flint
＊Rhuddlan
＊Aberystwyth
＊Builth
＊Harlech, Conwy, Caernarfon, Beaumaris　エドワード一世による八つの城はアイアン・リングと呼ばれている。
＊Edward II (1284-1327)　兄二人の夭逝によって一三〇七年、王位につく。
＊本章【エドワード一世のウェールズ征服】参照。
＊Eleanor of Castile (1244?-90)
＊Eleanor Cross
＊Margaret of Norway (1283-90 在位 1286-90) 三歳で即位。
＊ノルウェーからの旅路の船酔いから病気になり絶命。

同年、王と王妃はスコットランドへ追悼の旅に出かけることとなった。

途中、イングランド中部リンカーンの西、ハービー*で王妃が急死。旅はただちに打ち切られた。王妃の内臓はリンカーン大聖堂に埋葬され、遺体は防腐処理されたあとロンドンのウェストミンスター寺院に運ばれた。道中の葬列が一二カ所で宿泊したことから、王は一二九一年から九五年にかけ、宿泊地すべてに王妃を悼むゴシック式の十字塔を建てさせた。現在、ノーサンプトンシャーのゲディントン*とハーディングストーン*、ハートフォードシャーのウォルサム*にその塔が残っている。一二のクロスの中でハーディングストーンのエリナー・クロスが最も初期のものであろうと言われている。台座にはエリナーの盾形の紋章と、開いた三冊の本が取り付けられ、その上部には王妃を表わす像が三体立っている。

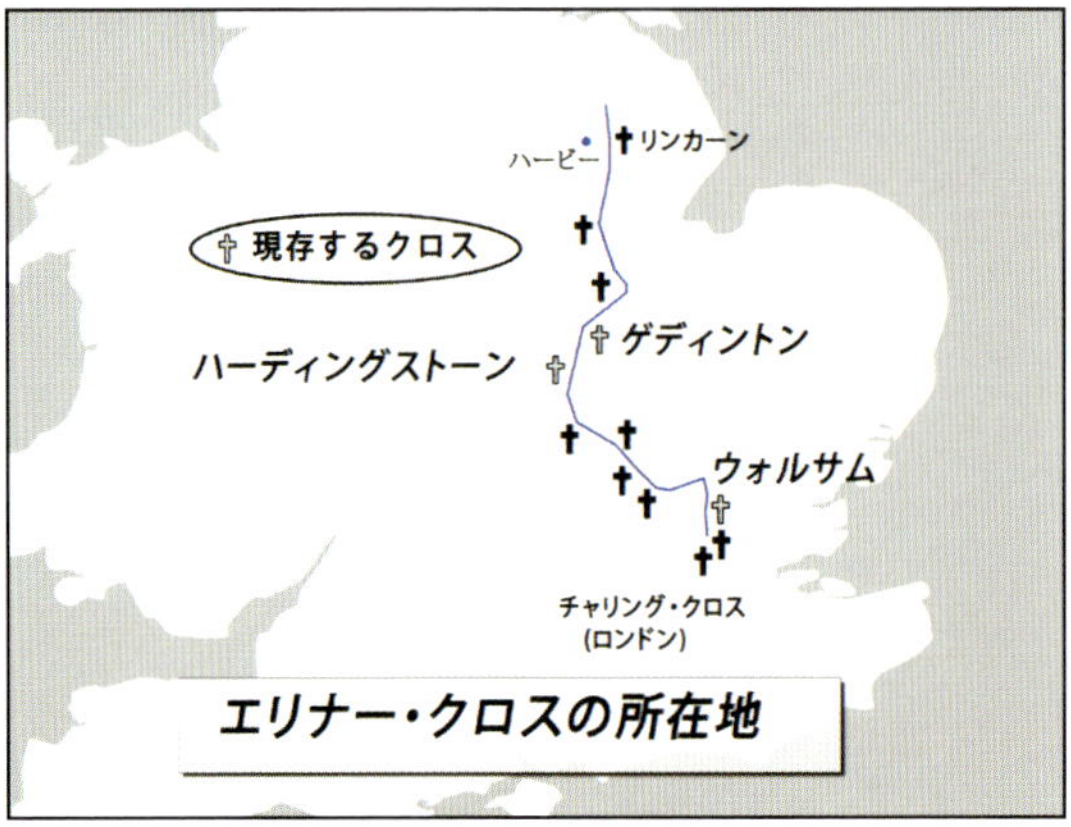

エリナー・クロスの所在地

チャリング・クロスのエリナー・クロスは、もとは木柱であり、後に石柱の十字塔に建て替えられたが、ピューリタン革命時代の一六四七年、偶像崇拝だということで取り壊された。現在の石柱は一八六三年に再建されたものである。このクロスはチャリング・クロスの地名の由来になった。

チャリング・クロスの
エリナー・クロス

*Harby

*Geddingtone
*Hardingstone
*Waltham

【エリザベス一世――巡幸による政治支配】

エリザベス一世*は父ヘンリー八世と同じく、儀式を重んじる君主だった。一五六〇年代、イギリスに初めてバネのサスペンションを持つ四輪馬車*が現われ、道路がそれまでの交通手段であった川にとって代わった。正面をテムズ川に向けて建てられていた王宮の入り口はことごとく道路側に替えられるという交通革命の時代を迎えていた。

一五五九年一月一四日、戴冠式の前日、エリザベスはロンドンで盛大な巡幸《プログレス》*パレードを行なった*。ロンドン塔を出発した女王の行く先々にはいろんな仕掛けがあった。フェンチャーチ街*では、子供が女王に祝福と臣従の言葉を捧げ、赤バラと白バラで飾られた三重のアーチのあるグレイスチャーチ街*では「ランカスター家とヨーク家の結婚」と題する活人画*が披露された。コーンヒル*の祝祭舞台では、新女王を表象する子供が王座に座り、その王座を四人の大人が支えていた。大人たちは四つの美徳（汚れ無き信仰、臣下の愛、知恵、正義）を表わし、それぞれが四つの悪徳（迷信と無知、反抗と傲慢、愚行と虚栄、追従と贈賄《ぞうわい》）を足蹴《あしげ》にしていた。

女王は、四六年間の在位期間中に公的行事である巡幸を約五〇〇回行なっている*。女王の巡幸を描いたロバート・ピーク*の絵には、ガーター騎士団が行列を先導し、天蓋*つき玉座を従者が支えている。君主が移動すれば宮廷も移動した時代、エリザベスの宮廷は二ヵ月に一度の割合で移動した。滞在が終わると掃除人によって隅々まで消毒された。夏は名門貴族の館に長期滞在することが多かった。一五七五年の夏、エリザベス一世は寵臣《ちょうしん》レスター伯ロ

エリザベス1世、戴冠式の礼服姿

*Elizabeth I（1533-1603 在位 1558-1603）
*馬車の乗り心地を良くするため客室を革紐で吊っていた。バネ（スプリング）はその部品。
*progress, procession
*地図「エリザベス一世のロンドン巡幸ルート」（次頁）参照。
*Fenchurch Street
*Gracechurch Street
*tableau vivant　演技者が画中の人物のように動かずにいる劇。
*Cornhill Street
*父ヘンリー八世は一一五〇回の巡幸を行なった。
*Robert Peake the Elder（1551?-1619）当時の肖像画家。統治者を描く肖像の伝統を踏まえ、*the Procession Picture*（1600?）は実際より若く描かれている。
*寝台、玉座の上方に置かれる装飾的な覆い。

バート・ダドリー*の屋敷、ケニルワース城*を訪れた。レスター伯はアーサー王に扮し、女王を「湖上の乙女*」に見立てて愛を語るという演出で野外劇を催した。仮面舞踏会は三週間も続き、莫大な費用がかかった。

一五八八年一一月二四日、スペイン無敵艦隊に戦勝した祝典の際、女王はサマセット・ハウス*からセント・ポール大聖堂*へと「チャリオット王座*」と呼ばれる王室馬車で行進した。二頭の白馬に引かれたこの馬車の後部には天蓋が立てられ、前方にはイングランドの紋章にあるライオンとドラゴンを描いた王旗が掲げられていた。巡幸は行く先々の臣下に引き立てのチャンスを与え、忠誠心をつなぎとめる大きな役割を果たし、女王を迎えることは領主や貴族にとっても末代までの誇りとなったのである。他方、こうした行列は、民衆にインパクトを与えることによって女王の権威を示すという政治的演出でもあった。

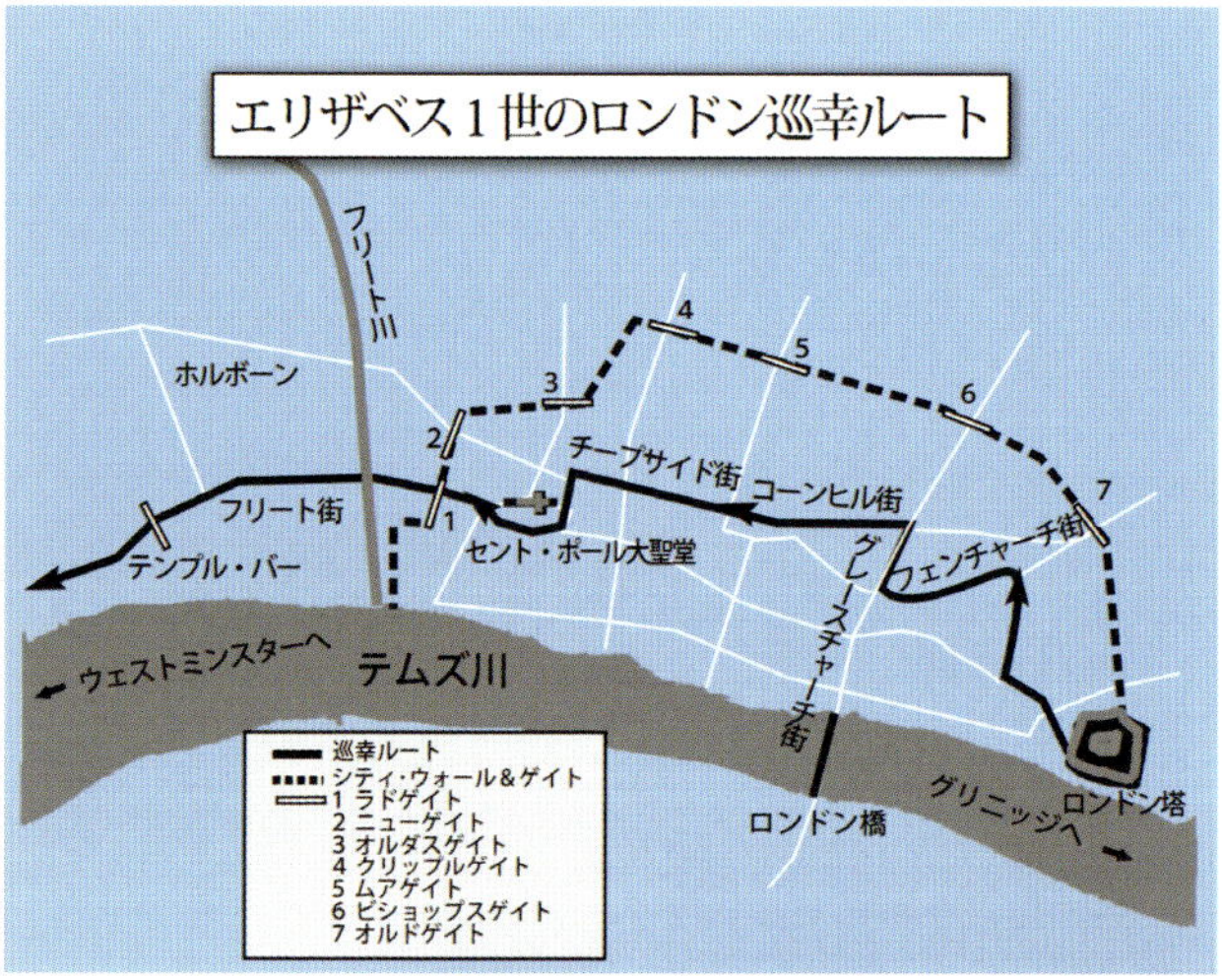

巡幸の様子（ロバート・ピーク、1601?）

*Robert Dudley (1532-88)　エリザベス一世の終生の恋人。

*Kenilworth Castle　ウォリックの北のケニルワースの町外れにある城で今は廃墟。

*アーサーに魔剣エクスカリバーを与えた異教の女神。

*Somerset House　ヘンリー八世の三人目の王妃ジェーン・シーモアの兄エドワード、サマセット公爵が建立した。

*St. Paul's Cathedral　一六六六年のロンドン大火で焼失し、その後クリストファー・レンによって再建された。

*chariot-throne

女王メアリー

【スコットランド女王メアリーの逃亡人生】

一五四二年、生後一週間目にメアリー・スチュアート*はスコットランド女王になった。以後、イングランドとの王権争いに巻き込まれていった。メアリーは幼少期に母の故国フランスへ渡り、一六歳で皇太子フランソワ（後のフランソワ二世*）と結婚。一年後に夫は他界してメアリーは帰国した。当時のスコットランドはプロテスタントとカトリックの対立が激化し、プロテスタントが優位になる状況にあった。カトリックのメアリーは周りの忠告を無視して、従兄弟のダーンリー卿ヘンリー・スチュアート*と再婚。翌年、男児（後のスコットランド王ジェームズ六世*）をもうけるが、すぐに二人の仲は冷めた。

メアリーの逃亡人生は一五六七年、夫ヘンリーが謎の爆死を遂げた三ヵ月後、夫殺害の首謀者と目されていたボスウェル伯と結婚したことから始まった*。スコットランドの貴族に猛反対され、ボスウェルは国外に逃亡。メアリーはリーヴェン湖*に浮かぶ小島に築かれたロッホリーヴェン城*に幽閉され、女王を退位。プロテスタントとして育てられていた一歳のジェームズ王子が戴冠し、義兄マリー伯*の摂政を認めることになった。

続く逃亡は一五六八年の五月、メアリーが島を脱出したところから始まる。ソルウェー湾を渡り、イングランド北西のワーキングトン*に上陸したメアリーは、血縁関係にあるエリザベス一世に保護を求めた。しかしプロテスタントのエリザベスは、カトリック女王が王位継承を求めてくることに不安を抱き、メアリーをカーライル城*に軟禁した。その後はフォザリンゲイ城*で処刑されるまでイングランド北西

---

*Mary Stuart（1542-87 スコットランド女王 1542-67）

*Francois II（1544-60 在位 1559-60）

*Lord Darnley, Henry Stuart (1545-67)

*James VI（1566-25, James I 在位 1603-25）

*James Hepburn, 4th Earl of Bothwell (1535?-78) フォースに位置するダンバー城で結婚。

*パース (Perth) から南に下った小村キンロス (Kinross) にある。

*Lochleven Castle

*James Stewart, 1st Earl of Moray (1531?-70)

*Workington　カンブリア州。

*Carlisle Castle

*Fotheringhay Castle　ピーターバラ近郊にあったが、現在は土塁と石のみ残る。

（左）ロッホリーヴェン城　（右）メアリーの処刑、フォザリンゲイ城

部の城を転々とした。* 一五六九年以降、一六年以上もの間メアリーの看守役となったのが、第六代シュルーズベリー伯*であった。メアリーは伯爵の統治するタトベリー城を中心に居住し、自由こそなかったものの女王の尊厳を守られた生活をしていた。シェフィールド城に軟禁されていたときは、近くのバクストンの温泉宿*やチャッツワース邸*やハードウィック・ホール*を訪れた。

その間もカトリック教徒によるエリザベス暗殺計画は絶えることがなかった。エリザベスの諜報《ちょうほう》機関の長官だったウォルシンガム*は、周囲が深い濠《ほり》で囲まれて監視が強化できるチャートリー城*へメアリーを移し、逆スパイを使って一五八六年、エリザベス暗殺を狙ったバビントン*の陰謀を摘発。メアリーの関与が明らかとなったため、翌年二月、四四歳で処刑された。遺体は当初、ピーターバラ寺院*に埋葬されたが、のちにイングランド王ジェームズ一世となった息子によってウェストミンスター寺院に安置された。

---

*カーライル (Carlisle)／ボルトン (Bolton)／タトベリー (Tutbury)／ウィングフィールド・マナー (Wingfield Manor)／シェフィールド (Sheffield)／コヴェントリー (Coventry)。

*George Talbot, 6th Earl of Shrewsbury (1528?-90)

*ここは現在も営業している。Buxton, Old Hall Hotel, The Square, Buxton SK17 6BD <http://www.oldhallhotelbuxton.co.uk/>

*Chatsworth House 第Ⅲ部第一章コラム【チャッツワース——庭園造りの歴史】参照。

*Hardwick Hall

*Sir Francis Walsingham (1530-90)

*Chartley Castle スタッフォードシャー。

*Anthony Babington (1561-86)

*Peterborough Cathedral

【ジェームズ一世――イングランド王位継承の式典】

エリザベス女王の後継となったスコットランド王ジェームズ六世は、イングランドに迎えられ、一六〇三年、同君連合*の王ジェームズ一世として即位した。母はエリザベス一世と宿敵関係にあったスコットランド女王メアリー・スチュアート。父はダーンリー卿ヘンリー・スチュアート。両親はともにヘンリー八世の姉マーガレットの孫だった。

ジェームズ王はエディンバラからロンドンへの道中、町や村々で異国イングランドの新しい臣下たちに熱狂的に迎えられたが、王自身の気質によるのか、緊迫財政のためか、あまり立派な歓迎式典といえるものではなかった。一方、少し遅れて国を出発したアン王妃と息子ヘンリー王子は、エリザベス朝の治世に見られたケニルワースやエルヴェサム巡幸*に引けを取らない華麗な催しで歓迎された。王妃一行はオルソープ*のロバート・スペンサー卿*の家で、宮廷仮面劇*の大家ベン・ジョンソン*演出によるもてなしを受けた。王の治世の初期の頃にはベン・ジョンソンと建築家イニーゴ・ジョーンズ*のコラボレーションによる宮廷仮面劇が人気を呼んでいた。

ジェームズ１世ロンドンへの旅

一六〇四年三月一五日は、疫病（ペスト）のため延期されていたジェームズ一世のロンドン・パレードの日だった*。王の治世で唯一成功したといえる歓迎式典である。

*Personal Union / Union of the Crowns

*ケニルワース (Kenilworth) については本章【エリザベス一世――巡幸による政治支配】参照。エルヴェサム (Elvetham, Hampshire) ではハートフォード伯による三日間の歓待。

*Althorp

*Sir Robert Spencer (1570-1627) 第七代スペンサー伯 (Albert Edward John, 1892-1975) は故ダイアナの父方の祖父。

*court masque　一六～一七世紀の宮廷で演じられた。

*Ben Jonson (1572-1637) 桂冠詩人。「ヴォルポーネ」「錬金術師」。

*Inigo Jones (1573-1652) イングランドにおける最初の建築家。グリニッジのクイーンズ・ハウス、旧ホワイトホール宮殿のバンケティング・ハウスなど。

*当初、前年の七月に予定されていた。

町の七カ所にバロック様式の豪勢な凱旋門アーチ*が設けられ、それぞれのアーチが仮面劇の舞台となり、パントマイムやダンスや歌が繰り広げられた。入場門はフェンチャーチ街に建てられた「ロンデニウム（ロンドン）・アーチ*」であった。フリート街*には「ニュー・ワールド・アーチ*」が、テンプル・バー*には門の守護神でありすべての始まりを司る神の名に因《ちな》んで「ヤーヌス・テンプル*」が建てられた。ストランド街*には特別に劇舞台が備えられ、虹、月、太陽に加えて、ゼウスにより星に変えられたプレアデス（すばる）の七つ星*も現われた。その星の一人エレクトラが王の未来を称え、ジェームズ王の支配を歓迎する全宇宙を表現したのである。

ロンデニウム・アーチ

ニュー・ワールド・アーチ

ヤーヌス・テンプル

【チャールズ二世の逃避行】

チャールズ一世*はピューリタンを弾圧したため、一六四九年、人民裁判にかけられて処刑された。このピューリタン革命以後、オリヴァー・クロムウェル*の共和制時代が始まった。息子チャールズ（チャールズ二世*）は一六五一年、スコットランドのパースで戴冠式を挙げ、軍を蜂起。しかし九月三日のウスターの戦い*で敗れ、その後は追

*triumphal arches
*the Londinium Arch
*Fleet Street
*the New World Arch
*Temple Bar
*the Temple of Janus
*The Strand
*the Pleiades　ギリシア神話でプレアデス星団になった美しい七人姉妹。エレクトラ (Electra) はその一人。
*Charles I（1600-49 在位 1625-49）
*Oliver Cromwell (1599-1658)
*Charles II（1630-85 在位 1660-85）
*the Battle of Worcester

跡を逃れ、九年間にわたる逃避の旅を続けることになった。

チャールズ二世はまず、北方のシュロップシャーのボスコベル*まで逃れた。ウィルモット卿*と士官たちが一緒だった。ボスコベル・ハウス*で長い髪を切り、山番人《きこり》に姿を変えた王は、雨の中、そこの森にあった大きなオークの木の高い安全な場所に隠れて一昼夜を過ごした。その後はウルヴァーハンプトン*のモーズリー・オールド・ホール*に宿を借り、手厚くもてなされた。滞在中、王は、ホールの司祭の独居房で司祭と二人で身を潜め、共和軍の家捜しを逃れたこともあった。その後、ウォールソール*近くのベントリー*を経て、カトリックの国であるフランスへの逃亡を目論んだ王は、王党派士官の妹の従者に成りすまし、南下。ストラトフォード・アポン・エイヴォンを通って、コッツウォルズを経由。九月一二日にはアボッツ・リー*の荘園リー・コート*で宿泊。ところがブリストルからフランス行きの船が一ヵ月間は出港しないことが分かった。そこでさらに南下を続け、ドーセット州の海岸町チャーマスのクィーンズ・アームズ*にて宿泊。ここからフランスへ渡る予定だったが、またもや計画は流れ、北東へと進路をとることになった。その後、数日間ドーセット州のトレント*で身を隠し、最終的に南岸のショアハム・バイ・シー*からフランスへ亡命したのは一〇月一六日のことである。

王の一行はフランスの北部の町ルアーヴル*近

馬に乗ってウスターの町から逃げる
チャールズ２世

*Boscobel　バーミンガムの北西に位置する。

*John Wilmot 2nd Earl of Rochester (1647-80)　詩人でもある。

*Boscobel House イングリッシュ・ヘリテッジの管理下にある。Brewood, Bishop's Wood, Shropshire ST19 9AR <http://www.english-heritage.org.uk/visit/places/boscobel-house-and-the-royal-oak/>

*Wolverhampton

*Moseley Old Hall　ナショナル・トラストが管理。

*Walsall　バーミンガムの北西。

*Bentley Hall は現存しない。

*Abbots Leigh

*Leigh Court

*The Abbots House として現在も営業している。The Street, Charmouth, Dorset, DT6 6QF <http://www.abbotshouse.co.uk/>

*Torent

*Shoreham-by-Sea

*Le Havre

チャールズ二世

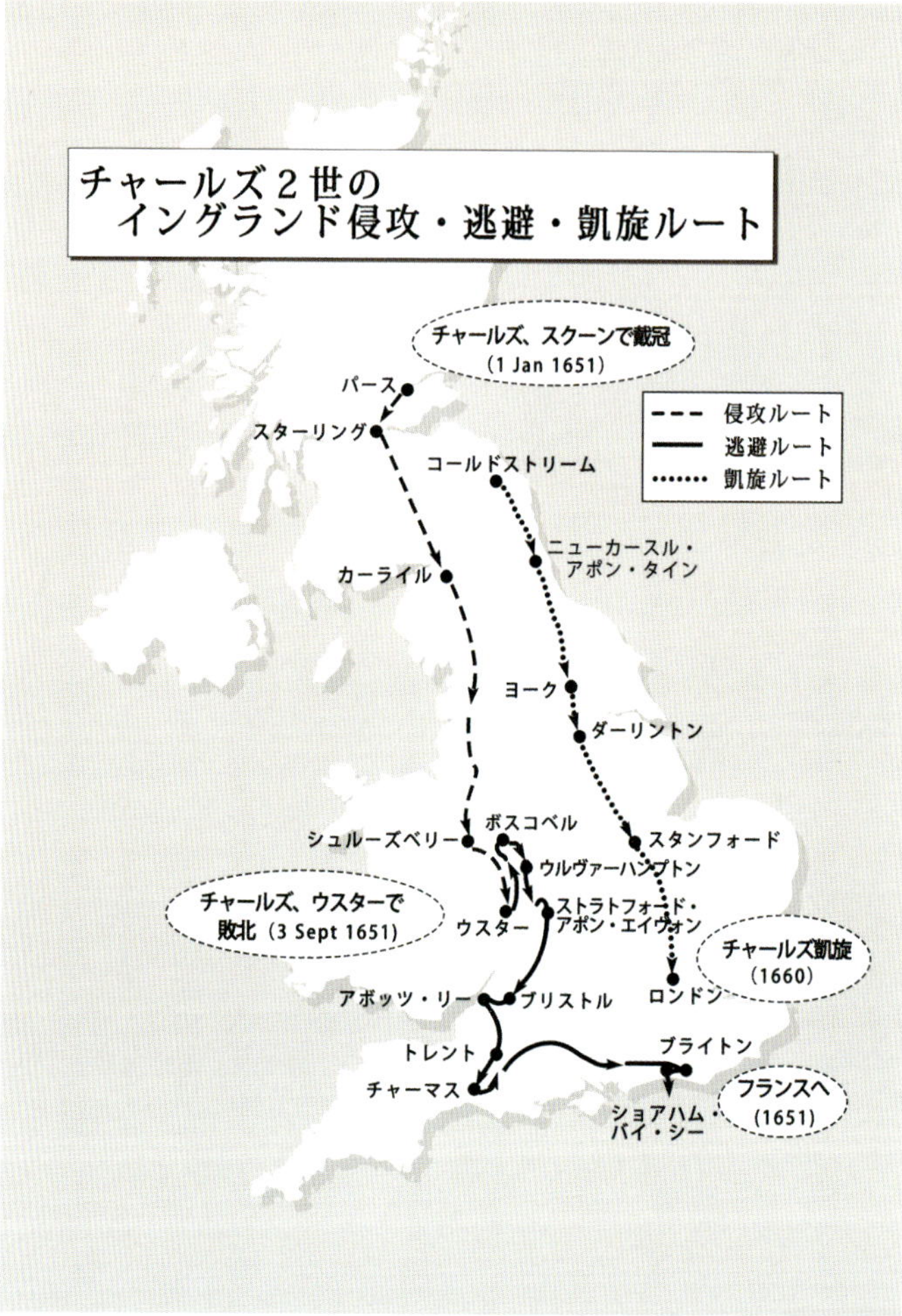

チャールズ２世の戴冠行列（ダーク・ストゥープ、1661）

くの漁港フェカン*に上陸し、ルーアン*を経てパリへ。クロムウェルの死後、一六六〇年にチャールズ二世はイギリスに戻り、イングランド北部から南下。五月二九日にロンドンで王政が復古した。王の逃避行については王自ら、日記作家サミュエル・ピープス*に語ったものである。

現在、チャールズ二世の逃避行経路はパブリック・フットパス*や、自転車や馬に乗って通れるブライドルウェイ*が敷かれ、全長六五〇マイルのモナークス・ウェイ*として復活している。歴史的地所を辿る道であるモナークス・ウェイは全行程が三つに分けられる。第一がウスターからボスコベルを経て、ストラトフォード・アポン・エイヴォンまで、第二がチャーマスまで、第三がチャーマスを起点としてジュラシック・コースト*沿いに進み、ショアハム・バイ・シーまでである。二〇〇一年、現チャールズ皇太子*は王の救出を記念して、ボスコベル・ハウスのそばにオークの若木の植林をした。

【ボニー・プリンス・チャーリーの逃走】

スチュアート朝の最後の君主、アン女王*が産んだ子供は一四人とも一七人とも言われているが、いずれも亡くなり、跡継ぎがいなかった。スチュアート朝の始祖であるジェームズ一世（スコットランドのジェームズ六世）の孫ゾフィア*（ドイツのハノーヴァー選帝侯妃）が当時の王位継承第一位だった。しかし彼女は高齢のため、息子ゲオルグ・ルートヴィッヒがジョージ一世として王位を継承することになった。ところが、名誉革命*で敗れたカトリックのジェームズ二世（アン女王の父）の二度目の結婚による息子ジェームズ・フランシス・エドワード・スチュアートがジェームズ三世を自称して、*

---

*Fécamp
*Rouen
*Samuel Pepys (1633-1703)
*public footpath　歩行者が法的に通行する権利が守られている道で、農地や屋敷の庭を通ることもある。
*public bridleway
*the Monarch's way　総距離約九九〇km。
*Jurassic Coast　地図「ジュラシック海岸とライム・リージス」（一九九頁）参照。
*Charles, Prince of Wales (1948-)
*Anne（1665-1714 在位 1702-14）
*Sophia of Bohemia, Electress of Hanover (1630-1714) プロテスタント。
*Glorious Revolution (1688-89) ジェームズ二世が追放され、オラニエ公ウィレム二世と妃メアリーが共同即位。
*James Francis Edward Stuart (1688-1766) Old Pretender（詐称者）とも呼ばれる。

フランスよりスコットランドに上陸。一七一五年、ジャコバイト*の反乱が起こった。

彼の息子チャールズ・エドワード・スチュアート*はハンサムで、父より決断力に富み、「愛しの王子《ボニー・プリンス》チャーリー」の愛称でジャコバイトからは根強い人気があった。彼は一七四五年、領土奪還を夢見てスコットランドに上陸。スコットランド北部のハイランドを拠点にして、プレストンパンズ*で政府軍（イングランド軍）を破り、エディンバラ城を陥落することはできなかったが、市を占拠した。その後、反乱軍（ジャコバイト軍）

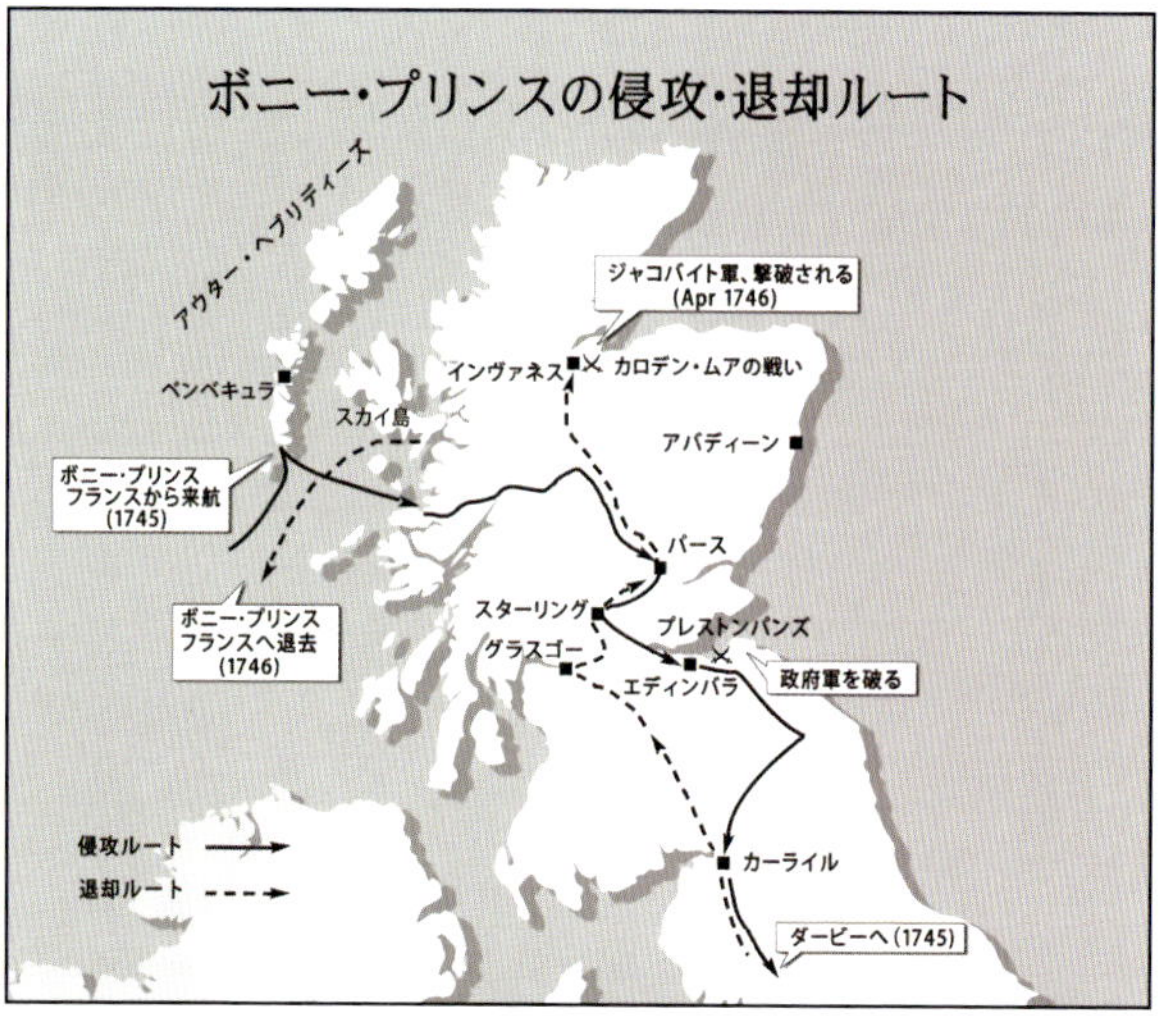

ジャコバイトの反乱（デイヴィッド・モーリエ、1750?）
ハイランドのジャコバイト党の支持を得た戦い

ボニー・プリンス

＊Jacobites　ジェームズ派の意味。James のラテン語形に由来する。
＊Charles Edward Stuart (1720-88) Young Pretender
＊Prestonpans

は南下を続け、カーライルに達したときには兵士の数が増え、ダービーに至った。しかし、カンバーランド公*が率いる政府軍の巻き返しに遭い、ハイランドへの撤退を余儀なくされた。翌一七四六年四月一六日、最後の戦闘となったインヴァネス近郊のカロデン・ムア*の戦いでは、極度の飢えと疲労とでわずか三〇分で完敗。この敗北により、ハイランド人は「マクドナルド」「マクラウド」などの伝統的な姓を名乗ることや、民族衣装タータンの着用が禁じられるという屈辱に甘んずることになったのである。

一方、戦場からこっそりと抜け出したチャールズはうまく追跡を逃れたが、その経路の細部は定かではない。スコットランドを離れた彼はヘブリディーズ諸島の一つ、ベンベキュラ島*に到着。そこでフローラ・マクドナルド*という女性の保護のもと、ベティ・バークというアイルランド人女中に変装し、その後ハイランドを逃げ回り、スカイ島からフランスへ脱出した。「マイ・ボニー*」で知られるスコットランド民謡は、海の彼方に去っていったチャールズに帰還を願う歌だとも言われている。

【ジョージ四世のエディンバラ訪問】

一八二二年八月、ジョージ四世*は二週間にわたってエディンバラを公式訪問した。これは前年七月の戴冠式に続く王の戴冠行事の一環であった。一六五一年のチャールズ二世の行幸《ぎょうこう》以来、スコットランド人にとって初めて目にする王室訪問であった。行事の演出は、王と親交の深かった文人ウォルター・スコットである。この儀礼には、連合王国の新君主誕生を告げること以上に、スコットランド国王の誕生を人々に強く認識させるという意向が込められていた。

---

*William Augustus, Duke of Cumberland (1721-65)　ジョージ二世の子。戦いでの残虐さから屠殺者 (Butcher) と呼ばれた。

*Culloden Moor　現在は両軍の共同墓地となっている。

*Benbecula　アウター・ヘブリディーズに位置する。

*Flora MacDonald (1722-90)

*"My Bonnie"

フローラ・マクドナルド

*George IV（1762-1830 在位 1820-30）

ロイヤル・ジョージ号でグリニッジから出航
（ロバート・ハウェル、1822）

八月一〇日、ジョージ四世はロイヤル・ジョージ号でグリニッジ*を出航し、一四日の午後、エディンバラのリース港*に到着。あいにく雨のために翌日まで船内に留まらなければならなかった。翌日、スコットに出迎えられた王は、バグパイプ隊が「ゴッド・セイヴ・ザ・キング」*を演奏するなか、エディンバラ市内まで馬車で行進。王は海軍将官の服装でその場に臨み、三〇万人を超える街路の群衆と同じく、帽子にはスコットランドの国花のアザミと当地の花ヘザー*、胸にはスコットランドの守護聖人である聖アンドルーの十字架を付けていた。

一七日にはホリールードハウス宮殿*で謁見の儀が執り行なわれ、王はハイランド民族衣装のキルト姿で現われた。王のキルトは、ダイアモンドやルビーがちりばめられた黄金製のアザミの花輪で飾られ、そのあまりの豪華さに招待客は圧倒されたという。夜は宮殿の南東のアーサーズ・シート*の山頂で大かがり火が焚《た》かれ、あちこちで花火が夜空に輝いた。

一五日間の滞在における王室儀礼の圧巻は、民衆の面前で繰り広げられたジョージ四世の戴冠式であった。一七〇七年、スコットランドとイングランドが連合して以来、エディンバラ城のクラウン・ルームにはスコットランド王権の象徴である三種の宝器「スコットランド王冠、笏《しゃく》、剣*」が厳重に保管されていた。スコットは王の了解を得て、

---

*Greenwich
*Port of Leith
*"God Save the King (Queen)" 法律で制定されていないが、イギリス国歌の役割をしている。
*heather　赤紫色の花で群生する低木。ヒースのこと。
*Palace of Holyroodhouse
*Arthur's Seat　ホリールード・パークの一番高い丘。
*the Honours of Scotland のこと。一般公開されている。
*Queensferry

儀礼にこれらの宝器を取り入れた。ジョージ四世は三種の宝器を使って「スコットランド国王」としての威厳を示し、国家安寧《あんねい》の儀式は無事完了した。二九日にクイーンズフェリー*を出発した王一行は、九月一日にグリニッジに帰着。現在、エディンバラ市内の広場には往時を偲ばせるジョージ四世の銅像が立っている。

1822年にエディンバラを訪れた時のキルト姿のジョージ4世（デイヴィッド・ウィルキー、1829）

【ヴィクトリア女王と帝国の祭典】

一九世紀中葉、イギリスは大英帝国の形成にまっしぐらであった。一八五一年、世界初の万国博覧会*がロンドンで開催され、一八七六年にはディズレイリ内閣*のもと、ヴィクトリア女王はインド女帝として戴冠式をあげ、輝く大英帝国の象徴となった。一八八七年には女王のゴールデン・ジュビリー（即位五〇周年）の機会を利用して、第一回植民地会議が行なわれた。当時のイギリス首相はソールズベリー侯*であり、この会議は後に「イギリス連邦*」という組織が生まれるきっかけとなった。

一八八七年六月二〇日、ヴィクトリア女王のゴールデン・ジュビリーが挙行された。前年に「植民地・インド博覧会*」が開催されたこともあり、バッキンガム宮殿からウェストミンスター寺院までの王室行列では、インドの藩王（マーハラージャ）*たちの姿が国民の目に新鮮であった。夜は松明《たいまつ》でブリテン島が輝き、式典後も義勇軍の閲兵《えっぺい》や観艦式などの行事が続いた。

それから一〇年後、一八九七年六月二二日に行なわれたダイアモンド・ジュビリー（即位六〇周年）は、規模と威光において帝国の祭典にふさわしいものであった。華やか

＊第Ⅲ部第二章コラム【世界初のロンドン万国博覧会】参照。
＊Benjamin Disraeli (1804-81) イギリスの保守党政治家、小説家。首相（一八六八、七四―八〇）。
＊Robert Arthur Talbot Gascoyne-Cecil, 3rd Marquess of Salisbury (1830-1903)
＊the British Commonwealth of Nations イギリスを中心とする自治領。
＊Colonial and Indian Exhibition
＊maharaja(h)　藩王国とはイギリス・インド政府下に置かれたインド部族の国家。

《白いパラソルの女王》
（ジェンナーロ・ダマト、1897）

な軍隊行進と各国の王室の馬車の後に八頭立ての無蓋の王室馬車が続き、そこに白いパラソルをかざす女王の姿があった。イギリス連邦が世界に広がる様を示すジュビリー行進を企画したのは、第三次ソールズベリー内閣の植民地大臣、ジョゼフ・チェンバレン*であった。彼は「パックス・ブリタニカ」*（英国支配による平和）という言葉の生みの親でもある。ジュビリー行進は国民から熱狂的な喝采《かっさい》を浴び、記念礼拝はセント・ポール大聖堂で行なわれた。

これまで多くの式典の舞台となったウェストミンスター寺院も大儀式に合わせて改修され、電燈が設置された。両式典においてミサを司ったイングランド教会の聖職者は、カトリック式典と似かよった儀礼用祭服*を着用した。これはカトリック的儀式の偏重を取り締まる一八七四年の「礼拝式法案」*以来、イングランド教会においては革新的なことであった。

【エリザベス二世――海外巡幸】

一九五三年六月二日、新女王エリザベス*の戴冠式がウェストミンスター寺院で執り

ヴィクトリア女王

*Joseph Chamberlain (1836-1914)
*Pax Britannica

*cassock　すその長いゆったりした衣。
*the Public Worship Bill

*Elizabeth II（1926- 在位 1952-）

行なわれた。エリザベスの初めての海外公式訪問は王女時代の一九四七年四月、南アフリカへの巡幸だった。同年一一月、ギリシア王室に縁のあるフィリップ王子*と結婚。以後の長い治世の間、エリザベス女王は英連邦（コモンウェルス*）および世界各国との友好関係を築くために、数えきれないほどの海外ツアーをこなしてきた。

一九五一年、父ジョージ六世*の名代としての最初の訪問地はカナダ。翌年一月末には東アフリカを歴訪中、ケニアで父の訃報《ふほう》を受け取った。女王となったエリザベスの連邦への巡幸は、一九五三年一一月二四日に始まった。女王治世最長の六ヵ月にわたったこのロイヤル・ツアーは、夫君フィリップも同伴。英海軍の特別船「ゴシック号*」に乗ってニュージーランド、オーストラリア、セイロンを含む一三ヵ国を巡った。旅の最後、北アフリカの地中海沿岸の港町トブルク*で、完成したばかりの王室専用船「ブリタニア号*」が女王夫妻を待ち受けていた。夫妻は幼いチャールズ皇太子とアン王女*と船上で再会し、家族でロンドンへの旅の終盤を楽しんだ。一九五四年五月一五日に帰港。タワー・ブリッジ*には「ウェルカム・ホーム」の赤と白の横断幕が掲げられ、テムズ川沿いは女王の帰還を喜ぶ市民であふれた。

エリザベス２世の戴冠式（1953 年）
2015 年９月９日、歴代君主の最長治世 63 年 217 日を更新した［写真：AP／アフロ］

一九七七年のシルヴァー・ジュビリー（即位二五周年）において、英連邦のすべての国を訪問するという画期的な試みがなされた。先王たち

＊Prince Philip　後の Duke of Edinburgh (1921-)
＊Commonwealth　イギリスから独立したかつての植民地。現在、英連邦はイギリス本国を除く一五ヵ国ある。
＊George VI（1895-1952 在位 1936-52）
＊Royal Yacht “Gothic”
＊Tobruk　リビア北東部、地中海沿岸の港町。
＊*Britannia*　一九五四年に就航。修理、維持費が年一二〇〇万ポンドにも上るため、一九九七年に廃船。
＊Anne, Princess Royal (1950-)
＊Tower Bridge　可動のはね橋(Drowbridge)で一八九四年に完成。

海外巡幸を終え帰港する女王とブリタニア号

の祝典では連邦の自治領からの代表が君主を謁見するために来訪していたが、エリザベス女王夫妻は、逆に自らがブリタニア号で二月と一〇月に連邦諸国を訪問。巡幸は大成功を収めた。二〇〇二年のゴールデン・ジュビリー（即位五〇周年）には、二〇〇六本の「かがり火*」がイギリス全土、そして世界中の連邦諸国を包み込むように北極から南極まで輝いた。この年に女王は六回目の世界周航を果たした。二〇一一年、二ヵ月にわたるオーストラリアへの旅は、翌年六月のダイアモンド・ジュビリーに向けての一六回目の旅だった。メルボルン・クリケット・グラウンドには退役軍人七万人が集まった。

国賓《こくひん》としての女王の海外公式訪問は、一九五五年のノルウェーをはじめ延べ八〇ヵ国を超え、一九七五年には日本を訪問、また一九九四年にはイギリス君主で初めてロシア訪問を果たした。二〇一二年以降は女王に代わり、王室メンバーが交代で海外巡幸に繰り出している。

*a chain of beacons　中継して送る信号だったが、現在は儀礼的に使用。

コラム【イギリス王室とテムズ川ページェント】

一六世紀のチューダー朝以降、テムズ川は王室行事の華やかなページェントの場として、国家行事、戴冠式、王族の結婚式、船舶の命名式など、祝賀を彩ってきた。テムズ川をロイヤル・リヴァーとして王室式典の華麗な舞台に作りあげたのは、チューダー朝の開祖ヘンリー七世*(Henry VII, 1457-1509)であった。王は即位の翌年、一四八五年六月に初の巡幸を行ない、その祝典をリッチモンド(Richmond)からウェストミンスターまでの水上パレードで締めくくった。ロンドン南西部、パトニー(Putney)で船上の市長に迎えられた王室船は、民衆が見守るなか、ウェストミンスター桟橋《さんばし》までエスコートされて進んだ。

ヘンリー７世時代のリッチモンド宮殿とテムズ川（アントニオ・ヴァン・ウィンゲルデ、1555）

一四八七年一一月は、ヘンリー七世の王妃、ヨークのエリザベス(Elizabeth of York, 1466-1503)が戴冠式*を二日後に控え、グリニッジ宮殿*(Greenwich Palace)からロンドン塔まで水上パレードを行なった。祝典は前年の国王のパレードを凌《しの》ぐ華やかさで、その後の王室ページェントの先駆けとなった。その二年後には嫡子《ちゃくし》アーサー(Arthur Tudor, 1486-1502)の皇太子叙任の水上パレードが、リッチモンドからウェストミンスター間で行なわれた。

続くヘンリー八世の治世になると、王妃が変わるたびにテムズ川は新王妃の披露の舞台となった。六人の王妃のうち、戴冠式と水上パレードの両方を行なったのは、第二王妃アン・ブーリン*(Anne Boleyn, 1507?-36)だけである。戴冠式の三日前から行なわれた披露の祝典は、水上パレードから始まった。彼女はグリニッジ宮殿から豪華な御座船《ござせん》に乗り込み、青空の下、ロンドン塔に向かってテムズ川を遡上《そじょう》した。何百隻もの小舟が色とりどりの旗をなびかせ、鐘や音楽が鳴り響く水上ページェント（祭典）が続いた。ロンドン塔への戴冠の道は、その三年後、一転してアンの処刑への道となった。

一七世紀になると、議会軍に敗れてフランスに亡命していたチャールズ二世が帰国。一六六〇年に王制が復古した。二年後、チャールズはポルトガル王ジョアン四世*(João IV, 1604-56)の娘キャサリン・オヴ・ブラガンザ*(Catherine of Braganza, 1638-1705)と結婚。八月二三日、ハンプトン・コート*(Hampton Court Palace)からホワイトホール(Whitehall)までテムズ川の豪華な水上ページェントが繰り広げられ、王は新妻をロンドン市民に披露した。多くの船や艀《はしけ》がパレードに

チャールズ２世と王妃キャサリンの結婚祝典
（ダーク・ストゥープ、1662）

加わり、川の中央に停泊する艀上で演奏される楽音に合わせ、船団は川を下った。このショーはテムズ川で繰り広げられたパレードの中で最も壮麗な凱旋式であったといわれている。

一八世紀初頭、アン女王が亡くなり、スチュアート王家の血を引くプロテスタントのハノーヴァー選帝侯ジョージ(Elector of Hanover)が、イギリス国王ジョージ一世(George I, 1660-1727)として即位した。当時、テムズ川を主題とする華やかな王室ページェントに見合うような音楽がなかった。ヘンデル*(George Friedrich Händel, 1685-1759)の音楽が好きだった王は、彼を宮廷楽長(Kapellmeister)として招いた。作られたのが「水上の音楽」('Water Music')と「王宮の花火の音楽」('Music for the Royal Fireworks')だった。一七一七年七月一日の夕べ、ジョージ一世は貴族たちと御座船に乗り込み、ホワイトホールからチェルシー(Chelsea)まで川を遡上。同行する名士たちの船や無数のボートで川は埋め尽くされ、「水上の音楽」が演奏された。チェルシーで下船後、王一行は朝の二時まで楽曲と歓談に酔いしれた。帰りも「水上の音楽」は休むことなく演奏されたと記録されている。

ロンドン橋の再建を祝う王室パレード

一九世紀中葉以降、大英帝国時代の王室は川から海へ乗り出し、ロイヤル・クルーズが盛んになった。ロイヤル・クルーズは、王侯の私的な娯楽・健康のためだけでなく、王室の業務や王の巡幸に不可欠なものとなった。ヴィクトリア女王はイギリス海岸周遊を楽しみ、長子エドワード七世は地中海クルーズに繰り出した。

二〇世紀になって、テムズ川ページェントが復活した。一九五三年、エリザベス二世は戴冠式の後日、水上パレードを開催。二〇〇二年のゴールデン・ジュビリーも恒例のテムズ川フェスティヴァルで華やいだ。二〇一二年六月のダイアモンド・ジュビリー（即位六〇周年）の圧巻は、チャールズ二世以来、三五〇年ぶりの大規模で壮麗なテムズ川ページェントだった。祝典の三日目、テムズ川に一〇〇〇余りのボートが集結し、バタシー・ブリッジ(Battersea Bridge)からタワー・ブリッジまでの一一kmを下る壮麗な水上パレードには、英連邦からの参加船をはじめ、エリザベス女王夫妻、チャールズ皇太子夫妻、ウィリアム王子夫妻、ヘンリー王子が乗る赤と金で装飾された王室専用船「スピリット・オヴ・チャートウェル」(Spirit of Chartwell) が悠々と進んだ。この模様は世界各国にテレビ中継され、視聴者は一〇億人を超えたと伝えられている。

エリザベス女王即位 60 周年を記念した水上パレード
スピリット・オヴ・チャートウェルに王室一族が乗っている
[写真：ロイター／アフロ]

*ヘンリー七世　ランカスターのジョン・オヴ・ゴーントの玄孫。
*一般的に戴冠式は（女）王の即位式だが、理由によっては、公的な認証を得るという意味で王妃に対しても行なわれた。
*グリニッジ宮殿　第Ⅳ部【王室ゆかりの地――グリニッジ】参照。
*アン・ブーリン　エリザベス一世の生母。
*ジョアン四世　ブラガンザ王朝の初代王（在位一六四〇―五六）。
*キャサリン・オヴ・ブラガンザ　イギリスに紅茶を飲む習慣を持ち込んだ。
*ハンプトン・コート　第Ⅳ部【テムズ川沿いの宮殿】参照。
*ヘンデル　ドイツ北東部の州ブランデンブルクのハル (Halle) で誕生。一七二七年イギリスに帰化。

コラム【王室の葬送行列とエフィジー】

葬送とは遺体を墓所まで送る厳粛な儀式、死の旅立ちのプロローグである。一三〇七年、エドワード一世はスコットランド遠征の途上、カーライルの近くで亡くなった。* 王は王子（後のエドワード二世）に、自分の遺体を遠征軍の先頭に掲げてスコットランドに勝利するまで戦うようにと誓わせた。しかし誓いは守られず、当時の慣例に従って、保存処理された遺体は人々の目にさらされたまま見送られ、王妃の眠るウェストミンスター寺院に埋葬された。*

息子エドワード二世は、死亡から葬儀までの期間が長かっ

エドワード２世のエフィジー
グロスター大聖堂

たため、葬列には王の身代わりとしての木像エフィジー（肖像彫刻）(funeral effigy) が使用された。一三二七年四月、王はブリストルの北、バークレー城 (Berkeley Castle) に監禁され、死亡が公表されたのが同年九月。葬儀は一二月になって、コッツウォルズ地方のグロスター市 (Gloucester) にあるグロスター大聖堂で盛大に行なわれ、埋葬された。これを前例として葬儀にエフィジーが使用されるようになった。エドワード三世やヘンリー五世も先達《せんだつ》に倣《なら》っている。ヘンリー七世のエフィジーは、顔の部分に君主のデスマスクが用いられたと言われている。

　チューダー朝の王たちの葬送の様子は、エリザベス一世の葬列の絵を通して知ることができる。*一六〇三年三月二四日、六九歳の女王はリッチモンド宮殿で逝去。防腐処理を施された遺体は鉛の棺に納められた後、木の棺に入れられて、夜間、テムズ川を艀船《はしけふね》でホワイトホール宮殿へと運ばれた。四月二八日、紫色のビロードに覆われた棺は四頭の馬が引く葬儀用馬車に乗せられ、ウェストミンスター寺院へ移送された。

エリザベス一世の葬儀

棺の上には女王の全身をかたどった等身大のエフィジーが置かれていた。エフィジーは議会用ローブをまとい、頭上には王冠、右手には王笏《おうしゃく》、左手には宝珠が添えられ、儀仗兵《ぎじょうへい》がエフィジーを取り囲むように女王の先祖の紋章旗を掲げて行進した。

　王には二つの身体があると言われ、棺に入れられるのは王の自然の身体であるのに対し、エフィジーは王の目に見えない政治的身体であると解釈されている。王の葬儀におけるエフィジーは、一六二五年のジェームズ一世の葬儀を最後に使用されなくなったが、オリヴァー・クロムウェルやジョージ・マンク*(George Monck, 1st Duke of Albemarle, 1608-70) ら、政治家や軍人などの葬儀で使われた記録が残っている。

*ブラッフ・バイ・サンズ (Burgh-by-Sands) で七月七日に死亡。
*スコットランドに何度も遠征したことから、「スコットランド人への鉄槌《てっつい》」(Hammer of the Scots) の綽名《あだな》を持つ。墓碑にはこの文字が刻まれている。
*ウィリアム・キャムデン (William Camden, 1551-1623) の画（一六〇三

年）。

＊ジョージ・マンク　王政復古を実現させ、スチュアート朝の復活に尽力し、アルベマール公に叙任される。

コラム【歴史舞台で活躍する王室馬車】

バッキンガム宮殿のロイヤル・ミューズ(the Royal Mews)には、王と王室メンバーの馬車が保管されている。王室馬車の圧巻ともいえる「ゴールド・ステート・コーチ」（黄金盛装馬車）(the Gold State Coach)は、一八世紀中葉、ジョージ三世＊(George III, 1738-1820)のために作られた馬車である。王は八頭の馬が引くこの黄金馬車に乗って議会開会式に赴いた。馬車は一九世紀以降、王の戴冠式やジュビリーの祝典など重要な儀式に使われ、二〇〇二年のエリザベス二世のゴールデン・ジュビリーにも登場した。この黄金馬車の側面のパネルには、軍神マルス(Mars)、女神ミネルヴァ(Minerva)、神々の使者マーキュリー(Mercury)が手を寄せ合って大英帝国王冠を掲げている図柄が描かれている。

1937年5月12日に行なわれたジョージ6世、ゴールド・ステート・コーチでの戴冠式パレード（A. C. マイケル）

もう一つ王室馬車で目を惹くのが、「一九〇二　ステート・ランドー」(the 1902 State Landau)である。これはエドワード七世＊(Edward VII, 1841-1910)の戴冠式用に作られた馬車で、現在、各国元首による公式訪問やロイヤル・ウェディングの時に活躍している。一九八一年のチャールズ皇太子とレディ・ダイアナ・スペンサーの結婚式や二〇一一年のウィリアム王子（ケンブリッジ公爵）とケイト・ミドルトン妃の結婚式で使われ、二〇一二年のエリザベス女王のダイアモンド・ジュビリーの時にも活躍した。

これらの王室馬車を牽引《けんいん》する馬もこのロイヤル・ミューズで育てられている。王室馬車を牽引するのは灰色の馬ウィンザー・グレイ(Windsor Grey)である。特別な品種ではないが、毛色や気性によって選ばれている。他方、大使たちを運ぶのはクリーヴランド・ベイ(Cleveland Bay)で、鹿毛色の代表的な馬車馬である。ともにここで訓練を受けてそれぞれの役目を果たしている。ちなみに普段、王室メンバーが個人的に乗る馬は、ウィンザー城のロイヤル・ミューズを住まいとしている。

1902 ステート・ランドー

*ジョージ三世　在位一七六〇―一八二〇。

*エドワード七世　在位一九〇一―一〇。ヴィクトリア女王の長子。

コラム【権力の座――ウェストミンスター寺院】▼世界遺産

ウェストミンスター寺院はイギリス王室と関係の深い寺院である。君主の戴冠式、王室の結婚式、葬儀がここで執り行なわれている。アビーが建立される前の九六〇年、エドガー平和王*(Edgar the Peaceful, 942-75)が現在のロンドンのウェストエンドの大半を含む土地に、ベネディクト派修道士の共同体を作った。一〇六五年末、エドワード証聖王が石造の修道院を建て、一三世紀後半、ヘンリー三世*(Henry III, 1207-72)がフランスのゴシック大聖堂*を手本に大改築を行なった。これが現在の寺院の礎《いしずえ》となった。ピューリタン革命の時代には荒廃したが、一八世紀、建築家クリストファー・レン(Sir Christopher Wren, 1632-1723)の下、修復・増築作業が続けられ、二つの塔を備えた壮大なゴシック様式の建造物が完成した。

一〇六六年のクリスマスの日、ノルマンディー公ウィリアムが、初めてウェストミンスター寺院で戴冠式を行ない、イングランド王に即位した。以来、エドワード五世*(Edward V, 1470-83)とエドワード八世*(Edward VIII, 1894-1972)の二名の王を除く歴代の王の戴冠式が執り行なわれてきた。戴冠式の椅子には、一三世紀にエドワード一世が戦利品としてスコットランドから持ち帰った「スクーンの石」(Stone of Scone)がはめこまれていた。しかし、一九九六年、トニー・ブレア*(Tony Blair, 1953-)政権によりスコットランドに返還され、現在はエディンバラ城に保管されている。

一二七二年にヘンリー三世の葬儀が執り行なわれて以来、この寺院は五〇〇年にわたって王家の重要な埋葬地としても使用された。ここにはエドワード証聖王、ヘンリー七世、エリザベス一世、メアリー・オヴ・スコッツら、国王、王妃合わせて二五名が眠っている。しかし、国王葬儀を取り仕切る機関が紋章院(College of Arms)から王室(Royal Household)へ移行する過程で、埋葬地は私的な居城であるウィンザー城の聖ジョージ礼拝堂(St George Chapel)へと移っていった。ヘンリー八世と第三王妃ジェーン・シーモア、チャールズ一世ら一〇名の君主・王妃はこの礼拝堂で眠っている。ウェストミンスター寺院には王族だけでなく、科学者のニュートン(Isaac Newton, 1642-1727)やダーウィン(Charles Robert Darwin, 1809-82)、文学者のチョーサーやスペンサー(Edmund Spenser, 1552?-99)、政治家のグラッドストーン(William Ewart Gladstone, 1809-98)ら、数多くの歴史的著名人が埋葬され、故人を偲ぶモニュメントが建てられている。

また寺院はロイヤル・ウェディングでも注目を浴びている。一一〇〇年、ヘンリー一世の結婚式が行なわれて以来、今日まで計一五回を数える。一九四七年には現エリザベス二世がフィリップ殿下と結婚式をあげ、二〇一一年には王位継承第二位のウィリアム王子とキャサリン・ミドルトンの若いカップルの人生の門出を迎えた。* 一九八七年、ウェストミンスター寺院は聖マーガレット教会*(The Anglican Church of St Margaret)とともにユネスコ世界文化遺産に登録された。

ウェストミンスター寺院

戴冠の椅子
エドワード１世の戦利品スクーンの石がはめこまれていた

パースのスクーン宮殿、ムート・ヒルにある「スクーンの石」(レプリカ)

*エドガー平和王　ウェセックス朝イングランド王在位九五九—九七五。
*ヘンリー三世　プランタジネット朝第四代イングランド王。在位一二一六—七二。
*アミアンやランスの都市にあるノートルダム大聖堂を手本とした。
*エドワード五世　在位一四八三。庶子とみなされて戴冠式前に退位させられた。
*エドワード八世　一九三六年、離婚歴のある女性との結婚で王位を捨てた。
*トニー・ブレア　イギリスの第七代首相。三期（一九九七—二〇〇七）務めた。
*本章コラム【未来の国王と妃——ウィリアム王子とキャサリン】参照。
*聖マーガレット教会　ウェストミンスター寺院と同じ敷地にある国教会の教会。

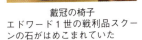

コラム【王位興亡の歴史を語るエディンバラ】 ▼世界遺産

スコットランドの東岸フォース湾に面して、古都エディンバラ(Edinburgh)がある。スコットランド王権の行方を見つめてきた悲劇の舞台である。七世紀、アングロ・サクソン七王国の一つ、ノーサンブリア王国がこの地を支配し、エドウィン王*(Edwin, 586?-632/633)にちなんで、エドウィンズ・バラ(Edwin's Borough)と名づけたのがエディンバラの地名の由来だと言われている。バラとは「町」の意味である。

エディンバラの旧市街の中心には今日、ロイヤル・マイル*(Royal Mile)と呼ばれる石畳の通りが走っている。中世には王侯貴族が往来したロイヤル・マイルは、西は堅牢な岩山に築かれたエディンバラ城の広場から、東はホリールードハウス宮殿まで通じている。一一世紀のエディンバラ城は、ダンカン王の嫡子マクベスを敗北させたマルカム三世*(Malcolm III, 1031-93)の居城であった。しかし一一七四年、イングランド王ヘンリー二世の手に落ち、イングランド軍の要塞と化した。一三世紀、安定と繁栄の時代を築いたアレグザンダー三世*(Alexander III, 1241-86)の死後、城は再び、イングランド軍の手に落ち、エドワード一世は、一二九六年にスコットランド王権の象徴である「スクーンの石」をイングランドに持ち帰ってしまった。

一三一三年、ロバート・ブルース*(Robert the Bruce, 1274-1329)の部下マリー伯トマス・ランドルフ(Thomas Randolph, 1st Earl of Moray, d. 1332)の奇

エディンバラ城

ホリールードハウス宮殿

襲によって城は奪還。その後、城を敵軍の要塞にさせないため、聖マーガレット教会を除いた城内の建造物すべてが取り壊されてしまう。翌年、ブルースはスターリング近郊、バノックバーン戦(Battle of Bannockburn)においてエドワード二世軍を破り、スコットランドの独立を勝ち取った。しかしその勝利もつかの間、一三三六年、エドワード三世によってエディンバラは占領される。ブルースの子デイヴィッド二世*(David II, 1324-71)軍はワイン商人の一団に扮して、イングランド軍が占拠していた城門を突破して城を奪回するという攻防戦が続いた。城壁で囲まれた堅固な城となっていくのは、一五一三年のフロッデンの戦い(The Battle of Flodden)以後のことである。一七四五年、ボニー・プリンス・チャーリー*が王位奪還をかけて攻撃したのが、エディンバラ城を巡る攻防戦の最後となった。

東のホリールードハウス宮殿は、一一二八年、デイヴィッド一世が修道院として建設したものが起源で、ジェームズ一世*(James I, 1394-1437)がその一部を住居にした。その後ジェームズ四世*(James IV, 1473-1513)が、修道院に隣接して王宮の建設に取り掛かり、一六世紀のジェームズ五世*(James V, 1512-42)の時代に完成。生後一週間で女王になった娘メアリー*が成長し、亡命先のフランスから帰国。その後の波乱の生涯はこの城から始まった。

一八世紀後半から一九世紀にかけて、古都エディンバラの町づくりのため、都市改造計画*があった。エディンバラはジョージ王朝建築様式*(Georgian Architecture)の優雅な新市街と歴史的旧市街に二極化し、経済の活性化、学問・芸術・技術の進歩*につれて町は再開発を重ね、世界有数の観光都市となった。エディンバラの旧市街と新市街の対照的な美しい町並みは、一九九五年、ユネスコの世界遺産に登録された。

*エドウィン王　治世六一六―三三。
*ロイヤル・マイル　約一マイルとみなされ、二〇世紀の初めに旅行者向けにつけられた名称。
*マルカム三世　在位一〇五八―九三。父ダンカン王はマクベスに殺害される。
*アレグザンダー三世　在位一二四九―八六。
*ロバート・ブルース　在位一三〇六―二九。
*デイヴィッド二世　在位一三二九―七一。世継ぎがいなかったため、ブルース家は彼で途絶える。その後、義叔父ロバート二世（Robert II, 1316-90 在位 71-90）によりスチュアート朝が始まる。
*本章【ボニー・プリンス・チャーリーの逃走】参照。
*ジェームズ一世　在位一四〇六―三七。ロバート三世の三男でスチュアート家三代目の王。
*ジェームズ四世　在位一四八八―一五一三。
*ジェームズ五世　在位一五一三―四二。
*本章【スコットランド女王メアリーの逃亡人生】参照。

*一七五二年の『エディンバラの公共事業に関する提言』が発端になった。

***ジョージ王朝建築様式**　ジョージ一世から四世の時代に流行ったシンプルで左右対称の建築様式。

*経済学者アダム・スミス(Adam Smith, 1723-90)、哲学者デイヴィッド・ヒューム(David Hume, 1711-76)、法律家で著述家ケームズ卿ヘンリー・ホーム(Henry Home, Lord Kames, 1696-1782)、肖像画家ヘンリー・リーバーン(Henry Raeburn, 1756-1823)などを輩出。

コラム【未来の国王と妃――ウィリアム王子とキャサリン】

ロイヤル・ウェディングは、戴冠式に次ぐ国家祝典で、今や国際的スペクタクルの一つとなっている。二〇一一年四月二九日、イギリス王位継承第二位のウィリアム王子(Prince William, June 20, 1982-)とキャサリン・ミドルトン（通称ケイト）(Catherine Elizabeth Middleton, Jan. 9, 1982-)の結婚式がウェストミンスター寺院で執り行なわれた。王子二八歳、キャサリン二九歳。二人は結婚とともに、ケンブリッジ公爵*(HRH Prince William, Duke of Cambridge)、ケンブリッジ公妃となった。式典は世界中にテレビ中継され、インターネットでもライヴ配信された。

キャメロン首相*(David Cameron, 1966-)はこの日を国民の祝日とした。三五一年ぶりの民間人との結婚*は、王室好きの国民からも大歓迎を受けた。父チャールズ皇太子と母ダイアナ元妃のロイヤル・ウェディング*に次ぐイギリス王室の大イベントとして、各国の王族をはじめ、イギリス女王が元首を務める英連邦諸国の首相、ベッカム夫妻やエルトン・ジョンら、総勢およそ一九〇〇名が結婚式に招待された。

ウィリアム王子は、パブリック・スクールの名門イートン校*(Eton college)からスコットランド最古の大学セント・アンドルーズ大学*(University of St Andrews)に進学。学内のチャリティ・ファッション・ショーにモデルとして登場した同じ美術史専攻*の同級生キャサリンにひと目惚れ。九年間にわたる交際を経てのゴールインだった。

結婚式当日、ウィリアム王子は弟ヘンリー王子とともに公邸クラレンス・ハウス*(Clarence House)から出発、一一時からの挙式はカンタベリー大主教ローワン・ウィリアムズ*(Rowan Douglas Williams, 1950-)が執り行なった。「夫に従う」という王室の伝統的宣誓は省かれ、式は一二時一五分に終了。夫妻は王室馬車でホワイトホール(Whitehall)、パーラメント・スクエア(Parliament Square)、ホース・ガーズ・パレード(Horse guards Parade)、そしてザ・マル(The Mall)を通ってバッキンガム宮殿に移動。恒例となったスーパーマリン・スピットファイア(Supermarine Spitfire)などの戦闘機による

新しい門出を迎えるキャサリン妃
挙式を終え、「1902 ステート・ランドー」で
夫ウィリアム王子とウェストミンスター寺院をあとにする
[写真：ロイター／アフロ]

飛行ショーをバルコニーから鑑賞。この後、王子はチャールズ皇太子所有のアストン・マーチン*(Aston Martin)のオープンカーを運転し、キャサリンを乗せてクラレンス・ハウスまで移動するサプライズ演出を見せた。

ケンブリッジ公爵ウィリアムは、優しい心と行動力を持つ未来の国王として国民に人気が高い。二〇一三年七月二二日、公爵に第一王子ジョージ*が誕生した。体重三・八kgの健康な男児で、チャールズ皇太子、ウィリアム王子に次ぐ第三位の王位継承者である。二〇一五年五月二日、第二子シャーロット王女*が誕生。王女は曾祖母である現エリザベス女王と祖母ダイアナの名前をもらい、「未来のチーム」(The team of the future)*に加わった。

* His (Her) Royal Highness　王族の敬称。
***キャメロン首相**　イギリス第七五代首相。
*ジェームズ二世とアン・ハイド（一六三七―七一）の結婚。
*一九八一年。式場はセント・ポール大聖堂。
*第Ⅳ部【ウィンザー城を臨む名門イートン校】参照。
***セント・アンドルーズ大学**　一四一三年創立。
*王子は、のちに専攻を地理学に変更。
***クラレンス・ハウス**　ジェームズ宮殿に付属するプリンス・オヴ・ウェールズ公邸。
***ローワン・ウィリアムズ**　一〇四代目カンタベリー大主教。
***アストン・マーチン**　イギリスの高級車。
*George Alexander Louis と命名。
*Charlotte Elizabeth Diana と命名。
*キャメロン首相が公爵夫妻を「未来のチーム」と称した。

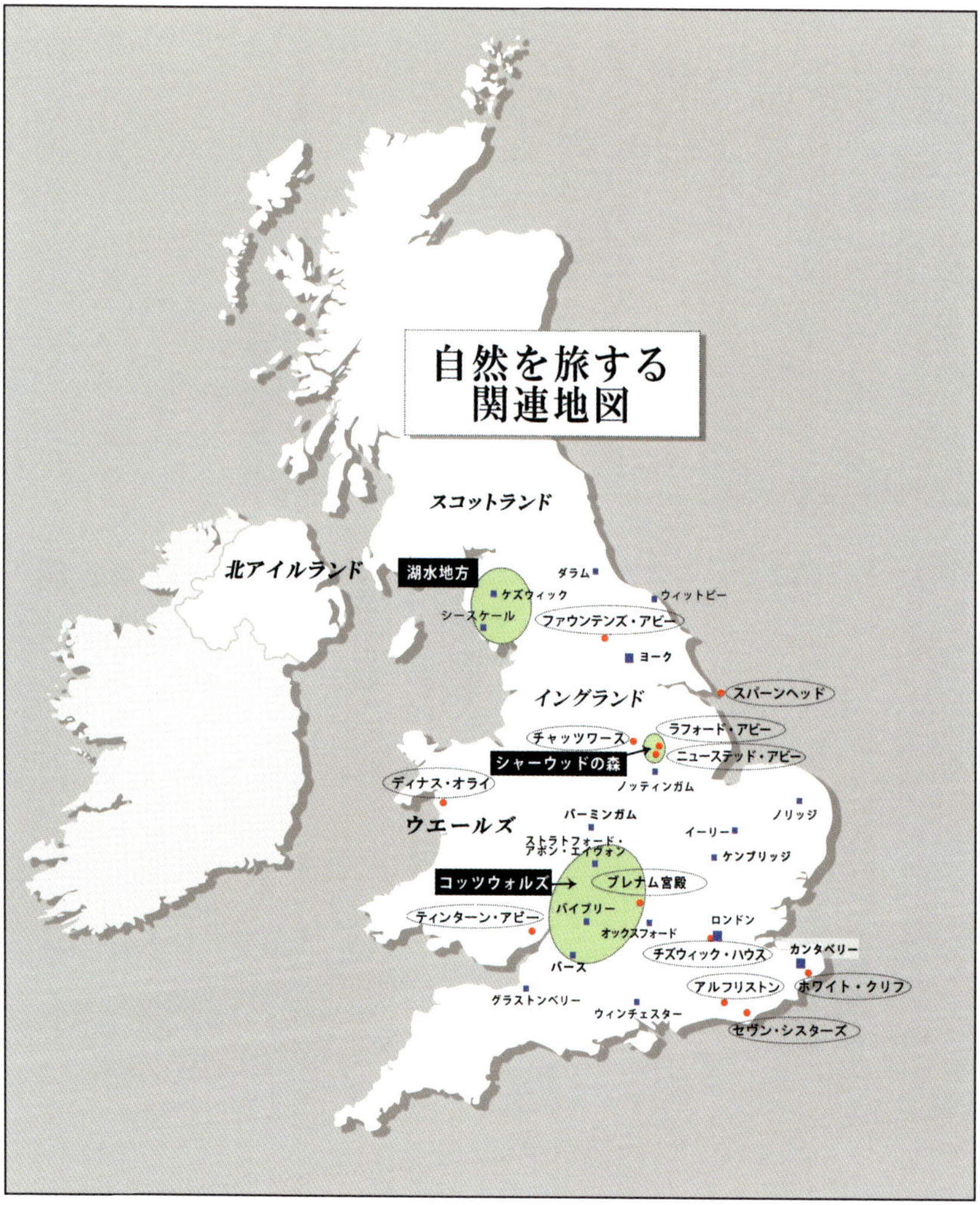
自然を旅する
関連地図
スコットランド
北アイルランド
湖水地方
ケズウィック
シースケール
ダラム
ウィットビー
ファウンテンズ・アビー
ヨーク
スパーンヘッド
イングランド
チャッツワース
ラフォード・アビー
シャーウッドの森
ニューステッド・アビー
ノッティンガム
ディナス・オライ
ウエールズ
バーミンガム
ノリッジ
イーリー
ストラトフォード・アボン・エイヴォン
ケンブリッジ
コッツウォルズ
ブレナム宮殿
バイブリー
ティンターン・アビー
オックスフォード
ロンドン
チズウィック・ハウス
カンタベリー
バース
アルフリストン
ホワイト・クリフ
グラストンベリー
ウィンチェスター
セヴン・シスターズ

第一章　自然を旅する

【はじめに――衰退する森林と自然への憧憬】

地球の氷河期*が終わった一万年ほど前、イングランドの南から北部に向かって森林が出現した。しかし紀元前一世紀のローマ人侵攻前にはイングランドで木の伐採が始まっており、森はイングランド全土の七七%だったと推定されている。ところが、一一世紀ノルマン人による征服の頃になると、一五%まで激減していた。

ウィリアム征服王*は土地占有化によって、猟《かり》のために囲い込んだパーク*の外部を王室の御料林《フォレスト》*として独占したため、民衆は森を利用することができなくなった。当時の御料林法*によってパークやフォレストとして囲い込まれた土地は、イングランドの二五%にも及んだ。一六世紀チューダー朝になると、イギリスはフランスやオランダなどの大陸の強国と戦争危機に直面。森林資源を使って武器や弾薬が作られ、皮のなめしにはオークの樹皮が使われた。続く大航海の時代には造船のため、多くの木が切り出された。

一八世紀後半、人間の日常の営《いとな》みの場である自然が衰退する一方で、人々は自然を鑑賞する対象として眺めるようになっていく。自然を一幅《いっぷく》の絵として眺

*ice age　少なくとも四回の氷河期があり、最も古いのは二四億年前、最終氷期は約一万年前に終わった。

*第Ⅱ部第二章【ノルマンディー公ウィリアム――イングランド征服の旅】参照。

*park
*forest「外国の」を意味するフォリン(foreign)と同義語で、法律用語だった。

*forest law

中世の森林伐採を描いた版画

め、「絵のような」風景を美しいと感じる「ピクチャレスク*」の概念が生まれた。提唱者ウィリアム・ギルピン*は、ピクチャレスクを絵にして心地良い特殊な美の形式を表わす用語として定義した。ギルピンの紀行文は有閑《ゆうかん》階級の旅行者たちを触発し、スコットランドやウェールズや湖水地方など、従来の僻地《へきち》である山岳地帯や河川・湖沼地方へと向かわせることになった。さらに、ロマン派詩人と呼ばれるワーズワースやコールリッジらの詩や、ウィリアム・ターナー*やジョン・コンスタブル*らが描いた風景画が、こうしたピクチャレスクの旅を後押しすることになる。

他方、産業の発展による市場経済の導入により、一九世紀に自然破壊は急速に進んでいった。しかし自然との共存を求めて、「征服」するという立場から「保護」するという立場へ、人間の姿勢が大きく変わっていく。現在、イングランドの森林被覆率は一二%。政府は二〇六〇年までにその割合を一五%に引き上げることを目標に掲げ、地域共有林*の育成に努めている。

【シャーウッドの森】

シャーウッド*の森はイングランド中北部ノッティンガム*から北方に三〇km、バスで一時間ほどのエドウィンストウ*の村はずれにある。シャーウッドの名前が最初に現われるのは九五八年のことで、Sciryuda（「shire《シャー》（州）の森」という意味）と呼ばれていた。一二世紀にこの森からロビン・フッド*の伝説が生まれた。当時、この森は王侯貴族の狩場であり、民衆が森で木を伐採したり獣を狩ったりすることは厳しく禁じられていた。シカ肉は王侯貴族の食べ物だったため、殺戮《さつりく》は死罪に値した。ロビンがシャーウッ

---

*picturesque

*本章【ギルピンのワイ川紀行】参照。

*Joseph Mallord William Turner (1775-1851)

*John Constable (1776-1837)

*Community forest　大部分は私有地だが入ることが許されている。

*Sherwood　二〇〇二年に国立自然保護地域（NNR／National Nature Reserves）に指定。

*Nottingham

*Edwinstowe

*Robin Hood　イギリスの伝説上の英雄。

ドの森に逃げ込んだのも、ジョン王*のシカを殺したためである。しかしロビンは追われながらも、圧政に苦しむ町の人々を助けるために、シャーウッドの森の陽気な仲間たちと力を合わせて、ノッティンガム城の長官フィリップ・マーク*を打ち破り、町に平和をもたらす。ロビン・フッドを正義の味方のアウトローとして国民的英雄に仕立てたのはウォルター・スコットである。一二世紀を舞台にした彼の歴史小説『アイヴァンホー』*（一八一九）の人物像が原点となっていると言われている。

シャーウッドの森は東西二〇km、南北三〇kmの広大な森で、ノッティンガム州の五分の一、あるいは四分の一を占めていたとも言われる。木の種類は建築用のオークが主流で、燃料用となるブナも豊富だった。一二～一三世紀には、国王からキリスト教修道院に広大な土地が与えられ、森にはラフォード・アビー*、ニューステッド・アビー*が建立された。しかし、一七世紀の大航海時代になると造船のために木が伐り出され、八〇年間にシャーウッドのオークは、二万三〇〇〇本から一三〇〇本にまで激減したと言う。

一九世紀には、ロビン・フッドの隠れ家だと言われるメジャー・オークが注目され、シャーウッドの森は観光名所となっていった。樹齢八〇〇年を超えると言われるメジャー・オークは高さが一〇m、重量二三トン、枝の広がりは二八m

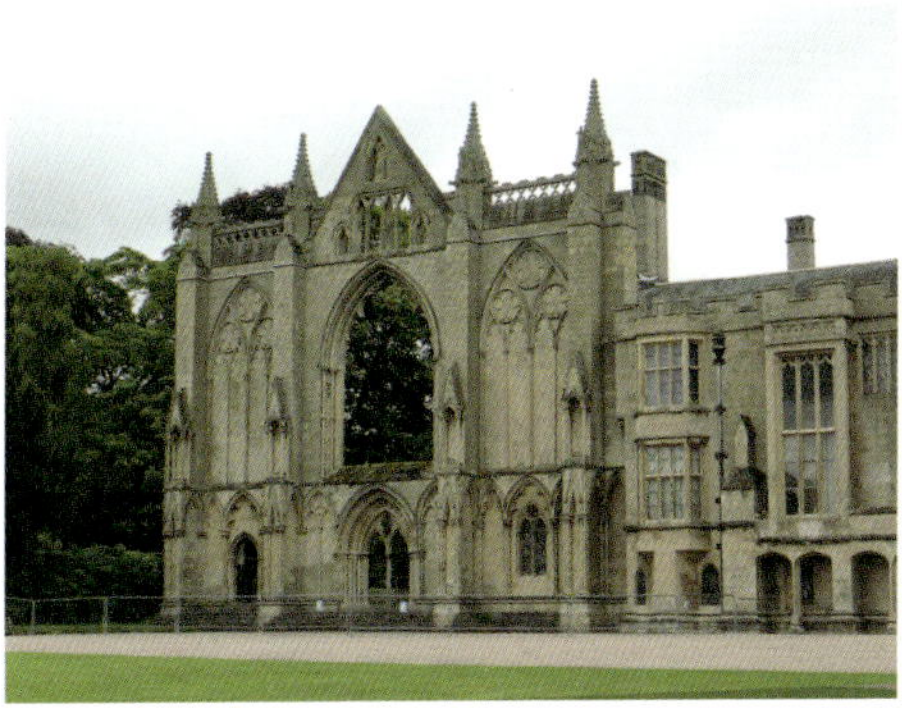

ニューステッド・アビー

狩りをするジョン王

*John Lackland（1167-1216 在位1199-1216）

*Philip Marc　実在したノッティンガムシャーの州知事（在職一二〇八―一二一四）。

*Ivanhoe

*Rufford Abbey

*Newstead Abbey

もあり、国の自然遺産になっている。一九九八年にはこの老木のクローンを栽培する計画が始まった。
一九八七年、ヨーロッパの総合レジャー休暇施設のチェーンであるセンター・パークス*が、シャーウッドのラフォードに四〇〇エーカー（約一・六㎢）のレジャー施設を開発した。ドーム内に人工の海浜が造られ、室内用、屋外用のアトラクションが完備されている。しかし森林をこうしたメガ企業に売却することについては賛否両論がある。

【シェイクスピアとアーデンの森】

イングランドの中部、ウォーリックシャー*に位置するアーデンの森*は、三つのローマ街道（イクニールド街道、ウォトリング街道、フォス街道*）と塩の道《ソールトロード》*に囲まれた地域である。ケルト語の「高地」を意味する ardu が語源となったように、高地という地理的状況からローマ人はこの地域を避けて街道を造った。粘土質の土壌のため農作物には向いていなかったが、オークには最適だった。しかし、中世末期から近世にかけて人口が増え続けるなか、森の変貌も着実に進み始めていた。森林は燃料用に伐採され、牧羊のために囲い込

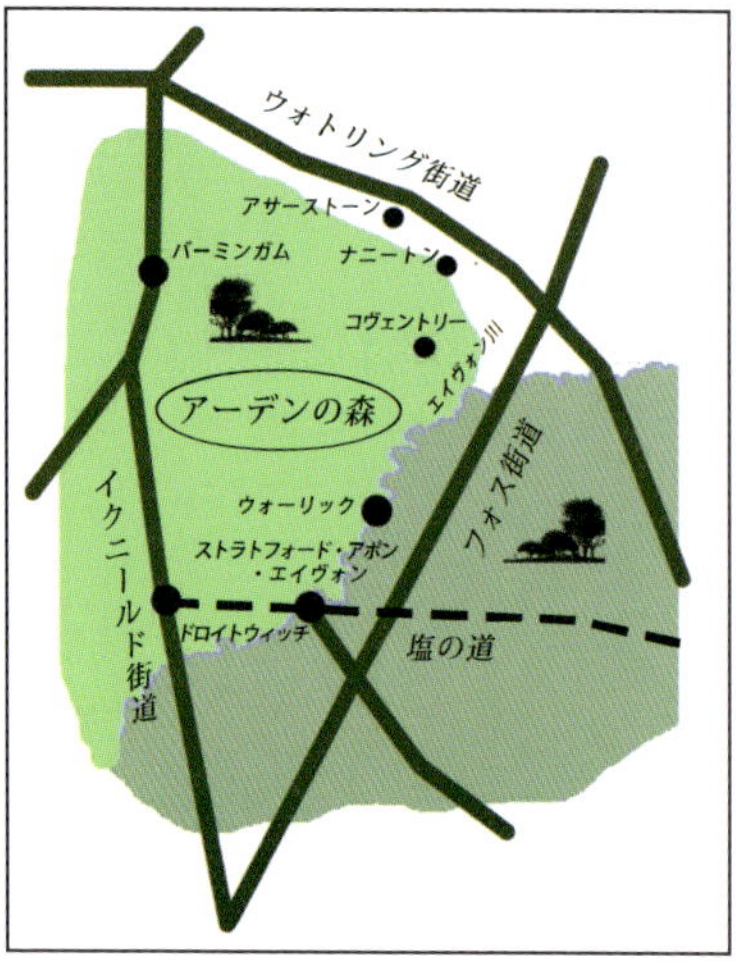

---

*Center Parcs　最新設備の大型リゾート地。イギリスには他に四ヵ所ある（ウィンフェル(Winfell, Cumbria)／エルヴデン(Elveden, Suffolk)／ウォーバーン(Woburn, Bedfordshire)／ロングリート(Longleat, Wiltshire)）

*Warwickshire

*Forest of Arden

*第I部第一章【ローマ街道——ブリテン島支配のかなめ】参照。

*起点となるウスター州ドロイトウィッチ・スパ(Droitwich Spa)は古くから岩塩の産地。

みが行なわれた。森の荒廃は止めようがなく、アーデンの森も例外ではなかった。

シェイクスピアの母メアリー・アーデン*は、ノルマン征服以前からこの森のかなりの部分を所有していたアーデン家の子孫である。シェイクスピアは喜劇『お気に召すまま*』において、イングランドのアーデンの森とトマス・ロッジの散文『ロザリンド*』の舞台となったフランス北部のアーデンの森*と、両方を合体した牧歌的空間を描いている。謀略《ぼうりゃく》に満ちた宮廷世界と対照的な平和な空間として描かれたアーデンの森ではあったが、実際にはいずれの森もすでに荒廃が進んでいたはずである。しかし、シェイクスピアのアーデンの森は、彼の想像力によって困難を回復するユートピア的空間として機能している。ちなみに母メアリーが受け継いだウィルムコート*の家は、シェイクスピア生誕地トラスト*が管理・保全している

【ファウンテンズ・アビー——宗教の場から庭園の一部へ】 **▼世界遺産**

一一三二年、イングランド北部、ヨークの城壁近くの修道院セント・メアリーズ*で、宗教的生活の在り方を巡って内紛が起こった。その結果、「服従」「清貧」「純潔」を重んじる初期のベネディクト修道会*精神に立ち返り、厳しい規律の元で信仰生活を送りたいという一三人の修道士が、副院長リチャード*をリーダーとしてリポン*にやってきた。彼らはヨーク大司教サースタン*の援助を受け、スケル川峡谷*に新たな修道院の建設を始めた。この地に泉が湧いていたこと、さらに、シトー派改革派修道会を組織したフランス南部フォンテーヌの聖ベルナール*に敬意を表して、セント・メアリーズ・オヴ・ファウンテンズ・アビーと名付け、一一三五年にシトー修道会*の一員として認

＊Mary Shakespeare Arden (1537?-1608)
＊*As You Like It*
＊Thomas Lodge (1558-1625) エリザベス朝劇作家。*Rosalynde, Euphues Golden Legacie*
＊Ardennes region
＊Wilmcote (Mary Arden's Farm)
＊Shakespeare Birthplace Trust
＊the Benedictine Abbey of St Mary 略称で St Mary's
＊第Ⅱ部第一章コラム【修道院と解散法】参照。
＊Richard (d.1139)
＊Ripon　ヨークの北西約四〇 km のところ。
＊Thurstan (1070?-1140)
＊River Skell
＊St Bernard de Fontaine (Abbot of Clairvaux 1090-1153)
＊第Ⅱ部第一章コラム【修道院と解散法】参照。

められた。厳しい戒律の元、衣食は最小という瞑想の生活を送った。

一四世紀になると、イングランドとスコットランドとの戦で襲撃や略奪に遭い、またペストの影響で多くの修道士が亡くなるなど、修道院の経済状態も落ち込んだ。修道院は規模を縮小、農園の多くも借地に出された。一五世紀末になると、牧羊から酪農へと移行して経済的危機を乗り越えた。しかし、一六世紀には修道院の解散法により豊富な財産は没収され、修道院自体は解体。建物と土地は商人だったリチャード・グレシャム*が買い取った。その後、ファウンテンズ・アビーの建物と土地は幾人もの人の手を経て、スティーヴン・プロクター*の手に渡った。彼は一六〇〇年頃、アビーの石を一部再利用してエリザベス朝様式の邸宅、ファウンテンズ・ホール*を建造した。

荒廃が進むファウンテンズ・アビーが生まれ変わるのは、一八世紀のことである。政治家のジョン・エイズラビー*は一六九三年、母方からスタッドリー*地所を受け継いだ。リポン代表のトーリー党メンバーだった彼は、大蔵大臣として南海泡沫事件《なんかいほうまつ》*に関わって失脚。地元に帰って周辺の土地を買い取り、庭づくりに専念することになった。

一七六八年、息子のウィリアム*は、スタッドリー地所に隣接するファウンテンズ・ホールと廃墟となったファウンテンズ・アビーを購入。彼は当時の廃墟趣味の建築様式に倣《なら》い、ファウンテンズ・アビーを取り入れ、父から受け継いだ地所を当代随一の風景式庭園（スタッドリー・ロイヤル庭園）に仕上げた。購入当時、庭園からファウンテンズ・アビーを臨む地点に、頭部がない銅像があった。ヘンリー八世によって処刑された二番目の妻との連想から、この眺望点はアン・ブーリンズ・シート*と名付けられた。ここから廃墟となったアビーが遠景として突如視界に入る仕組みになっている。

ファウンテンズ・アビー西棟のドーム型貯蔵庫

＊Richard Gresham (1494-1549)
＊Stephen Proctor (1562-1619)
＊Fountains Hall
＊John Aislabie (1670-1742)
＊Studley
＊South of Sea Bubble　一七二〇年、南海会社による投機ブームで株価が急騰・暴落、大混乱が起こった。
＊William Aislabie (1700-81)
＊Anne Boleyn's Seat　Surprise view ともいう。

ファウンテンズ・アビーは規模も大きく、保存の良い廃墟であり、一二世紀のシトー会時代の小麦製粉機も現存している。一九八八年、ファウンテンズ・アビー遺跡群を含むスタッドリー・ロイヤル・パークは世界遺産に登録され、現在、ナショナル・トラストの管理下に置かれている。

【グランド・ツアーと庭園】

グランド・ツアーとは、裕福な上流階級の子息の教育の仕上げとして体験する大陸旅行である。一七世紀末に始まり、一八世紀後半に最盛期を迎えたと言われる。大衆旅行のために旅行業が誕生する以前のことであり、数ヵ月から数年にも及ぶ大がかりなものだった。訪問先として好んで選ばれたのは、当時、文化的先進国だったフランスとイタリアである。フランスではファッショナブルな貴族と交際することで、洗練されたマナーを修得し、イタリアではローマの古代文明やルネサンス芸術に触れ、審美眼を養うことが期待された。一般に、オックスフォードやケンブリッジ大学を出た一流の学者らが家庭教師*として同行し、行く先々の土地の歴史、政治、文化などを説明した。ときには牧師や使用人も付き添った。

一七〇四年、当時一〇歳だったバーリントン卿*（後の伯爵）は、フランス人の画家、医者、下男、御者、馬丁、料理人、簿記係、家庭教師ら総勢一五名を引き連れて

グランド・ツアー
家庭教師や従者と旅をする上流階級の子弟

ファウンテンズ・アビー
イギリス最大の修道院跡

アン・ブーリンズ・シートから見る
ファウンテンズ・アビー

＊bear leader
＊Richard Boyle, 3rd Earl of Burlington (1694-1753)

大陸へ出かけた。二度目の大陸旅行の時は、長年ローマでイタリア風景画を学んでいたウィリアム・ケント*を連れ帰った。グランド・ツアーに出かけたイギリス人の多くは、心地よい畏敬の念を与えるアルプスの崇高《サブライム》の美をはじめ、大陸のピクチャレスクな風景に感激した。彼らがとくに魅せられたのは、フランス人のニコラ・プッサン、クロード・ロラン*、イタリア人のサルヴァトーレ・ローザ*らが描くイタリアの風景であった。プッサンが風景を人物の背景として描いたのに対し、ロランは風景を主題とし、山、海、空などに太陽光の効果を取り入れ、人物を脇に配置するという斬新《ざんしん》な絵画手法を作り出した。

広大な庭園にはオベリスクやさまざまな彫刻が立つ

　ロンドン西郊のチズウィック・ハウス*は、バーリントン伯爵が自ら設計。造園するにあたってケントは、プッサンやロランたちの風景画に触発されたデザイン、すなわち、庭と自然が連続して一つに見えるような庭造りを心掛けた。彼らは曲線の道や木立を取り入れて、それまでの整形庭園をもっと自然に近いものに、さらにイオニア式神殿やドリス式柱、彫像を各所に配置した。彫像が並ぶ地点から直線の遊歩道が三本に分岐し、いずれの道からも眺望の先に屋敷が見えるようになっていた。庭の境界となる塀をなくし、代わりに

*William Kent (1685-1748) 彼のイギリス式風景庭園の名作はオックスフォードシャーのドーマー家のラウシャム・ハウス (Rousham House)。

*Nicolas Poussin (1594-1665) / Claude Lorrain (1600?-82) 二人はフランス人だが、生涯大部分をローマで過ごした。

*Salvator Rosa (1615-73)

*Chiswick House

中央にドームをもつヴィラ・ロトンダという建造物（アンドレア・パッラーディオ作）

haha《ハーハ》と呼ばれる隠れ垣（水のない濠）を作ることで、外の自然が庭と連続することができた。一八世紀後半になると、「ケイパビリティ」ブラウン*の手によりチャッツワース邸*やブレナム宮殿*の庭園でも風景庭園が造られた。

【ギルピンのワイ川紀行】

一七七〇年の夏、ウィリアム・ギルピン*はウェールズ南部のワイ川周辺へ、風景観察の旅に出かけた。ワイ川はウェールズとイングランドとの境界を成す川で、チェプストウ*を経てセヴァーン川*河口に繋がっている。ギルピンはロンドンを出発し、グロスター*の北東ロス・オン・ワイ*から乗船し、ワイ川を下った。ティンターン・アビー*を経てチェプストウまで六〇km余り、二日間の旅である。彼の旅の目的は単に田園風景を考察するのではなく、自然の風景を「ピクチャレスクの美の原則」に当てはめながら描写することだった。ギルピンは、ワイ川両岸の風景が多様で変化に富み、それでいて全体が調和しているのを「ピクチャレスク」（絵のように美しいもの）だと褒める。彼の言う理想的風景は、円形劇場の形で中央部分から近景、中景、遠景の左右非対称になっているような構図だった。

ギルピンがピクチャレスクの一つとして挙げるのが、イングランド西部へレフォード*にあるグッドリッチ城*の廃墟を臨む付近一帯の眺望である。訪れたときはあいにく雨のため、乗船したまま眺めることになったが、自然の中に配置された眺望がピクチャレスクの規則にかなっていると言うことだった。旅の一日目、ギルピンはモンマスで宿をとった。

---

*Lancelot ‘Capability’ Brown (1716-83) イギリス式風景庭園の設計者。どんな風景でも改良の「可能性」(capability)があると依頼主に語っていたことから綽名がついた。

*本章コラム【チャッツワース——庭園造りの歴史】参照。

*Blenheim Palace 一七〇四年ドイツのブレンハイム（ブレナム）での戦功によりジョン・チャーチル将軍に与えられた。一九八七年世界遺産に登録。

*William Gilpin (1724-1804) 牧師、版画家。

*Chepstow

*River Severn

*Gloucester

*Ross-on-Wye

*Tintern Abbey 一九八四年にはウェールズの歴史的建造物を保護する政府組織カドゥ(Cadw)の管理下に置かれた。

*Hereford

*Goodrich Castle 一一世紀に建造されたノルマン様式の城。イングリッシュ・ヘリテッジ。

二日目の見どころはティンターン・アビー。これは一一三一年、チェプストウ領主ウォルター・ドゥ・クレア*によって創設されたウェールズにおける最初のシトー会修道院である。一四世紀にペストが流行すると、アビーの農耕作業を担当する平修道士が激減し、農地は賃貸されることになった。一五世紀になるとウェールズの反乱*により、修道院の不動産の一部が破壊された。一六世紀、ヘンリー八世は修道院の解散法を発令し、ティンターン・アビーの建物を当時のチェプストウ領主、第二代ウスター伯爵ヘンリー・サマセット*に与えた。しかし伯爵はアビーには関心がなく、土地は貸し出され、屋根の鉛も売りに出された。

ティンターン・アビー

時とともに、ティンターン・アビーの荒廃は進んだ。ギルピンの説明によれば、この壮大な寺院は丘陵、牧草地、川など周囲の自然とコントラストを作りつつ、時の流れの中で廃墟となった姿は自然と融合していると言うことである。その後、彼はパースフィールド*で下船。歩きながらウェールズの風景を眺めた後、チェプストウから帰路についた。

ギルピンはこの紀行文*にいくつかの挿絵を使っている。その挿絵が楕円形なのは、当時「クロード鏡《グラス》」を使って風景を眺める方法が流行ったことによる。これは表面に黒色など彩色した凸面鏡《とつめんきょう》で、

グッドリッチ城（ギルピン、1782?）

* Walter fitz Richard de Clare (1060?-1138)
* オワイン・グリンドゥール (Owen Glyn Dŵr, 1359?-1416?) によるヘンリー四世に対する反乱（一四〇〇—一五）。
* Henry Somerset (1496?-1549) / 2nd Earl of Worcester
* Piercefield
* *Observations on the River Wye* (1782)

風景に背を向けて、鏡を見ると、鏡に縁取られて凸面で強調された風景が見られる。*

【ワーズワースと湖水地方のガイドブック】

一八世紀後半、詩人のトマス・グレイ*、作家のジョン・ブラウン*、版画家のギルピン*、聖職者のトマス・ウェスト*らの湖水地方案内が出版された。一九世紀前半にかけてはさらに数多くの湖水地方のガイドブックが刊行された。ワーズワースの『湖水地方案内』が書かれた頃、イギリスは国内旅行の全盛期を迎えていた。ワーズワースの旅行案内は、一八一〇年の初版から一八三五年には第五版を重ね、詩作品を上回るほど多く出版された。彼はピクチャレスクの美的基準にかなった凸面鏡の中の形式化された視点に反発し、自然景観に対して全体の景色を愛《め》でるという統合的な視点を読者に薦めた。

ワーズワース
（ベンジャミン・ヘイドン、1842）

旅行案内の初版でワーズワースは、J・ウィルキンソン牧師*による美しい風景画集『選り抜きの光景』*に自分の名前を伏して序文という形で書いた。一八二〇年の第二版には、『湖水地方の地誌的解説』*という表題を付け、ワーズワースの名前でソネット集とともに再刊。第三、第四版（一八二二、二三年出版）の『湖水地方の風景描写』*に続いた。第五版が『湖水地方案内』*と通常呼ばれているものである。彼の旅行案内は一時の滞在者である旅人だけに限定されず、その土地に暮らす住民たちの暮らし

*ピクチャレスクとは色の濃淡を活かしたクロード・ロランの風景画を模範にしており、この鏡を使うと同様の効果が出ることから「クロード鏡」と命名された。

*Thomas Gray (1716-71) *Journal of a Visit to the Lake District in 1769*

*John Brown (1715-66) *A Description of the Lake at Keswick (and the Adjacent Country) in Cumberland* (1767)

*Gilpin, *Observations, Relative Chiefly to Picturesque Beauty* (1786)

*Thomas West (1720-79) *A Guide to the Lakes* (1778)

*Joseph Wilkinson (1764-1831) *Select Views in Cumberland, Westmoreland, and Lancashire*

**Topographical Description of the Country of the Lakes*

**A Description of the Scenery of the Lakes in the North of England*

**A Guide through the District of the Lakes in the North of England*

が周りの山々や湖水の自然といかに調和しているか、その美しい景観が紹介されている。

ワーズワースは旅行案内の中で、自然の素朴《そぼく》な美しさの変貌を歴史的に辿りながら、自然破壊を防ぐための提言も行なっている。外来種の木が一様に植林されるようになると、森の生態系のまとまりが崩れ、やがては森の多様な景観が失われていく。さらに一八世紀末から旅が流行し、旅行者や新たな居住者がやってくると、今まで以上に人為的な自然破壊が進んでいくことを危惧《きぐ》した。湖水地方の南のケンダル*の町から観光の中心地ウィンダミア*までの鉄道敷設《ふせつ》計画に対して、ワーズワースは『モーニング・ポスト』紙に反対意見を投稿し、これがきっかけとなって敷設計画は中止された。彼の自然保護の提言は、現在のエコツーリズムのはしりともいえる。『湖水地方案内』の最後は、スコーフェル山*登山とアルズウォーター湖畔*の散策が描かれ、最後は頌歌《オード》「カークストーン」*で結ばれている。

【ラスキンとコニストン湖】

一九世紀の画家、詩人、美術評論家、社会改革家であるジョン・ラスキン*が初めて湖水地方を訪れたのは一八二四年、彼が五歳の時であった。幼年時代をダーウェント湖畔*のケズウィックで過ごした経験から湖水地方の自然に惹かれ、その後、観察スケッチで何度も湖水地方を訪れている。ラスキンは自然を神の栄光、神の意志の現われだととらえ、風景や自然の研究を通して、後続する画家や自然保護者らに影響を与えた。クロード・ロランやニコラ・プッサンの古典手法を排したターナーの光と色彩の風景

＊Kendal

＊Windermere

＊Scaffel Pike　イングランドで一番高い山。九七八m。

＊Ullswater Lake　ウィンダミア湖に次いで二番目に大きな湖。

＊"Kirkstone"

＊John Ruskin（1819-1900）

＊Derwent Water

画を支援したのも彼である。一八七一年には自然に囲まれたコニストン湖*東岸の高台に邸宅ブラントウッド*を購入。ブラントウッドの「ブラント」は古代スカンディナヴィア語で「険しい」という意味がある。その言葉どおりに急勾配《こうばい》の高台に建つラスキン邸からは、湖を一望できる風光明媚《めいび》な眺望が開けている。このラスキン邸には、進化論提唱者のチャールズ・ダーウィン*や画家のホルマン・ハント*、挿絵画家のケイト・グリナウェイ*など、ヴィクトリア朝を代表する科学者や芸術家たちが訪れた。

一八八三年、ラスキンは「湖水地方を守る会*」の設立に際して会員となった。ナショナル・トラスト創設メンバーたちもこの頃、ラスキンと出会い、湖水地方の保護運動が展開していった。現在、ラスキン邸はイングリッシュ・ヘリテッジの管理下にある。

ラスキンの家からコニストン湖を臨む

ラスキンが愛したコニストン湖は、氷河の浸食によって生まれ、湖水地方で三番目に大きい湖である。一三〜一四世紀に湖を所有していたシトー会修道院ファーニス・アビー*に、新鮮な魚を供給していた。いまなお湖は静謐《せいひつ》な美しさをたたえている。現在、コニストン・ピア*から対岸のブラントウッドまでは大型フェリーのコニストン・ランチ*、または復元された一九世紀の蒸気船「ゴンドラ号*」で向かうことができる。イングランド北部で最古だと言われるこれらの蒸気船は、ナショナ

---

*Coniston Water
*Brantwood
*Charles Darwin (1809-82)
*Holman Hunt (1827-1910) ラファエル前派の画家。
*Kate Greenaway (1846-1901)
*Lake District Defence Society
*Furness Abbey　一一二五年に創設。
*Coniston pier
*Coniston Launch　湖を巡航するフェリー。
*Steam Yacht "Gondola"

第Ⅲ部　自然・産業／文化遺産・余暇

コニストン湖

ル・トラストが復元したものである。

コニストン湖はまた、児童文学作家のアーサー・ランサム*の作品『ツバメ号とアマゾン号』シリーズ*の舞台としても知られている。作品中に出てくる山カンチェンジュンガはネパールの実在の山*ではなく、この湖の北西に位置するコニストン丘陵の中でも一番高い山、オールド・マン・オヴ・コニストン（約八〇〇m）がモデルとなっている。コニストン湖を周遊するクルーズには、「ツバメ号とアマゾン号」クルーズや「ラスキン」クルーズといった名前が付けられている。

【湖水地方の救世主ビアトリクス・ポター】

ロンドン生まれのビアトリクス・ポター*にとり、湖水地方は馴染みが深い土地である。彼女の父は法定弁護士の資格を有していたが、大資産家のために、生涯一度も仕事をしたことがなかった。彼女も少女時代は家庭教師のもと、学校に行くこともなく毎日、絵を描いて過ごしていた。近くのペットショップで買ったウサギのピーターが彼女のお気に入りだった。

ビアトリクスが一六歳のとき、父が避暑用別荘としてウィンダミア湖西岸のレイ・カースル*を選んだ。この別荘の訪問客の中に、後にナショナル・トラスト創設者の一

---

*Arthur Ransome (1884-1967)

**Swallows and Amazons series*

*Kanchenjunga　エベレスト、K2に次いで世界三番目に高い。

ヒル・トップのコテージ玄関前に立つビアトリクス・ポター

*Beatrix Potter (1866-1943)

*Wray Castle　一八四〇年に廃墟風に建てられた邸宅。ナショナル・トラストが管理。

*Hardwicke Rawnsley (1851-1920)　本章コラム【ナショナル・トラスト創設に向けて】参照。

人となる牧師のハードウィック・ローンズリー*がいた。ローンズリーはポターの絵の才能を見抜き、『ピーター・ラビットのおはなし』*の出版を勧めた。彼を通してポターは、ナショナル・トラストの理念に共感することになり、一九三〇年に会員となっている。

一九〇二年、「ピーター・ラビット」物語が出版された。出版前に第一版の八〇〇〇部が完売。二年間で五万部という脅威の売れ行きだった。彼女はその編集者だったノーマン・ウォーン*と婚約するが、一ヵ月後、彼は白血病で急死。失意のなか、ポターは絵本の印税で湖水地方のニア・ソーリー村のヒル・トップ*を購入し、一人でその地に移り住んだ。それから八年間、彼女はニア・ソーリー村を舞台にした絵本を次々に生み出し、四七歳のとき地元の事務弁護士ウィリアム・ヒーリス*と結婚した。

羊が草を食むのどかなニア・ソーリー村

『ピーター・ラビットのおはなし』と同じ情景が演出されている

*the Tale of Peter Rabbit
*Norman Warne (1868-1905)
*Near Sawrey, Hill Top
*William Heelis (1872-1945) ホークスヘッド (Hawkshead) にある彼のかつての事務所は現在、ポターの原画を展示するギャラリーとなっている (Beatrix Potter Gallery and Hawkshead, Heelis, Kemble Drive, Swindon SN2 2NA <http://www.nationaltrust.org.uk/beatrix-potter-gallery-and-hawkshead>)。

第一次世界大戦後になると、経済的理由から土地を手放す人が増えてきた。ポターは土地開発業者によって湖水地方の渓谷や田園が破壊されるのを懸念し、印税で周辺の農地を次々と購入した。さらに自ら農場経営に乗り出し、とくに湖水地域特有のハードウィック種という羊の品種改良にも熱心に取り組んだ。一九三〇年、ポター夫妻は北西ランカシャー州に点在する古い農家やモンク・コニストン*などの地所を購入し、七年間、ナショナル・トラストの代わりに管理もしていた。ポターが七七歳で亡くなったとき、一四の農場と四〇〇〇エーカー（約一六㎢）の土地がナショナル・トラストに寄贈された。絵本に描かれたままの湖水地方の自然や風物が今も楽しめるのは、ポターのおかげである。墓を作ることは土地を所有することだと考えていたポターの意志に従って、遺灰は使用人のトム・ストーリー*により、地元の丘陵のどこかに散灰されたということである。

【アルフリストン牧師館――ナショナル・トラストが最初に購入した不動産】

イギリス南東部にウィールド地方*と呼ばれる地域がある。ウィールドは古英語で「林の多い地方」という意味で、自然豊かなカントリーである。中世から一八世紀には燃料用の木炭づくりが盛んになり、ジョージ王朝時代には農地開放によって農業が重要な産業となった地域である。

この地方の中世の面影が残る村アルフリストンに、一三五〇年に建てられた木組みで茅葺《かやぶ》き屋根のアルフリストン牧師館*がある。セント・アンドルー教会*の横に建ち、牧師館と呼ばれているが、もとは裕福な農家として建てられた。最後の居住者ハリ

＊Monk Coniston Estate　かつてはファーニス・アビーの僧が所有。

＊Tom Storey (d.1945)　ポターに仕えた牧羊者。

＊the Weald　古英語で森を意味する古独語の Vald に由来。

＊Alfriston Clergy House

＊St Andrew's Church

エット・コーツ*が亡くなった後、アルフリストン教区牧師のベイノン*が古くなった牧師館の保存を訴えた。するとナショナル・トラストの創立者の一人、オクタヴィア・ヒル*が『タイムズ』紙で国民の協力を呼びかけ、瞬く間に多額の寄付金が集まった。一八九六年、ナショナル・トラストは初めて不動産として牧師館を一〇ポンドで購入した。現在なら三、四〇〇〇ポンドに相当する。

牧師館はチョーク質の白い壁、高い吹き抜け天井など、中世の建築様式をそのまま残したまま修復されることになり、費用は三五〇ポンドかかった。ちなみにナショナル・トラストのロゴマークであるオークの葉は、牧師館のホールの片隅に刻まれていたオークの葉からインスピレーションを得たと言われている。

アルフリストン牧師館はナショナル・トラストが購入した最初の不動産であるが、取得第一号地は「ディナス・オライ*」である。ディナス・オライは、北西ウェールズのカーディガン湾*に面した港町バーマス*にある崖地で、ウェールズ語で「光の要塞」という意味である。ハリエニシダに覆われた四・五エーカー（約一八万㎡）の丘は、海に反射する太陽光を全身で受け止めている。一八九五年のナショナル・トラストの発足に合わせて、その理念に共感していた地元のファニー・タルボット夫人*が寄贈した。

【モリスの理想郷――赤い家とコッツウォルズの村々】

ロンドン東南のベクスリーヒース*に、詩人で美術工芸家ウィリアム・モリス*の私邸「赤い家」*がある。この家は、一八六〇年、新婚のモリスが妻ジェーン*のために友人の建築家フィリップ・ウェブ*との共同で完成し、五年間過ごした場所である。現在ナ

＊Harriet Coates (d.1888)
＊Reverend F. W. Beynon
＊Octavia Hill (1838-1912)

ナショナル・トラストのロゴマーク

＊Dinas Oleu
＊Cardigan Bay　アイリッシュ海南東部の湾。
＊Barmouth
＊Fanny Talbot (1824-1917)　オクタヴィア・ヒルやローンズリーの友人。
＊Bexleyheath　以前はケント州。一九六〇年代にグレーター・ロンドンの一部になる。
＊William Morris (1834-96)
＊Red House
＊Jane Morris (1839-1914)　旧姓Jane Burden。
＊Philip Speakman Webb (1831-1915)

ショナル・トラストが管理する赤い家は、郊外住宅の実験モデルとして、建設史上、不動の位置を占めている。

当時の住宅は漆喰《しっくい》で白く仕上げられ、都市ではテラス・ハウス*という連続住宅が主流であったため、郊外に建つ一軒家で、しかもレンガが剥《む》き出しになった赤い家は人々の眼に奇異に映ったはずである。この家はモリスのアーツ・アンド・クラフツ運動*の成果であり、芸術と生活との融合を示す試みであった。家の内装の壁紙とステンドグラスは、友人の画家エドワード・バーン＝ジョーンズが受け持ち、モリスの手仕事による斬新なデザインの装飾家具、調度品など、総合的な美が追及されている。家と庭を統一するというのがモリスとウェブの共通の理想であったことから、家の赤レンガと庭の緑の芝が美しく対比し、庭の中央にある赤レンガの丸屋根の井戸までにも気が配られている。

結婚後一二年経ち、妻と娘のために見つけた家がケルムスコット・マナー*である。コッツウォルズ地方*の南端、レッチレード*の町はずれにある小さな村ケルムスコットにひっそり佇むその家は、一七世紀に建増しされたエリザベス朝の古い石造の荘園領主邸だった。敷地内にテムズ川の支流が流れ込んだケルムスコット・マナーは、モリスが小説『ユートピアだより』*（一八九〇）の中で描いているような、周囲の自然とマッチした理想の家であった。ラファエ

ケルムスコット・マナー
『ユートピアだより』（ケルムスコット・プレス版、1892）の冒頭の飾り絵

ウィリアム・モリス

*terraced house　隣家と境壁を共有して連続する家。

*The Arts and Crafts Movement　一九世紀後半、熟練職人による質の高い工芸品に回帰しようとする美術工芸運動。

*Kelmscott Manor　モリスの前には、児童文学者ジョージ・マクドナルド（Grorge MacDonald, 1824-1905）が住んでいた。

*the Cotswolds　イングランド中央部に広がる丘陵地帯。

*Lechlade　テムズ川下りの始点。川は「父なるテムズ」（Old Father Thames）と人格化されることもあり、一九世紀にはファーザー・テムズ像が作られた。一九七四年、テムズ川源泉からレッチレードへ移された。

**News from Nowhere*

ル前派の画家として絶頂期にあったダンテ・ゲイブリエル・ロセッティ*が、当時、同居しており、モリスの妻ジェーンをモデルにして数多くの絵を描いていた。その内の一枚、ミズヤナギの小枝を持ったジェーンの肖像画の背景にはテムズ川、左上にはケルムコット・マナー、右上には村の教会が描かれている。ジェーンと親密な関係を続けたロセッティが去った一八七四年以降、モリスにとってケルムスコットは地上の楽園となった。この村のセント・ジョージ教会の墓にはモリスとジェーンが眠っている*。

　コッツウォルズを愛したモリスが「イギリスで最も美しい」と称賛した村が、サイレンセスター*の北東に位置するバイブリー*である。村の真ん中をコルン川*がゆっくりと流れ、ライムストーンで作られた蜂密色の石造りの長屋の家並み、アーリントン・ロウ*が美しい。アーリントン・ロウは一三八〇年に修道院の羊毛貯蔵庫として建設された。一七世紀に羊毛業が盛んになったため、織物職人の居住兼仕事場になり、現在はナショナル・トラストに管理されている。

《ミズヤナギ》（ロセッティ、1871）
ヤナギは「追憶」と「哀しみ」を象徴している

バイブリーのアーリントン・ロウ

*Dante Gabriel Rossetti (1828-82)
*生前からケルムスコットで埋葬準備をしていたが亡くなったのはロンドン。
*Cirencester
*Bibury
*River Coln
*Arlington Row

【動く岬スパーンヘッド】

イースト・ヨークシャーのハル*から二五マイル（約四〇km）東方、北海沿いに細長く突き出た砂嘴《さし》*はスパーンヘッド*と呼ばれる。ハンバー川河口*に五〜六kmの長さに延びたこの砂嘴は、ホールダネス海岸線*の砂や砂利が運ばれて堆積したものである。絶えず南の方へ伸びていく一方、天候や海流によって浸食され、その姿を常に変えているため、動く岬と呼ばれていた。

スパーンヘッドが歴史に登場したのは、修道僧ウィルギルス*がここに修道院を建立した六七〇年頃からである。また一四世紀、王位簒奪《さんだつ》のかどで国外に追放されていたヘンリー・ボリングブルック（後のヘンリー四世）*が立ち戻った場所が、スパーンヘッドの村レイヴンスパーン*だった。ナポレオン戦争（一八〇三—一五）や二つの大戦時になると、スパーンヘッドには沿岸大砲が設置されるなど、防衛上重要な役割を果たした。この砂嘴には一九一五年から五二年まで軍事用電車も走っており、線路の一部は現存している。

スパーンヘッドは現在、イギリスにおいてフルタイムの救命隊員が配置されている数少ない救命艇基地となっている*。秋になると、一日に一万五〇〇〇羽もの渡り鳥が干潟にやってくる他、貴重な野生動植物*の生息も観察されている。スパーンヘッドは一九六〇年以降、ヨークシャー野生物トラスト*の管理下に置かれ、一九九六年には国立自然保護地域*に指定され、自然愛好家のハイキングコースとなっている。

＊Hull
＊沿岸流により運ばれた砂や石が入江から海中に細長く突堤状に堆積してできた地形。
＊Spurnhead
＊Humber estuary
＊Holderness Coast　イングランド東岸。北海に面し、フラムバラ・ヘッド (Flamborough Head) からスパーンヘッドまでの海岸線。
＊Wilgils (634-709)
＊Henry IV / Boringbrook (1366-1413)
＊Ravenspurn　シェイクスピア史劇『リチャード二世』『ヘンリー四世第一部』『ヘンリー六世第一部』に地名が出てくる。海水の浸食で消滅した。
＊一八一〇年に救命艇基地が設置された。
＊クロウメモドキ、アザラシ、ネズミイルカなど。
＊Yorkshire Wildlife Trust
＊National Nature Reserves

コラム【ナショナル・トラスト創設に向けて】

農村集落地や農地の周りの野原や森林地帯には、一定の人々が薪《まき》をとったり家畜の放牧をしたりすることが許されている入会地《いりあいち》(Commons)という山野があった。オープン・スペースは入会地の周りに広がる山地のことである。これまで歴史的に二度、入会地やオープン・スペースが囲い込まれる事態があった。第一次囲い込みは一六世紀の牧羊目的のため、第二次囲い込みは一八世紀の耕作目的のためである。

農業改良という名目で二度目の囲い込みが進む一方、一般の民衆のためにオープン・スペースの必要性が説かれるようになり、さらに、豊かな自然を保存しようという動きも起こってきた。一八六五年には入会地保存協会(The Commons, Open Spaces and Footpaths Preservation Society)が設立された。この協会は、入会地を含めたオープン・スペースに国民が誰でも入ることができるようにと訴え、紛争の解決や議会でのロビー活動を行なった。こうした運動において実績を残したものの、協会は任意団体のため土地を所有することはできなかった。当時のイギリスには、国民のために土地を所有できる法人がなかったのである。

弁護士で協会会員だったロバート・ハンター(Robert Hunter, 1841-1913)と、住宅改良家として知られ入会地保存協会の活動もしていたオクタヴィア・ヒルは、自然保護のためには土地や建物の買い取りが必要だと考え、協会の限界を感じていた。ハードウィック・ローンズリーはオックスフォードで学んでいたときにジョン・ラスキンと知り合い、ヒルを紹介された。ローンズリーは一八七七年に湖水地方のレイ地区(Wray)の聖職者となり、環境保護のために精力的に活動するようになった。

一八八三年、湖水地方に鉄道敷設の計画が持ち上がった。ローンズリーがハンターとヒルに協力を呼びかけたところ、入会地保存協会の支援もあり、バス道路の建設計画を含むすべてを撤回させることができた。しかし、それ以後も土地が

ロバート・ハンター

オクタヴィア・ヒル

ハードウィック・ローンズリー

別荘用に売りに出されるなど、自然の景観が損なわれる危険が間近に迫っていた。こうした現状から、一八九五年、歴史的名所や自然景勝地を保全する目的で、非営利法人ナショナル・トラスト (The National Trust for Places of Historic Interest of Natural Beauty) が発足することになった。「ナショナル」とは国民を意味し、地方自治体や国家の行政からまったく独立した組織であった。そして一九〇七年のナショナル・トラスト法 (The National Trust Act) の制定によって、会社法に基づくそれまでの団体組織から、法律によって保障された信託組織となり、獲得資産が売却されたり、抵当に入れられたりすることはなくなった。

一九二〇年代に、ナショナル・トラストは財政危機に陥った時期があった。政府当局に対し、貴重なカントリー・ハウス*(Country House) の免税を申し出たが、認めてもらえなかった。しかし一九三一年になると、物件をトラストへ寄贈する場合は相続税が免除され、一般公開を条件に、持ち主は建物に住み続けることができるようになった。さらに一九三七年、トラストは保全用の収入源となる土地や建物を所有できることになった。トラストへ寄贈しない場合でも、トラストの許可なく改修しないという契約を地方自治体と結べば、所有者は相続税を減税されることになったのである。

*カントリー・ハウス　一六世紀以降、貴族や地主によって田舎に建てられた邸宅。現在イギリスには二〇〇〇軒ほどある。

コラム【グリーンマン】

イギリスの古い聖堂を訪れると、異形な人面の彫刻や浮彫りに出会うことだろう。口、眼、鼻から植物の蔓《つる》が伸びて葉っぱで顔面を覆われた謎の人物が、天井や柱頭、軒、回廊、祭壇の陰、椅子の末端に隠れている。人々はそれらをグリーンマン (Green Man, Greenman) と呼ぶが、正確な名前は知られていない。グリーンマンはヨーロッパ全域に見られ、樹木信仰と関係があると言われている。口から蔦《つた》が出ている形態はケルト神話の樹木・豊穣神ケルヌンノス (Cernunnos) に由来し、顔が葉で覆われているのは古代ローマ神話の森の神シルヴァヌス (Silvanus) が起源だという。グリーンマンの大半は男性である。

イングランドでグリーンマンが登場するのは一二世紀後半で、一四～一五世紀が全盛期だった。一四世紀中期にイングランド全域にペストが蔓延《まんえん》したことから、グリーンマンは生命力の象徴となった。一六世紀後半、プロテスタント派が現われてくることで異教的・自然崇拝的な要素を持つグリーンマンの存在が急速に翳《かげ》るが、ヴィクトリア朝のゴシック彫刻家や教会修復業者の手によって復活し、現在はアートの世界や環境保護団体とともに生きている。

グリーンは自然界を最もよく表わす植物の色である。文化によって色の意味合いは異なるが、一般的にグリーンは成長と復活を示すとともに、自然界の延長としての異界、死後の世界、超自然界をも表象している。キリスト教的観点では、異界、すなわち超自然界は地獄と同等であり、ケルトの妖精の文化圏では、グリーンは悪魔的な意味を持ち、死の不吉な色となる。スコットランドの民謡「グリーンスリーヴス」(**Greensleeves**) ではグリーンは魔法の色であり、気まぐれな愛や娼婦のイメージを伴っている。またシェイクスピアの『オセロ』(*Othello*) の中で、悪巧みを図るイアーゴ (Iago) は「嫉妬」のことを「グリーンの目の怪物」(the green-ey'd monster) に喩《たと》えている。グリーンの色が示す生と死、自然と超自然、肯定と否定、現実と幻想という両義的な意味は、グリーンマンの特質とつながっていると言える。グリーンマンには「メメント・モリ*(memento mori)」(死を忘れるな) のイメージがつきまとうのである。

ウィンチェスター大聖堂のグリーンマン

***メメント・モリ**　古代ローマでは将軍の凱旋時に、キリスト教世界では来世へ思いを馳せるために使われる。

コラム【チャッツワース——庭園造りの歴史】

チャッツワース (Chatsworth) はダービシャーのピーク・ディストリクト (Peak District) の南東に広がるデヴォンシャー公爵 (Duke of Devonshire) の邸宅である。一六世紀、初代の当主ウィリアム・キャヴェンディッシュ (William Cavendish, 1505-57) が、ヘンリー八世への勲功によって得た金でこの地に地所を購入し、屋敷を建てた。ウィリアムの次男はデヴォンシャーの伯爵位 (William Cavendish, 1st Earl of Devonshire, 1552-1626) を授与。現在は一二代目のデヴォンシャー公爵夫妻 (Peregrine A. M. Cavendish / 12th Duke of Devonshire, 1944-) が住んでいる。

チャッツワースは広大な庭園で有名である。現在、庭園は

チャッツワース

四〇〇ヘクタール（四㎞²）で、一四㎞にわたって石塀と柵で囲まれている。最初に庭を整備したのは初代当主の妻、ベス・オヴ・ハードウィック (Bess of Hardwick, 1527?-1608) である。一六世紀の庭園の役割は、果物、池のコイ、ウサギや鹿など、贅沢な食料を産み出すことだった。庭園は貴族のステイタス・シンボルとして狩猟や遊興にも使われた。邸の北東にあるハンティング・タワー (Hunting Tower) は当時のものである。

一七世紀になると、ウィリアム三世が名誉革命とともにオランダ文化をイギリスにもたらした。チャッツワースの四代伯爵で初代デヴォンシャー公爵 (William Cavendish, 4th Earl and 1st Duke of Devonshire, 1640-1707) は、ウィリアム三世とメアリー女王の訪問を期待して、屋敷をバロック宮殿風に修復。造園界の第一人者だったロンドン (George London, 1640?-1714) とワイズ (Henry Wise, 1653-1738) を雇い、オランダ様式が混じるフランス風整形庭園に仕立てた。* ベルサイユ宮殿の庭園を思わせる装飾花壇《パルテール》* (Parterre)、水が突然噴出する仕掛けの柳の噴水* (Willow Tree Fountain)、庭の斜面を利用した階段を流れ落ちる滝《カスケイド》、その頂上には神殿風の建物* (Cascade House) も加わった。さらに運河状の水路池 (Canal Pond) を造り、並木道には植林した。植林はイギリスの森林の減少を止めるため、当時の農政学者のジョン・イーヴリン* (John Evelyn, 1620-1706) が勧めていたのである。

一八世紀になると、四代目公爵 (William Cavendish, 4th Duke of Devonshire, 1720-64) はそれまでの整形庭園を一掃し、当時流行の風景庭園を造ろうと考えた。庭師に雇われたランスロット（ケイパビリティ）・ブラウンは、新たな植樹に加えてダーウェント川の川筋を変え、屋敷の眺望内にあったエンザー村 (Edensor) の一部を丘の向こうの見えない場所に移動させるなど、景観を大きく変えた。

一九世紀初頭、一八一一年にジェーン・オースティン(Jane Austen, 1775-1817)はチャッツワース邸を訪問し、彼女の小説『高慢と偏見』(*Pride and Prejudice*, 1813)の中で描かれているダーシー家の屋敷、ペンバリー邸(Pemberley)のモデルにした。その後、ジョゼフ・パクストン(Joseph Paxton, 1801-65)の手によって庭園はさらに変貌を遂げた。「独身公爵」と呼ばれた第六代公爵(William G. S. Cavendish, 1790-1858)は二三歳のパクストンの腕を買い、皇帝噴水、岩庭、そして石炭によって暖められる大温室を造った。パクストンの造った温室跡は今では迷路園《メイズ》となっているが、彼が熱帯地域から輸入したオオオニバスやバナナは新温室で見ることができる。

チャッツワースの新温室

＊小規模な正方形の区画花壇《コンパートメント》や小さく形の崩れた運河はオランダ式、長い整形運河はフランス式。
＊**装飾花壇**　刺繍花壇(parterre de broderie)とも言う。
＊ヴィクトリア女王は一三歳の時、これを見て喜んだ。
＊トマス・アーチャー(Thomas Archer, 1668-1743)のデザインにより、一七〇三年に建造。
＊**ジョン・イーヴリン**　日記作者。植林を勧める『シルヴァ（樹林）』(*Sylva*, 1664)を出版。

コラム【ネプチューン計画】

ナショナル・トラストによって管理された海岸線は、一九〇七年のナショナル・トラスト法によって厳密に保護されているため、資産が売却されたり抵当に入れられたりすることはない。保有した海岸線は自然遊歩道（フットパス）と同様、誰もが自由に利用できる。

古くイングランドがアルビオン(Albion)と呼ばれていたのは、地層の白さに由来している。ラテン語で「白い」をアルブス(albus)と言う。ドーヴァー海峡に面する海岸には、ホワイト・クリフ(White Cliff of Dover)と呼ばれる石灰岩質《チョーク》の白い断崖が二・八km広がっている。さらにその西方、イーストボーン(Eastbourne)からシーフォード(Seaford)に至る一帯、サウス・ダウンズ地方＊(South Downs)の四kmにわたる海岸線も、所どころが白い。とくに七つの頂を持つ約一kmの白亜の断崖は、セヴン・シスターズ*(Seven Sisters)と呼ばれイギリスが誇る絶景である。

ネプチューン計画(Neptune Project)とは一九六五年、ナショナル・トラストによって始められた自然保護運動の一環で、イギリスの海岸線を確保する運動をいう。ローマ神話における海洋神ネプチューンに因《ちな》んで付けられた名で、ギリシア神話ではポセイドンにあたる。世界的に環境問題が大きな課題となっているなか、エディンバラ公（エリザベス二世の夫君）が先頭に立ち、イギリス政府の支援を得て、ネプチューン計画はマスコミを通じて国民への協力が呼びかけられた。このネプチューン計画によって、ナショナル・トラストによる海岸線の買い取り、および土地所有者から海岸地の寄贈が相次ぎ、一〇年ほどで、イングランド、ウェールズ、北アイルランドの海岸線の約三分の一が保存されるようにまでになった。距離にすると三三八マイル（約五四四km）である。さらに一〇〇マイル確保の目標が掲げられ、一九八六年までには四七〇マイル（七五六km）の確保が実現した。

***サウス・ダウンズ地方**　イングランド南東部の草地性の丘陵地帯。
***セヴン・シスターズ**　イギリス南部の海岸。イーストボーンからバスで一五分ほど。

白亜の断崖セヴン・シスターズ

コラム【湖水地方の核燃料再処理工場】

一九五六年、イングランド北西部カンブリア州シースケール村*(Seascale)の近郊コールダーホール*(Calder Hall Nuclear Power Station)でマグノックス原子炉(the Magnox nuclear fuel reprocessing plant)が稼働した。当時、原子力発電の未来は大いに期待されていた。この原子炉の名前の由来は、マグネシウムとアルミニウムなどの金属から成るマグノックスという合金で被覆されていることによる。西側諸国で初めての商用原子力発電所*の開会式には、女王エリザベス二世も臨席し、作動のボタンを押した。同年、この施設に隣接し、三基の原子炉を持つウィンズケール（Windscale）とともに、ウィンズケール・アンド・コールダー核施設（Windscale and Calder Works）となった。コールダーホールは四七年間大きな事故を起こすことなく操業し、二〇〇三年に操業停止した*。

ウィンズケールの方はもともと王立の軍需工場であり、第二次世界大戦時には砲弾の製造を行ない、戦後は核兵器の材料となる軍事用プルトニウムの生産を主としていた。しかし一九五七年、原子炉二基で火災が発生。多量の放射性物質が外部に放出され、世界初のプルトニウム原子炉火災事故となった。二基は廃炉となり、最後の一基は一九八一年に閉鎖された。この年、ウィンズケール・アンド・コールダー核施設は、セラフィールド（Sellafield）に改名している。

核施設内には使用済み核燃料再処理工場も多くあった。一九七〇年代になると、日独など海外からの軽水炉使用済み核燃料処理のための酸化物燃料再処理工場（THORP《ソープ》／Thermal Oxide Reprocessing Plant）の建設がはじまった。使用済み核燃料はウランとプルトニウムに分離され、MOX《モックス》（Mix Oxide Fuel）燃料（混合酸化物燃料）として再利用される。ソープは一九九七年から全運転が開始された。

ソープにおける放射性溶液漏洩《ろうえい》が判明したのは、二〇〇五年四月一九日のことである。五月二七日に公表された内容によると、漏洩は九ヵ月前から始まっており、四月一八日にソープ内で異常を検知したため、運転を一時停止したということだった。四月一九日、遠隔監視カメラによって清澄液供給セル内で清澄機から計量槽への配管の破損を発見。八三m^3の放射性溶液の漏洩を確認した。ただし、漏洩液はセル内に閉じ込められていたため、大気中への放射能汚染がなかったことは不幸中の幸いだった。この漏洩事故は、レベル七まである国際原子力事象評価尺度*によると、レベル三の値だった。

ソープは三年後に運転を再開した。しかし二〇一一年三月の福島第一原子力発電所事故*が起こり、日本へのMOX燃料供給は凍結された*。核燃料再処理は経費がかさむうえに、プルトニウムが武器に使われる懸念や、核廃棄物による放射能汚染の不安があるなどの理由から、イギリス政府は各国との再処理契約期間が切れる二〇一八年、操業の完全停止をする予定である。一方、政府労働党は化石燃料の不足を懸念して、原子力の将来について国会内での議論の継続を求めているのも事実である。

＊シースケール村　湖水地方のケズウィックから南西、アイリッシュ海に面する村。
＊コールダーホール　原子力発電所一号炉。兵器級プルトニウムも生産されていた。
＊世界で最初の原子力発電所は一九五四年始動のロシアのオブニンスク発電所。
＊廃炉プロセスの一環として四つの冷却炉が二〇〇七年爆破解体された。
＊東海村臨界事故（一九九九）はレベル四、ウィンズケール原子炉火災事故はレベル五、チェルノブイリ原子力発電所事故（一九八六）、福島第一原発事故（二〇一一）はレベル七。
＊東日本大地震によって起こった炉心溶融などの原子力事故。
＊二〇一三年日本はＭＯＸ燃料のオーダーをフランスの会社相手に再開した。

第二章　産業・文化遺産を旅する

【はじめに　産業革命の幕開け——経済成長に向けてのインフラ整備】

イギリスの産業革命は通常、一八世紀後半から一九世紀前半にかけて起こった技術革新による産業上の諸変革と、それに伴う社会経済的変動を指す。最初は紡績技術の進歩によって、機械制大工場での集約的な労働形態として始まった。一方、木材に代わる石炭をエネルギー源とする動力機関における技術革新は、一九世紀の初頭に急速な進展を見せた。

工場へ原料や燃料を運搬するインフラ整備は経済成長を促すうえで必要不可欠だった。その動力源となったのが、まずは馬車、のちに運河、そして鉄道だった。一七六〇年代、ブリッジウォーター公爵*による運河開発は鉄や石炭の大量輸送の突破口を開いた。イングランド北西部のマンチェスターのブリッジウォーター運河*を手始めに、その後、運河建設ブームが巻き起こっていった。しかし、運河は風力や潮力に左右されることがあり、さらに運河幅の限界が輸送量の限界となったりして、その有用性は短命だった。

次に登場したのが鉄道であり、そして蒸気船であった。ジェームズ・ワット*の実用化

*Francis Henry Egerton, 3rd Duke of Bridgewater (1736-1803)

*Bridgewater Canal　本章【カースルフィールド——世界初の産業運河の町】参照。

*James Watt (1736-1819)

した蒸気機関がジョージ・スティーヴンソン*によって鉄道に応用されると、一八三〇年にリヴァプール＝マンチェスター鉄道が開通し、イギリスに鉄道時代が到来した。郵便、電信サービスも発達し、商業取引の促進にもつながっていく。一方、蒸気機関は船にも応用され、帆船《はんせん》に代わって航行の定期便化と輸送量の飛躍的拡大をもたらした。蒸気船は移民や物資の輸送、情報伝達において大きな役目を果たした。

交通網の整備は都市の立地要因となり、発展する地域と沈滞する地域の階層化も起こってくる。たとえばマンチェスター、リヴァプール、バーミンガムなどの新興都市が発達し、ノリッジ*、ヨーク、エクセターなど伝統的な都市が急速に衰退した。産業の新興により、工業地帯の炭坑や工場などの職場に居住空間を隣接させる町作りも始まった。その一方で、都市における貧困と不衛生という負の遺産は重大な社会問題となっていった。

夜のコールブルックデイル
(フィリップ・ジェームズ・ド・ラウザーバーグ、1801)
産業革命発祥地コールブルックデイルでは、製鉄所が日夜稼働し続ける

ジェームズ・ワットの作業場(ロンドンの科学博物館)

◉産業遺産

【カースルフィールド――世界初の産業運河の町】

カースルフィールド地区*はマンチェスター市内の南西に位置している。マンチェスターの歴史はローマ時代から始まった。七九年、ローマ人はアーウェル川*とメドロッ

---

*George Stephenson (1781-1848) 炭鉱夫の息子。一四歳で退学後、独学で技術を身につけた。
*Norwich
*Castlefield
*River Irwell
*River Medlock
*James Brindley (1716-72)
*John Gilbert (1724-95)
*本章【はじめに 産業革命の幕開け――経済成長に向けてのインフラ整備】参照。

ク川*の合流付近のマムキウム (Mamucium) またはマンクニウム (Mancunium) に城砦を建てた。これがマンチェスターの名前の由来である。中世になり、その場所は「野原の城砦」の意味から「カースル・イン・ザ・フィールド」と呼ばれ、やがて略称のカースルフィールドという地名になっていった。マンチェスターは北部に発展していき、城砦があったカースルフィールドは鹿の猟園となった。

一八世紀の初め、アーウェル川は綿工場の原料や燃料輸送のための水路となり、カースルフィールドに波止場ができた。産業革命の時代に入ると、カースルフィールドには「世界初」が続出するようになる。近郊のワーズリーに炭鉱を所有していた第三代ブリッジウォーター公爵は、石炭をマンチェスターへ輸送する手段を探していた。彼は土木技師のジェームズ・ブリンドリー*とジョン・ギルバート*に運河建設を依頼。一七六一年、アーウェル川に世界初の産業運河、ブリッジウォーター運河*が完成した。一七七九年には世界初の産業用倉庫《ウェアハウス》*がオープン。その後、鉄道が運河にとって代わっていくなか、世界初の旅客鉄道リヴァプール＝マンチェスター鉄道*と終着駅リヴァプール・ロード駅*が一八三〇年に誕生し、翌年にはその鉄道駅に世界発の倉庫もできた。

二〇世紀になると運河も鉄道も衰退したが、カースルフィールドは古代ローマ時代の城砦の地から産業都市へと転換していった。一九八〇年代にはアーウェル川、キー・ストリート*、ディーンズゲイト*、チェスター・ロード*に囲まれた地域は都心保存地区*に指定され、ユニークな都市へリテッジ・パークとして復活した。マンチェスター科学産業博物館*は一九六九年にオープンし、リヴァプール・ロード駅舎と倉庫を再利用

*公爵倉庫 (Duke Warehouse) と呼ばれた。
*Liverpool and Manchester Railway
*Liverpool Road Station
*Quay Street
*Deansgate
*Chester Road
*Inner City Conservation Area
*Museum of Science and Industry (MSOI), Liverpool Road, Manchester, M3 4FP <http://msimanchester.org.uk/>

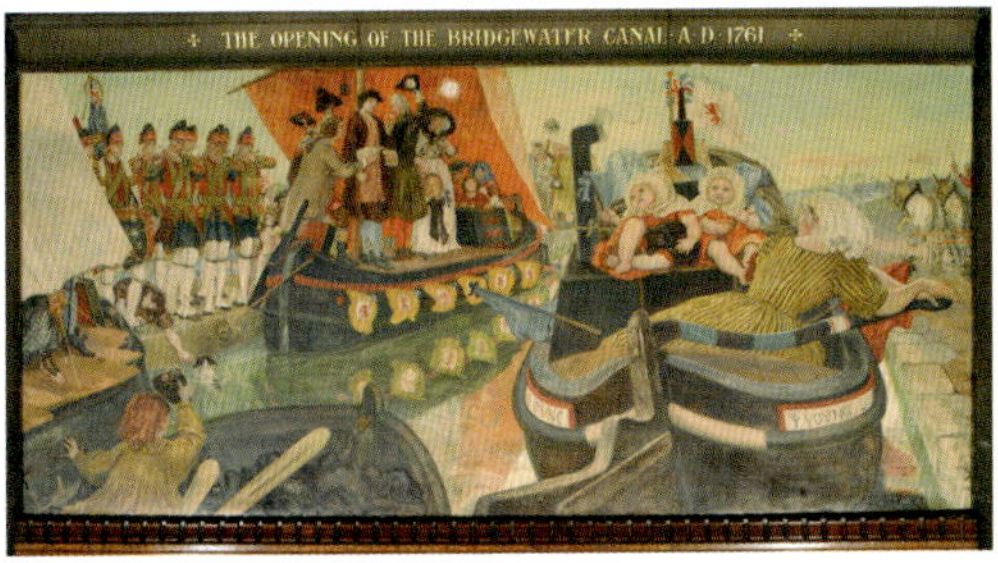

ブリッジウォーター運河の開通
（フォード・マドックス・ブラウン、1892）

し、鉄道や飛行機など交通関係、水力、蒸気、ガス、電気などのエネルギーやマンチェスターの下水施設など、テーマごとの展示やさまざまなアトラクションを用意している。この博物館は二〇一二年、ロンドンの国立科学博物館*と合併した。

内陸の工業都市マンチェスターに対し、六〇km離れた湾口の商業都市リヴァプールも一九世紀の産業国イギリスの中心地であった。リヴァプールは二〇〇四年、海商都市*として世界遺産に登録されている。

【クロムフォード地域の紡績産業と運河】

一七六九年、水力紡織機はリチャード・アークライト*によって完成した。イングランド中部ダービーシャーのダーウェント川沿いのクロムフォード地区*に、アークライトは新型の機械を備えた近代的な紡織機工場を作り、家内から工場へと生産システムを一八〇度転換させた。その後彼は、紡ぐ前段階の梳綿《そめん》*のプロセスに機械を導入し、全行程の機械化にも成功した。

1775年に発明された
アークライトの梳綿機

アークライトは石炭運搬用のエアウォシュ運河*が北に延長される計画を耳にし、即座に関心を持った。しかし、ラングリー・ミルからクロムフォードを結ぶ運河建設の許可は一七八九年に下りたが、実際に完成したのは五年後の九四年のことで、アークライトが運河を見届けることはできなかった。クロムフォード運河で輸送する積荷の四分の三は石炭とコークス*で、残りは砂利や鉄鉱石や

*(National) Science Museum　四ヵ所にある（ロンドン、ヨーク、ダラム、ロートン(Wroughton)）。

*Liverpool Maritime Mercantile City

*Richard Arkwright (1732-92)

*Cromford

*綿の繊維をほぐし、細かいゴミや短い繊維を取り除いて太いヒモ状の繊維束にすること。

*Erewash Canal　ノッティンガムの北西、ラングリー・ミル(Langley Mill)からノッティンガム南、ロング・イートン(Long Eaton)まで。

*石炭を蒸し焼きにしたときに放出される炭素部分だけを残した燃料。

鉛だった。二年後にはダービー運河とノッティンガム運河とも繋がり、クロムフォードは主要な織物産業都市と直結するようになった。しかし運河の隆盛は鉄道の発達する一九世紀の半ばで終わってしまう。一八五二年、クロムフォード運河は鉄道会社*に売却されたが、維持費がかかりすぎるために一九四四年にその役目を終えた。

クロムフォード運河にリーウッド・ポンプ室*が作られたのは一八四九年のことである。近くの炭鉱に排水溝が掘られて、運河や紡績工場の水が枯渇する事態が起こったためである。このポンプは一回のピストンの動きで四トン、一分七回、二四時間では四万トンものダーウェント川の水を汲みあげるため、使用時間が制限された。運河の閉鎖とともにポンプ室も使われなくなったが、一九七六年以降はクロムフォード運河協会の運営により、ポンプが時折稼働されている。

【産業地域からユートピア社会の誕生】

イギリスの産業都市のいくつかは、工場群とともに生活共同体としての住環境が整備され、その後の都市計画のモデルとなっていった。ダーウェント峡谷工場群、ニュー・ラナーク、ソルテアの三つの村はその例として、いずれも二〇〇一年に世界文化遺産に登録された。

❖ダーウェント峡谷の工場群* ▼世界遺産

アークライトはダーウェント川流域のクロムフォード地区を手始めに、ベイクウェル*、クレスブルック*、ワークスワース*にも紡績工場を建てた。一方、彼の同僚のジェ

*Midland Railway と London and North Western Railway が共同で管理。
*Leawood Pump House

アークライトのクロムフォード工場の跡

*Derwent Valley Mills
*Bakewell
*Cressbrook
*Wirksworth

第Ⅲ部　自然・産業／文化遺産・余暇

デダイア・ストラット*は、ベルパー*とミルフォード*に工場を作った。アークライトの息子は綿織物業にはあまり関心がなかったため、工場の多くを売却したが、ストラット一族は工場を拡張。一八三三年には二〇〇〇人もの雇用者を抱えるほどになり、ダーウェント渓谷の綿産業の中心となった。

アークライトはクロムフォードに工場を建設したとき、併設して工場労働者用の集合住宅も建てた。彼は労働者の教育や厚生に熱心で、クロムフォードには日曜学校も作られた。訪問者用宿舎を兼ねた催事会場として一七七九年に建てられたグレイハウンドは、現在はホテルとして使用され*、往時の様子を物語っている。従業員に対する家族主義的な配慮は、産業地区の生活共同社会のモデルを提供することになった。

❖ニュー・ラナーク*

ニュー・ラナークは、スコットランド南部の工業都市グラスゴーの近郊、クライド峡谷の開拓村である。一七八三年、スコットランドの実業家デイヴィッド・デイル*がアークライトとともに紡績工場を建設。その評判を聞いた社会改革思想家ロバート・オーエン*は一七八六年に当地を訪れ、デイルの娘と結婚。義父となったデイルから紡績工場を買い取り、経営を始めた。彼は周辺に労働者住宅を建設し、幼児労働の制限*や教育施設「人格形成学院*」の設立など、労働環境の改善を進めた。

▼世界遺産

ニュー・ラナークの居住建造物
左の棟（ロング・ロウ）には現在も居住者がいる

*Jedediah Strutt (1626-97)
*Belper
*Milford
*Greyhound Hotel, Market Place, Cromford DE4 3QE <http://www.greyhoundhotelcromford.co.uk/>
*New Lanark
*David Dale (1739-1806)
*Robert Owen (1771-1858)
*一〇歳になるまで労働は禁止した。一八一九年の「工場法」(Factory Acts)のきっかけとなる。
*the Institute for the Formation of Character　一八ヵ月から一二歳までの子供を通わせ、読み書きを学ばせた。

イギリス産業遺産関連地図

工場群に労働者の生活空間を併設する生活共同社会として、ニュー・ラナークは成功をおさめ、「モデル・ヴィレッジ」と呼ばれた。この成功は企業家たちを刺激し、次々と企業都市の建設につながっていった。ニュー・ラナークの経営はオーエンの共同経営者の息子たちに引き継がれたが、徐々に経営不振に陥り、一九六八年に工場は閉鎖。一九七四年にニュー・ラナーク・コンサヴェイション・トラスト*が設立。最も古い第一工場は、一九九八年にニュー・ラナーク・ミル・ホテル*としてオープンし、多くの観光客が訪れている。

❖ソルテア*

▼世界遺産

ソルテアの労働者の住居跡

ソルテアは、ウエスト・ヨークシャーのブラッドフォード*市の北西に位置する産業村である。ブラッドフォードの毛織物業者タイタス・ソルト*は、環境汚染のひどいブラッドフォードから労働者を移住させたかった。一八五三年、リーズ＝リヴァプール運河（エア川）と鉄道に隣接した地域であったことから、ソルトはこの地を選び、五つの工場を移転させた。ソルテアの名前は、村長となった彼の姓ソルト (Salt) とエア川 (Aire) の組み合わせである。

ソルトは労働者住宅、教会*、集会場など公共施

---

*New Lanark Conservation Trust, NLCT

*New Lanark Mill Hotel, Mill No.1, New Lanark Mills, South Lanarkshire, ML11 9DB <http://www.newlanarkhotel.co.uk/>

*Saltaire

*Bradford 戦後、繊維産業に従事するアジア系住民が多い。

*Titus Salt (1803-76) T・S・エリオット (T. S. Eliot, 1888-1965) は『荒地』(*The Waste Land*, 1922) の「火の説教」でソルトに言及している (l.230)。

*Saltaire United Reformed Church 一八五九年建造。

設のほか、村中に下水道を整備し、水道のある洗濯場、公衆浴場、病院、薬局を建設。また図書館、読書室、コンサート・ホール、ビリヤード場、科学実験室や体育館まで建設した。村には労働者の子供のために学校を始め、養老院や貸付耕作地なども用意。ヴィクトリア様式の建物が整然と配置されたソルテアは都市計画のモデルとなった。一九八六年に工場は閉鎖された。工場の中心であったソルツ・ミル*は、画廊といくつかの商店が入る複合施設として再利用されている。

▼世界遺産

【ブレナヴォン――鉄と石炭の町】

南ウェールズの南東の町ブレナヴォン*は、一八世紀末から一九世紀にかけて世界で有数の鉄鋼石と石炭の産地だった。一七八八年、トマス・ヒルら三人の事業家*によってブレナヴォン製鉄所*が建造され、翌年には蒸気機関を使った三つの溶鉱炉が稼働。町は鉄鋼業で成長した。一八三六年、製鉄所はロバート・ケナード*のブレナヴォン・コール＝アイアン・カンパニー*に買収された。最盛期には六六万トンもの銑鉄《せんてつ》*を鋳造《ちゅうぞう》し、産業革命の原動力となった。

やがて石炭産業がスタートすると、機関車、蒸気船、工場、そして家庭でウェールズ炭*の需要が一気に高まっていった。ウェールズ炭は、炭化が進んで揮発《きはつ》成分が少ないため、燃焼時間が長く、煙も少ないという質の良さで知られていた。単位当たりの発熱量が高いために嵩張《かさ》らず、遠洋航海の蒸気船や軍艦にも利用された。

鉄鋼業は一八四五年をピークに徐々に下り坂となり、一八七〇年には鋼鉄製造*へと転換したが、かつての勢いは戻らなかった。一八八〇年、ブレナヴォン・カンパニーは、

*Salts Mill

*Blaenavon

*Thomas Hill (1736-1824), Thomas Hopkins (d.1793), Benjamin Pratt (1742-94)

*Blaenavon Ironworks

*Robert Kennard (1800-70)

*Blaenavon Coal and Iron Company

*pig iron　高炭素が含有されて堅いがもろい。

*カーディフ炭とも呼ばれる。

*steel　銑鉄の炭素を酸化させ、強度を上げた鉄。

深さ九〇mの石炭採掘場「ビッグ・ピット*」をオープンし、鉄鋼業から石炭業へと重点を移動させた。小村のブレナヴォンは、石炭業で栄え、一八九一年には一万人以上の住民を抱えるほどに急成長した。最盛期には二五万人が採掘に動員されていた。しかし二〇世紀に入り、製鉄所は閉鎖。炭鉱ビッグ・ピットも一九八〇年に閉山した。

二〇〇〇年、ブレナヴォンは世界遺産に登録され、今日も当時とほとんど変わらない産業景観を目にすることができる。ビッグ・ピットは国立石炭博物館*となり、元炭坑労働者の案内で坑道内に降りることができる。また馬屋や食堂や風呂など、炭坑労働者の当時の日常生活の様子を見学することもできる。石炭輸送の鉄道は、一九八三年、保存協会によってポンティプール＝ブレナヴォン鉄道*として再開。ビッグ・ピット駅からホイッスル・イン駅*までの約二マイル（三・二km）の区間、車窓から世界産業遺産の跡や、かつてぼた山に覆われていたガーン・レイクス*の自然保護地域の景観を眺めることができる。

【アイアンブリッジ――世界に誇る橋梁《きょうりょう》工学】 ▼世界遺産

イングランドの中西部シュロップシャーのコールブルックデイル*は、鉄鋼業が栄えた産業革命発祥の地である。通称アイアンブリッジ・ゴージ*と呼ばれるこの峡谷を縫って、全長三五四kmのイギリス最長のセヴァーン川*が流れている。鉄道が発達するまで、この川はシュルーズベリーやブリストル、あるいはロンドンへの物資輸送のルートに使われていた。

この峡谷には世界で初めて橋全体が鉄（鋳鉄《ちゅうてつ》）で造られた*アーチ橋*が架かってい

＊Big Pit

＊Big Pit National Coal Museum, Blaenafon, Torfaen, NP4 9XP <http://www.museumwales.ac.uk/bigpit/>

＊Pontypool and Blaenavon Railway

＊Whistle Inn

＊Garn Lakes　閉山とともにぼた山は一掃され、現在は二つの大きな池を含む四〇ヘクタールの牧草地に多種の野生動植物が生息している。

＊Coalbrookdale

＊Ironbridge Gorge

＊River Severn　シュルーズベリー、ウスター、グロスターの三州に渡って流れている。

＊橋の主要部材に初めて鉄を使ったのは六世紀の中国である。

＊The Ironbridge at Coalbrookdale

る。橋の長さは三〇・六m、幅七・五m、総重量三八〇トンで、五年の歳月をかけて一七七九年に完成、一七八一年に開通した。ブリストル出身で真鍮《しんちゅう》の鋳造業者エイブラハム・ダービー一世*が、一七〇九年、従来の高価な木炭に代わり、安価な石炭（コークス）を利用して銑鉄の大量生産に成功した。その後、孫のダービー三世*は、鉄の輸送のために橋を作ることを考えた。当時、コールデイル製鉄所の鉄の生産量はイギリス総生産量の四〇％を占めていた。これまで鉄は建築の補強材としてのみ使われていたが、全鉄製のアイアンブリッジは近代の橋の先駆けとして産業革命をリードする象徴となった。多くの見物客が訪れるようになり、一七八四年には橋の北岸にトンティン・ホテル*が創業。橋を渡る者には、橋が民から官に売却された一九五〇年まで半ペニーの通行税が課せられていた。

アイアンブリッジ
コールブルックデイルの世界最初の鉄橋

アイアンブリッジの建設で町は栄えた。しかし鉄鋼産業は次第に、原材料が豊富で鉄道の便のよいウェールズの南部やイングランドの北部へと移っていき、一九世紀後期には工場群は廃《すた》れたままになった。一九六〇年代になって地域再開発の波が押し寄せてくると、これらの産業遺産を保護するために、一九六七年、アイアンブリッジ・ゴージ博物館トラスト*が立ち上った。六平方マイル（約一五・五km²）にわたって、ブリッ

* Abraham Darby I (1678-1717)　このダービー一族は、競馬で有名なダービー (Derby) 伯爵とは無関係。

* Abraham Darby III (1750-89)

* Tontine Hotel　橋の建築出資者たちが作ったホテル。現在も営業している。6 Ardgowan Square, Greenock, PA16 8NG <http://www.tontinehotel.co.uk/>

* Ironbridge Gorge Museum Trust

ツ・ヒル野外博物館をはじめとする一〇の博物館施設*が個々の場所に建てられ、峡谷全体がアイアンブリッジ・ゴージ博物館となっている。この広大な博物館は一九七三年に開館し、一九八六年、ユネスコ世界産業遺産に登録され、現在、イングリッシュ・ヘリテッジの管理下にある。当地にあるアイアンブリッジ研究所は、バーミンガム大学考古学・古遺物研究科と連携して、ヘリテッジ文化の研究者を養成するコースを開講している。*

【二人の吊り橋技師】

橋は構造上、アーチ橋*、吊り橋*、桁橋《けたばし》*の三種類に大別できる。吊り橋とは、両側の支柱の間にケーブルを張り渡し、そこから延びた別のケーブルによって橋床を吊った橋のことで、広い渓谷など高い位置に掛けられている。トマス・テルフォード*は世界初の近代的吊り橋を架設し、イザムバード・キングダム・ブルネル*はイギリスで一番高い場所に掛かる吊り橋を建造した。二人は同時期にイギリス屈指の吊り橋の建造に関わった。

テルフォードは、スコットランド出身の土木技師である。石工に徒弟《とてい》に出た後、独学で建築・土木技術を学び、道路、橋梁《きょうりょう》、運河、港湾建設に従事し、イギリス産業革命のインフラ整備の第一人者となった。一八〇五年にイギリスでもっとも長くて高い水道橋ポントカサステ*を

ポントカサステ水道橋（ジョン・パリー、1806）

*Blists Hill Open Air Museum / Enginuity / Coalport China Museum / Jackfield Tile Museum / Coalbrookdale Museum of Iron / Museum of Gorge / Darby Houses / Tar Tunnel / The Iron Bridge & Tollhouse / Broseley Pipeworks

*The Ironbridge Institute

*arch bridge　本章【アイアンブリッジ——世界に誇る橋梁工学】参照。

*suspension bridge

*girder bridge　横にかけた桁によって橋面を支える。

*Thomas Telford (1757-1834)

*Isambard Kingdom Brunel (1806-59)

*Pontcysyllte Aqueduct　高さ三八m、長さ三〇七m。二〇〇九年に世界遺産に登録。

手掛けている。遅れること半世紀、ブルネルはイングランド南部の港町ポーツマス*に生まれた。彼はフランスで教育を受け、二〇歳のとき、父親*が手掛けていたテムズ川のトンネル工事に技師として加わった。その後、鉄道施設や蒸気船の建造に従事した。

テルフォードは晩年にあたる一八二六年、グレート・ブリテン島とウェールズ北西部のアングルシー島に挟まれたメナイ海峡に、彼の最高傑作と言われるメナイ橋*を架設した。アイルランドや北米大陸への玄関口である港町ホリーヘッド*に通ずる道が、ようやく整備されたのだった。

メナイ橋の完成によって、ブリストルのエイヴォン渓谷に架ける吊り橋構想も加速した。一八二九年に橋の設計のコンペが行なわれた。二二件の応募作品のうち、ブルネルは四件の設計図を応募。コンペの審査員の一人はテルフォードだった。テルフォードはブルネルの吊り橋の長さでは実際の建設が不可能だとして却下。代わりにテルフォード自身の案が採用されることになった。しかし二基の橋げたを持ち上げる彼の構造は経費がかかりすぎるため、再度提出されたブルネルの修正案が採択されることになったのである。

ところが、一八三一年にブリストルで暴動*が起こった。これは人口が少ない腐敗選挙区を廃止し、人口が増加した都市に議席を配分するという、第二次選挙法改正案が否決されたために起こった市民暴動である。内政不安により橋の建設は延期、長年放置された。最終的にクリフトン橋*が完成したのは、ブルネルの死後の一八六四年のことだった。

＊Portsmouth
＊Marc Isambard Brunel（1769-1849）フランス生まれのイギリスの技師。
＊Menai Suspension Bridge
＊Holyhead
＊Bristol Riots
＊Clifton Suspension Bridge

クリフトン橋

【鉄道時代の到来】

一八一四年、ジョージ・スティーヴンソンがニューカースル・アポン・タインの北部にあるキリンワース炭坑*で、石炭輸送のための蒸気機関車「ブラッチャー号*」を走らせた。これを手始めに、イギリスは鉄道の時代へと突入していった。一八一五年、イングランド北東部のストックトン＝ダーリントン*間に敷設された線路で、スティーヴンソンの蒸気機関車「ロコモーション*」が走行に成功。一八二五年にストックトン＝ダーリントン鉄道が開通し、世界で初めて料金を徴収して旅客と貨物を輸送した。馬より速いスピードの「ロケット号*」がスティーヴンソン父子によって一八二九年に完成。翌年の一八三〇年、リヴァプール＝マンチェスター鉄道が開通し、本格的な鉄道営業がスタートした*。一八三七年には、スティーヴンソンの息子ロバート*がロンドン＝バーミンガム鉄道を建設。ロンドンと工業地帯を結ぶ最初の大幹線鉄道となる。一八三八年、イザムバード・ブルネル（息子）がロンドン（パディントン）からメイドンヘッド*までグレート・ウェスタン鉄道*を走らせた。

鉄道の到来によって駅馬車と運河は終焉を迎えた。鉄道は輸送手段の革命をもたらし、鉄や石炭産業の発展を促進した。一八三六〜三七年、そして一八四〇年代の二度にわたって鉄道投資のブーム*が起こり、一八五〇年頃までに全長五〇〇〇マイル（約八〇五〇㎞）に及ぶ鉄道網が敷かれ、イギリス国内の鉄道網はほぼ完成した。投資の火付け役は鉄道王と呼ばれたジョージ・ハドソン*。ヨークの洋服商だった彼は鉄道投資に成功。一八四四年にはミッドランド鉄道*を所有することになる。当時のミッドランド鉄道は、イギリス路線の半分に当たる一〇一六マイル（約一六三五㎞）の路線を

＊Killingworth Pit
＊Blücher
＊Stockton and Darlington
＊Locomotion
＊Rocket　平均時速二二㎞、最高時速四五㎞。
＊開業日の式典の合間、国会議員ウィリアム・ハスキソン(William Huskisson, 1770-1830)がロケット号に轢かれて亡くなった。
＊Robert Stephenson (1803-1859)
＊Maidenhead　ウィンザー近郊。
＊Great Western Railway　標準ゲージとなった後の一八五四年、ロンドン＝ブリストル間が開通した。
＊鉄道会社の株価が上昇し、一八四六年には三〇〇近くの新鉄道会社を設立する法案が議会を通過した。
＊George Hudson (1800-71)
＊Midland Railway

運行する大会社だった。しかしハドソンが新たに所有したイースタン・カウンティーズ鉄道*に関するインサイダー取引が発覚し、彼はあっけなく表舞台から去っていった。

イギリスの鉄道開設の初期に問題になったのは、左右のレールのゲージ（間隔）が鉄道によってまちまちだった点である。リヴァプール＝マンチェスター鉄道は、四フィート八インチ半、イースタン・カウンティーズ鉄道は五フィートだったが、他方、鉄道の高速化と安定性を考えて広軌道ゲージを主張したブルネルのグレート・ウェスタン鉄道は、七フィート四分の一インチ（二一四〇㎜）だった。いずれのゲージに統一するかの論争は、最終的に四フィート八インチ半（一四三五㎜）を標準ゲージにするということで落着した。

第一次世界大戦後、政府は膨大な数の鉄道をグレート・ウェスタン鉄道（GWR）、サザン鉄道*（SR）、ロンドン・ミッドランド＆スコティッシュ鉄道*（LMS）、ロンドン＆ノース・イースタン鉄道*（LNER）の四つに統合。その後の経営難から民営化へと移行し、九〇年代には分割民営化（インフラ部門と列車運行部門）に踏み切った。イギリスの鉄道改革は今なお進行中である。

【建築から都市開発――デシマス・バートンの業績】

デシマス・バートン*は多作な建築家である。彼の名前「デシ」がラテン語の「一〇」を意味するとおり、建築家である父ジェームズ*の一〇番目の子供だった。ロンドンの都市設計で名高いジョン・ナッシュ*はリージェント・ストリート*建設で経済的に難航しているとき、ジェームズの支援を受けた。その恩義からナッシュは、デシマスに建

＊Eastern Counties Railway

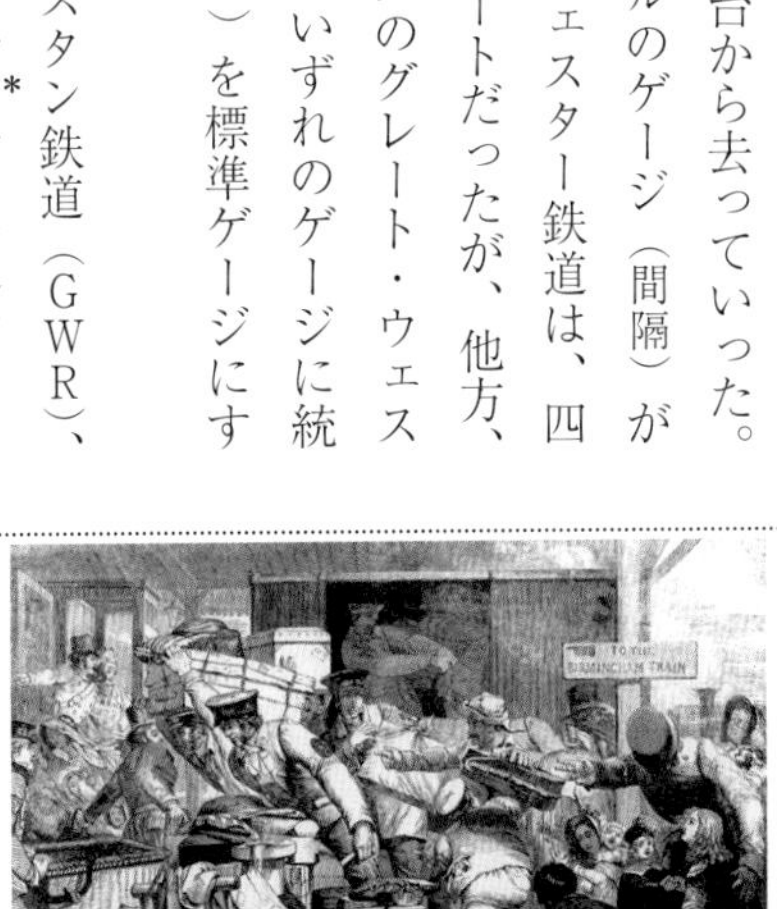

ゲージ切り替えのため
乗り換える乗客たち（1840 年代）

＊Southern Railway
＊London, Midland and Scottish Railway
＊London and North Eastern Railway
＊Decimus Burton (1800-81)
＊James Burton (1761-1837) ブルームズベリー・スクエア (Bloomsbury Square) の開発に関わった。
＊John Nash (1752-1835) リージェント・パーク作りで知られる。当時唯一の王室サーベイヤー（検査官）。建築家、都市計画家。
＊Regent Street

築家としてのキャリア作りの手助けをしたのである。

バートンはハイド・パーク*の設計をはじめ、ハイド・パーク・コーナーのイオニア式の凱旋門ウェリントン・アーチ*などを手掛けた。さらに彼は三〇年にわたって、キュー王立植物園建造にも関わった。鋳造家のリチャード・ターナー*と組んで、鉄とガラスでできた温室のパーム・ハウス*を一八四八年に完成させた。これは奥行一一一m、幅三〇m、高さ二〇mという、当時では世界最大級の温室だった。

ハイド・パーク・コーナーのアーチとウェリントン像

バートンはまた、一八二六年から一五年間、ロンドン動物園*の専属建築家だった。リージェント・パーク北端に位置するロンドン動物園は、世界初の科学動物園として一八二八年に開園。しかし動物の科学的研究が目的だったため、一般公開されるようになったのは一八四七年からである。バートンはまず、ラマ舎の屋上のチューダー・スタイルのクロック・タワーやキリン舎を設計した。動物園の南北をつなぐ東側のトンネル設計も彼によるものである。ここは第二次世界大戦中、防空壕として使用された。

バートンは地域開発者としても知られている。一八世紀の後半、ケント州南西部のタンブリッジ・ウェルズ*は温泉地として有名になった。一八二五年、そこのカルヴァリー地域*を不動産業者ジョン・ウォード*が買い上げ、バートンとともに一〇年余りかけて開発を進めた。マウント・プレザント・ハウス*はケント公爵夫人と娘のヴィクトリア（後のヴィクトリア女王）が、一八二七年と三四年に休暇を過ごした場所である。

---

*Hyde Park

*Wellington Arch　ワーテルローの戦い（一八一五）でイギリスを勝利に導いたウェリントン卿を讃えたもの。

*Richard Turner (1798-1881)

*Palm House　パーム（シュロ）栽培の温室。

*London Zoo　開園に先立ち、一八二六年にロンドン動物学会(the Zoological Society of London)が設立された。

*Tunbridge Wells　第Ⅲ部第三章【温泉地——ロイヤル・タンブリッジ・ウェルズ】参照。

*Calverley Grounds

*John Ward (1776-1855)

*Mount Pleasant House　一七六二年頃に建てられた。

この建物は一八四〇年にバートンの手によって増築され、カルヴァリー・ホテルとなった。ホテルは、一九六六年にイングリッシュ・ヘリテッジの登録建造物に指定され保全の対象となり、一九九八年からホテル・ドュ・ヴァン&ビストロ*と名前を変更している。

【蒸気船時代の幕開け――グレート・ウェスタン／イースタン号】

土木・造船技師であるイザムバード・キングダム・ブルネルは一八三七年、当時世界最大の蒸気船グレート・ウェスタン号*（一三二〇トン）をブリストル港で建造した。大西洋横断に蒸気船は無理だと考えられていたが、ブルネルは蒸気機関によって高速で経済的に長距離航行するには、船体を大きくすればよいと考え、グレート・ウェスタン号を造った。この蒸気船のニューヨークへの航海には、ロンドンとアイルランドのコーク*を結ぶアイリッシュ海定期船シリウス号*（七〇三トン）との競争、という側面があった。コークを出港したシリウス号は、途中燃料を使い果たし、重い家具など燃やせるものをすべて燃やしながら航海を続けた。その結果、四日後にブリストルを出航したグレート・ウェスタン号より半日先に到着した。しかし、シリウスが航海中に家具を燃やして軽量化していたことが判明。両船の平均時速から、大西洋横断競争のブルー・リボン賞*の栄誉はグレート・ウェスタン号が獲得した。大西洋横断には一五日の日数を要した。

晩年、ブルネルが文字どおり心血を注いだのは、大船舶グレート・イースタン号（一万八九一四トン）の建造である。その背景には、オーストラリアのゴールドラッシュ

＊Hotel du Vin & Bistro, Crescent Road, Tunbridge Wells, TN1 2LY <https://www.hotelduvin.com/>

＊SS *Great Western*　SSは蒸気船(steamship)のこと。

＊Cork　アイルランド南部マンスター地方の都市。

＊SS *Sirius*　一八三七年に完成。

＊Blue Riband (ribbon)　北大西洋を最速で横断した船舶に与えられる賞。

グレート・イースタン号
（チャールズ・R. パーソンズ、1858）
当時、世界最大級の船舶

による入植者が増加し、大勢の旅客を輸送する必要性があった。ところが一八五九年の試験航行中、ボイラーが爆発し、五名の機関員が死亡、多数の負傷者が出るという事故が起こった。巨船はブルネルの死後、一八六〇年に完成。しかし一八六二年にまたも事故が起きた。ロングアイランド沖合いで岩礁に衝突して船体に穴が開いた。幸い、操舵装置にパワーステアリングが導入されていたことと、船殻*が二重構造であったことから沈没することはなかった。一八六七年、リヴァプールからニューヨークへの航行の乗客となったフランス人のジュール・ヴェルヌ*は、この航海での経験をもとに小説『洋上都市*』（一八七一）を書いた。この巨大蒸気船は客船として使用されなくなると、世界初の大西洋横断電信海底ケーブルの敷設船として活躍した後、一八八九年に解体された。

◉文化

【陶磁器技術の開発——ウェッジウッド】

一八世紀のイギリスは東インド会社を通じて輸入される陶器に刺激を受け、陶磁器技術の開発を目指していた。イングランド中部のスタフォードシャー*の工房では、ジョサイア・ウェッジウッド*が陶磁器の実用性と装飾性の両面を追求し、後にウェッジウッドの代名詞ともなった陶磁器「ジャスパーウェア*」の開発と製造に精力を注いでいた。

*船の骨格と外部を作る構造。
*Jules Verne (1828-1905)『八〇日間世界一周』（一八七三）で有名。
**Une ville flottante*

ジョサイア・ウェッジウッド

*Staffordshire
*Josiah Wedgwood (1730-95)
*Jasperware または Jasper
*Creamware (Queen's ware)
*Charlotte of Mecklenburg-Strelitz (1744-1818)

一七六五年、ウェッジウッドは乳白色陶器《クリームウェア》*作りに成功し、ジョージ三世妃シャーロット*に「クィーンズ・ウェア」として愛用されることになった。彼は原料の陶土や商品輸送のために、トレント＝マージー運河*の建設を推進。一七六九年には、運河沿いのストーク・オン・トレントに工場をオープンさせた。古代エトルリア*の陶器に刺激を受けた彼は、黒い「エトルリア焼き」*（無釉《むゆう》陶器）を創り出し、その工房をエトルリア・ワークス*と名付けた。ここは以後一八〇〇年にわたり、ウェッジウッド陶磁器の制作場となった。

ウェッジウッドは新しい製法、新デザイン、釉薬の実験をたえず続けた。高温で焼き上げ、釉薬を使用しなくても玄武岩のような質感を持ったストーンウェアは「ブラック・バサルト*」と名付けられた。天然石の碧玉《ジャスパー》の硬質感を真似たジャスパーウェアは一七七〇年代に完成した。これは白地の半磁器素地に着色剤を加えて焼いたストーンウェアだが、磁器のように透光性はない。大英博物館所蔵の古代ローマ・コレクション「ポートランドの壺*」を模倣した同名のウェッジウッド作品*に見られるように、ジャスパーウェアは表面に別色のレリーフで装飾しているのが特色である。ブラック・バサルトもジャスパーウェアもウェッジウッドの代名詞となった。

ウェッジウッドは奴隷制反対論者でもあった。彼は黒人奴隷の紋章を付けた大きな円形浮彫のメダルを作り、奴隷制反対のキャンペーンとして配布。このデザインは流行し、壁絵になったりタバコのパイプ柄になったりした。ちなみにチャールズ・ダーウィン*はウェッジウッドの孫にあたる。

ストーク・オン・トレント駅から五km余り南に、ワールド・オヴ・ウェッジウッド*

---

*Trent and Mersey Canal　一七七七年に運行開始。イングランド中部の町、ストーク・オン・トレント (Stoke-on-Trent) の南からマンチェスターの南西まで一五〇kmほどの運河。

*紀元前八世紀から前一世紀のイタリア半島中部の都市群。

*Etruscan ware　古代エトルリア陶器と古代青銅器を真似て、光沢のない顔料をかけた陶器。

*Etruria Works

*Black basalt　玄武岩を意味する basalt に由来。

*The Portland Vase　一七八五年にポートランド公爵の手に渡ったため、この名がついた。

*Jasper Portland Vase (1790)

ウェッジウッドのポートランドの壺

*本章【進化論への道――ダーウィンのビーグル号航海】参照。

*The World of Wedgwood, Wedgwood Drive, Barlaston, Stoke-on-Trent, Staffordshire, ST12 9ER <https://www.worldofwedgwood.com/>

がある。ここには陶磁器の制作過程を見学したり、陶磁器作りが体験できたりする施設も併設されている。

【知の集積――大英博物館】

ロンドン中心街の北、ブルームズベリー地区に*、イギリスが世界に誇る大英博物館*がある。正面の屋根にギリシア神殿風の破風《はふ》をあしらい、白いイオニア式円柱が立ち並ぶ威風堂々の本館建物はロバート・スマーク卿*の設計によるもので、一八二三年から長年の歳月をかけて一八五二年に完成した。ここには古今東西の美術品、書籍、歴史的遺物などの文化財、八〇〇万点を超える所蔵品が収蔵されており、そのうち常設の展示は約一五万点と言われている。無料で公開された公共施設としては世界初の博物館である。

大英博物館の歴史は一七五三年にさかのぼる。ハンス・スローン卿*が内外で集めた約七万点のコレクションを核に、ロバート・コットン卿*の蔵書、オックスフォード卿の文書やハーレー写本*をもとに設立された。六年間の準備期間を経て、一七五九年にブルームズベリーにあったモンタギュー公爵*の私邸を購入したのをきっかけに、一般公開がスタートした。その後、文化遺産の所蔵は増加の一途を辿った。キャプテン・クック*の民族資料、ナポレオン軍がエジプトで発掘した秘宝ロゼッタ・ストーン*、エルギン卿*が本国へ持ち帰ったパルテノン神殿大理石彫刻群エルギン・マーブルズ*など、さまざまな逸品が加わった。

一八二三年にはジョージ四世が父から相続した蔵書*を寄贈したのが契機となり、

---

*Bloomsbury
*British Museum
*Robert Smirke (1781?-1867) イギリスの建築家。王立造幣局(Royal Mint)やロンドン中央郵便局(General Post Office)のギリシア装飾やファサード(正面)建築に関わった。
*Hans Sloane (1660-1753) 医師、博物学者。
*Robert Cotton (1570-1631) 古物収集家、国会議員。
*Harleian manuscript collection ハーレー家の親子、ロバート(Robert, 1661-1724)とエドワード(Edward Harley, 1689-1741)の蔵書。
*John Montague, 2nd Duke of Montague (1690-1749)。
*James Cook (1728-79) 海洋探検家。
*Rosetta Stone 一七九九年にエジプトのロゼッタで発見された石碑。
*Thomas Bruce, 7th Earl of Elgin (1766-1841)
*Parthenon Marbles (Elgin Marbles)
*ジョージ三世の治世下に六万五〇〇〇冊の書物と一万九〇〇〇部の小冊子が集められた。

キングズ・ライブラリー・タワーが増設された。さらなるコレクションの増加に伴い、一八八一年、自然史部門はサウス・ケンジントンの自然史博物館*に、絵画部門は一八七八年以降、ナショナル・ギャラリー*に移管された。図書部門は一九九八年に完全に分離独立し、セント・パンクラスの大英図書館*に移った。トマス・カーライル*やカール・マルクス*など、多くの学者・文人が図書を活用した大英博物館の円形の大閲覧室は、二〇〇〇年にミュージアムショップなどを付設した文化複合施設「グレート・コート*」に生まれ代わった。天井が三二一二枚の三角ガラスで覆われた開放感のあるこの公共スペースは、ノーマン・フォスター*の設計で、大英博物館の新たな顔となっている。

(上) 大英博物館 (下) グレート・コート

(上) エルギン・マーブル (下) ロゼッタ・ストーン

* Natural History Museum
* National Gallery
* British Library
* Thomas Carlyle (1795-1881) スコットランド生まれの評論家。
* Karl Marx (1818-83)
* Great Court
* Norman Robert Foster (1935-) カナリー・ワーフ駅（一九九九）、ミレニアム・ブリッジ（二〇〇〇）、東京のセンチュリー・タワー（一九九一）などを手掛けた。

大英博物館の展示部門は、オリエント、エジプト、ギリシア・ローマ、アメリカ、アジア等々に分かれているが、全展示室の半数近くを占めるのがヨーロッパのコレクションである。イギリスの歴史と伝統が蓄積された博物館は、研究勉学を志す者だけでなく、国の内外を問わず一般の人たちにも大いに活用されている。

イギリスの帝国主義の発展を象徴する大英博物館は、現在、植民地から持ち込まれた収蔵品に関わる文化財返還という大きな問題を抱えている。ロゼッタ・ストーンやエルギン・マーブルは、発見された地エジプトおよびギリシアの国々においてもきわめて重要な文化財のため、再三にわたり返還を求められている。一方、それらは博物館の重要な展示品であり、これまでの保存への配慮や学術的な研究成果を考えると、すぐに返還要求に応えることも難しいのが現状である。*

【キュー・ガーデンとプラント・ハンター】 ▼世界遺産

ロンドン郊外のテムズ川河畔に広がるキュー・ガーデン（キュー王立植物園）*は、一七五九年、ジョージ三世の母オーガスタ*が庭園造りをしたことによって始まった。彼女の死後、ジョージ三世夫妻が、植物学者のジョゼフ・バンクス*に庭園の整備と管理を依頼し、世界各地から植物を収集。造園はケイパビリティ・ブラウンが担当し、世界でも指折りの植物園が誕生した。

一八世紀から一九世紀にかけ、アフリカやアジアから新種の植物を採集し、キュー・ガーデンに移植するプラント・ハンター*たちがいた。庭師として働いていたフランシス・マッソン*もその一人である。当時キュー・ガーデンを取り仕切っていたジョゼフ・

---

*二〇一〇年、エジプトなど二一ヵ国がカイロで文化財返還の国際会議を開いた。

*Kew Gardens 正式名称は Royal Botanic Gardens

*Augusta of Saxe-Gotha (1719-72)

*Joseph Banks (1743-1820) クック船長の最初のエンデヴァー号の航海（一七六八—七一）に参加した。

*plant hunter 第Ⅲ部第一章コラム【チャッツワース——庭園造りの歴史】参照。

*Francis Masson (1741-1805)

バンクスの指示を受けたマッソンは、一七七二年、ジェームズ・クック船長（キャプテン・クック）の探検船「リゾルーション」＊に乗り込み、南アフリカへ旅立った。

喜望峰で下船したマッソンは、南アフリカ南端のケープタウン＊周辺で植物採集を続け、三年間の滞在中、四〇〇種以上の植物を本国へ送った。植物運搬に用いたのは「ウォード箱」＊というガラスの容器である。ケープタウンにはスウェーデン人植物学者ツンベルク＊が、彼より六ヵ月前から滞在していた。ツンベルクは分類学の創始者リンネ＊の弟子であり、新種植物を見つける目的で訪れていた。学者のツンベルクと庭師出身のマッソンは、それぞれの目的は異なっていたものの、何度か採集旅行を共にした。採集した植物の一つマッソニア・デプレッサ（通称ヘッジホッグ・リリー）は、ツンベルクがマッソンに勧めて命名させたものである。謙虚なマッソンはリンネに命名の許可を得る手紙を出したということだ。

キュー・ガーデン

マッソンの採集した植物には、カラーやアマリリス・ベラドンナなど現在よく知られた花も含まれているが、とりわけ有名な花はゼラニウムであろう。この花の株が本国へ送られると、イギリスのみならずヨーロッパ中の花壇や窓に飾られるようになっていった。またゴクラクチョウカ＊は、その華やかな色彩と名前の由来でもある極楽鳥に似た形から、当時の社交界で話題になった。

＊HMS (**Her/His Majesty's Ship**) *Resolution*
＊Cape Town
＊Wardian Case
＊Carl Thunberg (1743-1828)
＊Carl von Linné (1707-78)

ウォード箱

＊bird-of-paradise　鳥と花は同名。ストレリチア属。

現在、約三〇〇エーカー（一・二一四㎢）の広大なキュー・ガーデンには、四万種以上の植物が育ち、標本数は八〇〇万を超えている。二〇〇三年には世界遺産に登録された。

【進化論への道――ダーウィンのビーグル号航海】

幼少期から博物学に興味を持っていたチャールズ・ダーウィン*は、一八五九年、五〇歳の時に『種の起源』*を出版し、すべての種は原始生物から変異してきたものだという理論を提唱した。若く聡明なダーウィンを画期的な新説に導くきっかけを作ったのが、二二歳の時から約五年間、イギリス海軍の測量船ビーグル号*に乗って世界一周の航海をした経験だった。

ケンブリッジ大学を卒業したばかりのダーウィンは、大学のヘンズロー教授*の推薦を受け、ロバート・フィッツロイ艦長*が指揮するビーグル号で調査・探検に出ることになった。ビーグル号の本来の任務は、アメリカ沿岸を調査し、世界周航によって経度の測量をしながら、イギリス海軍のために正確な海図を作ることであった。ダーウィンはビーグル号の博物学者として雇われた。

一八三一年一二月、チャールズと艦長を乗せたビーグル号はプリマス*を出港し、カナリア諸島*を経て南米へと向かった。ブラジルのジャングルやアルゼンチン沿岸を探検しながら、ダーウィンは植物や化石の採集をした。すでにスコットランドの地質学者チャールズ・ライエルの『地質学原理』*（一八三〇―三三）を読んでいた彼は、珍しい地層形成を目の前にし、化石が何十億年前に生存した動物の証拠であることを確信

チャールズ・ダーウィン

＊Charles Darwin (1809-82)
＊*On the Origin of Species*
＊HMS *Beagle* 猟犬ビーグルに由来。一八二〇年五月一一日テムズ川ウリッジ造船所で進水。
＊John Stevens Henslow (1796-1861)
＊Robert FitzRoy (1805-65) ダーウィンの資料収集に協力した結果、聖書の信頼を失い、自殺。
＊Plymouth イングランド南西部デヴォン州にある港湾都市。
＊Canary Islands 大西洋上、アフリカ北西岸寄りのスペイン領の諸島。
＊Charles Lyell (1797-1875) *The Principles of Geology*

したのである。

一八三五年九月、ビーグル号は南米の西方、太平洋上の赤道近くのガラパゴス諸島*に到着。この地でゾウガメ*やマネシツグミ*が島ごとにさまざまな変種があることを知ったが、この時はまだ変異には気が付いていなかった。

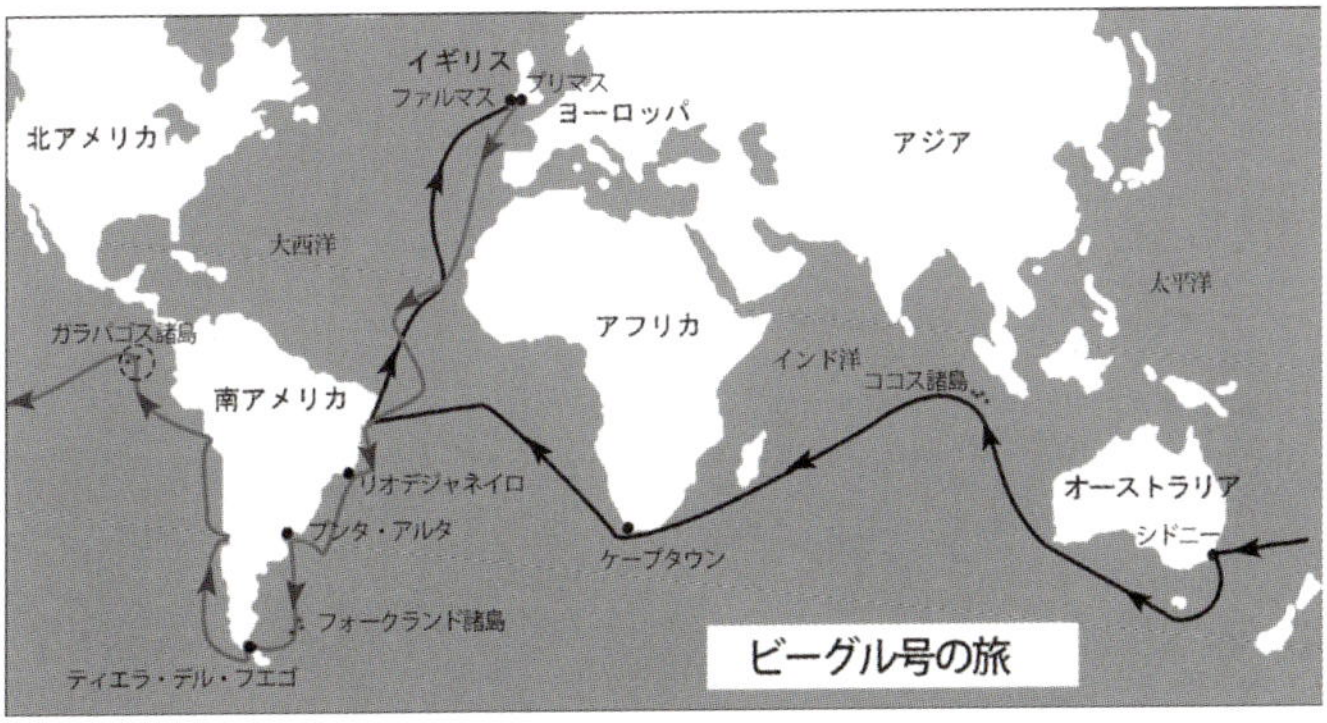

マゼラン海峡を通過する「ビーグル号」
背景にサルミエント山が見える

その後ビーグル号は、タヒチからニュージーランド、オーストラリアへ、それからインド洋を横断し、南アフリカの喜望峰を回り、再び南米を経て、一八三六年一〇月に本国へ戻った。ダーウィンはこの調査旅行を通して数多くの観察記録を残し、これをもとに一八三九年、『ビーグル号の航海記』*と題する旅行記を出版した。

* the Galapagos Islands 上掲、地図「ビーグル号の旅」参照。
* Galapagos giant tortoise 三頭捕獲してイギリスに持ち帰った。
* mockingbird
* *Voyage of the Beagle*

コラム【世界で人気の建築用石材――ポートランド石】

ジュラシック・コーストの中心となるポートランド島* (Isle of Portland) は、建築用石材であるポートランド石 (Portland Stone) の産出地として知られている。この島では石灰岩《ライムストーン》がローマ支配下の時代から採掘されてきた。一四世紀には、ウェストミンスター宮殿（現在の国会議事堂）、ロンドン塔、最初の石造ロンドン橋がこの石で造られた。一七世紀には、イニーゴ・ジョーンズがバンケティング・ハウスの建造に使用。さらに一六六六年のロンドン大火災の後、当時ポートランド採石場を取り締まっていた建築家クリストファー・レンが、この石を使ってセント・ポール大聖堂を再建。以後、建築石材としてポートランド石の価値が定着し、イギリスの多くの建物に使用されることになった。*

ダブリンの中央郵便局

ポートランド石は温暖で浅い海という自然環境の中で形成されてきた。カルシウムと重炭酸塩イオンが結合した石灰性沈殿物は、微小な砂や有機物を含んだ岩屑の周りを覆っていった。この被膜粒子はウーイド*と呼ばれる球状の微粒子であり、これらが長い年月をかけて堆積・結合することによって、魚卵状石灰岩 (oolite limestone) であるポートランド石となった。ポートランド石は風雪の影響でダメージを受けることが少ないため、公共の建造物に重宝された。

リーズのセメント業者ジョゼフ・アスプディン (Joseph Aspdin, 1778-1855) は、「ポートランド・セメント」(Portland Cement) を発明し、一八二四年セメント製造法の特許をとった。セメントにポートランドの名を付したのは、セメントを硬化した後の風合いがポートランド石に似ているからということだった。ポートランド石の人気はイギリスに留まらず、ダブリンの市役所や中央郵便局の柱廊玄関《ポーチコ》などの公共施設、ニューヨークの国際連合本部にもこの石が使われた。ロンドンに新装されたBBC本部もポートランド石を使用し、二〇〇六年天然石賞の新築賞 (New Build Award) を勝ち取った。

***ポートランド島**　ウェイマス (Waymouth) の八km南。
*大英博物館、ナショナル・ギャラリー、リヴァプール港ビルディングなど。
***ウーイド**　ooid または oolith　直径二ミリ以下の魚卵のような粒子の名前。

コラム【タイタニック号の難破と無線電信システム】

二〇世紀初頭、大西洋航海旅行が人気だった。しかし北大西洋を春に航行するとき、脅威となるのが氷山だった。一九一二年四月一〇日、豪華客船タイタニック号（RMS* *Titanic*）はサウサンプトンからニューヨークへ向け、処女航海に出た。タイタニック号はイギリスの船舶会社、ホワイト・スター・ラインの郵便輸送船で、北アイルランド、ベルファストのハーランド・アンド・ウルフ造船会社（Harland and Wolff）が建造した、当時最大級の全長二六九mという船だった。一等の広大な食事用ラウンジ、四基のエレベーター、プールなど、設備面でも一段と優れていた。安全面では、船体は喫水面上までの高さがある防水隔壁で、浸水した場合でも、一六の区画ドアはブリッジ*から閉鎖することができた。

タイタニック号には二台のマルコーニ無線電信機など、最新鋭のテクノロジーが搭載されており、無線電信によって氷山の早期警告に対応できるものと期待されていた。しかし不運にも、無線で受けた情報にもとづき航路を変えたものの、向かった先にも多くの氷山が待ち受けていた。同年四月一四日、流氷群の危険警告を何度か受信していたが、通信士は一等乗客の無線電信サービスに多忙で、警告をブリッジに伝えなかった。夜一〇時五〇分、カリフォルニア号*（SS *Californian*）からの流氷群の警告も、タイタニック側の混線状態で受信されないままだった。

一一時四〇分頃、ニューファウンドランド島（the Island of Newfoundland）の南方沖合に氷山を発見。ただちに船の進路を変えて全力後進させたが、間に合わず衝突。船体に穴が開いたため、即座に救難信号「ＣＱＤ」（Call to Quarters, Distress）（全受信局へ。遭難せり）と「ＳＯＳ」（Save Our Ships）が発せられた。それを多くの船舶が受信していたが、どの船も救援には遠すぎた。一〇〇㎞以上離れたカルパチア号*（RMS *Carpathia*）が受信したのは、深夜の〇時二〇分だった。カリフォルニア号はタイタニック号の遭難照明弾が見届けられる一番近い距離にいたが、無線士は睡眠中で、夜間、無線を切っていたとも言われている。タイタニック号の救命ボートは不足していた。深夜二時過ぎに船体は真っ二つに割

タイタニック号の技師たちの慰霊碑（サウサンプトン）

れ、残った乗客・乗員は冷たい海に投げ出され、一五〇〇人以上が犠牲となった。船が沈没して約一時間後、ようやくカルパチア号が到着。救命ボートの生存者を次々と救出した。

当時、電磁波による無線通信は開発競争にあった。しかし、音声を無線に乗せる現在のラジオが使われ始めたのは一九二〇年代になってからのことで、それまでの無線はモールス符号だった。無線通信の理論は一八七二年にジェームズ・マックスウェル*(James Clerk Maxwell, 1831-79)によって定式化され、ハインリヒ・ヘルツ*(Heinrich Hertz, 1857-94)が実験によって実証。船舶向け無線電信として商用システム化したのは、ニコラ・テスラ*(Nikola Tesla, 1856-1943)やグリエルモ・マルコーニ*(Guglielmo Marconi, 1874-1937)であった。マルコーニは卓越した企業家で、無線電信機を世界中に販売した。一八九八年、彼はイングランド東部エセックスにある町チェルムズフォード(Chelmsford)に世界初の無線電信製造工場をスタートさせた。同年一二月は、ワイト島にあるヴィクトリア女王の離宮オズボーン・ハウス(Osborne House)と、皇太子エドワードのロイヤル・ヨットを結ぶ無線通信装置を設置している。

グリエルモ・マルコーニ

*RMS　Royal Mail Ship　イギリス郵便輸送船の意味。
*船の高所に作られて、操船に関して指示する場所。
*カリフォルニア号　一九一五年、第一次世界大戦時にドイツの潜水艦によって沈没。
*カルパチア号　キュナード・ライン社の外洋客船。
*ジェームズ・マックスウェル　スコットランドの理論物理学者。
*ハインリヒ・ヘルツ　ドイツの物理学者。
*ニコラ・テスラ　クロアチア生まれの電気技師。発明家。
*グリエルモ・マルコーニ　イタリア人でノーベル物理学賞を受賞。

コラム【郵便制度】

イギリスの郵便制度ロイヤル・メール(Royal Mail)は、ヘンリー八世が二〇kmごとに宿駅を作り、郵便路線を敷設したのが始まりである。一六三五年、チャールズ一世はロイヤル・メール制度を、受取人払いによって一般にも開放。一六六〇年、王政復古を果たしたチャールズ二世は郵政省(General Post Office)を設立し、郵便制度を法制化した。一八世紀になると、騎馬による輸送量が限界になってきた。一七一九年から六三年まで、温泉町バースの郵便局長ラルフ・アレン(Ralph Allen, 1693-1764)は、イギリスの郵便ネットワークを拡張するため一連の契約に署名。これによって、ロンドンのウィルソン・アンド・カンパニー(Wilson & Company of London) とバースのウィリアムズ・アンド・カンパニー (Williams & Company of Bath) の二社の郵便馬車サービスが始まる。一七八四年には、ブリストルとロンドン間を高速の郵便馬車 (mail coach) が走った。郵便馬車には郵便だけでなく乗客も乗せていた。

一八三七年、ローランド・ヒル (Rowland Hill, 1795-1879) は郵便料金を安くして全国均一料金にするように、郵便制度改革の提言をした。翌年には郵便制度改革推進委員会が発足し、一八三九年に小型郵便料金は全国一律四ペンスになった。さらに一八四〇年、全国一律一ペニーに値下げされ、料金は差出人の前払いに改革することによって、利用者は一気に増加。料金支払いの証明となる証紙は糊《のり》のついた「ペニー・ブラック」* (Penny Black) で、これが切手の誕生となった。ロンドンでは一九世紀末まで、一日に六〜一二回の郵便配達が行なわれ、一日の内に手紙の返事のやりとりをすることも可能だった。

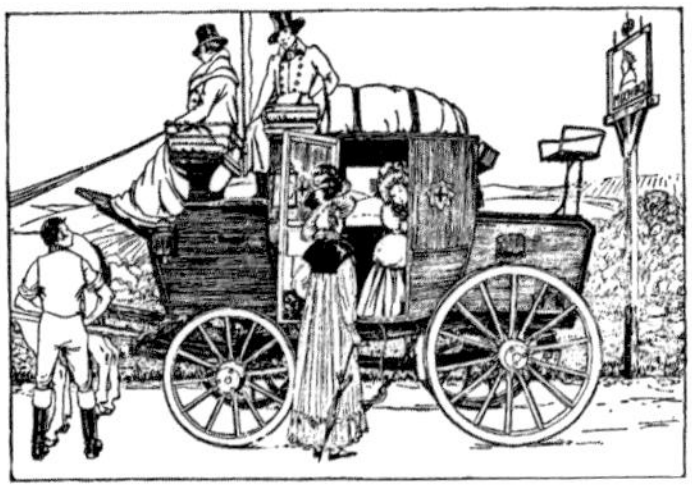

郵便馬車

ペニー・ブラック

一九六九年、郵政省は公社へ改組《かいそ》され、郵政大臣のポストは廃止されることになった。二〇〇〇年、郵便局は有限会社のコンシグニア* (Consignia) と名前を変えたが、この名前が不評であったため、二〇〇二年、ロイヤル・メール・グループへと再度改称した。二〇〇六年、ロイヤル・メールは三五〇年間の郵便事業の独占権を失い、郵便事業は完全に自由化された。さらに二〇一三年、ロイヤル・メールの株式が民間に公開され、民営化した。

＊ペニー・ブラック　切手の刷色が黒色だったことから命名。同時発行の二ペンス切手は青色だったので、「タペンス・ブルー」(Twopence Blue) または「タペニー・ブルー」(Twopenny Blue) と呼ばれた。

＊コンシグニア　「委託 (consign)」に由来。

コラム【世界初のロンドン万国博覧会】

一八五一年、世界初の万国博覧会*がロンドンで開催された。万博の火付け役は、ヴィクトリア女王の夫君で、王立技芸協会*(Royal Society of Arts)総裁のアルバート公である。アルバート公は、一八四六年以降、毎年開かれていた工業芸術展(Exhibition of Art Manufactures)を、人類の未来に平和と幸福の希望を与えるような国際博へと拡大すべきだと提案。同協会のヘンリー・コール*(Henry Cole, 1808-82)が一八四九年のパリ博に下見に出かけ、その報告をもとに博覧会を企画した。会場にはハイド・パークが選ばれ、建物のデザインは、温室の設計者で知られていたジョゼフ・パクストン*(Joseph Paxton, 1801-65)が担当。建物は従来の重厚なレンガ造りではなく、鉄とガラスの新素材で造られ、クリスタル・パレス(水晶宮)と呼ばれた。クリスタル・パレスの全長は約六〇〇m。内部は三層の吹き抜けであった。組み立て式のプレハブ工法のため、わずか六ヵ月の工期で開会の三ヵ月前に完成した。

五月一日から一〇月一一日までの会期中の入場総数はおよそ六〇〇万人。初日は、五〇万強の人々が訪れた。五シリングだった入場料が五月末に一シリングに下がり、入場者の増加につながった。ヴィクトリア女王は、夫が主催者であるこの万博を誇りに思い、開催中、三四回も訪れたと伝えられている。

ジョゼフ・パクストン

ハイド・パークのクリスタル・パレス

万博開会式
(ヘンリー・コートニー・セルース、1851-52)
中央のピンクのドレスがヴィクトリア女王
© Victoria and Albert Museum, London

博覧会には約一〇万点の作品が展示された。展示物の主役は機械類で、特に蒸気機関のコーナーが人気を呼んだ。作品は四部門(原材料、機械類と新案品、工業製品、美術品)に分けて展示され、芸術と工学を一体化させた産業デザインの進歩を披露するものであった。会場は一、二階とも西半分がイギリスの持ち場で、当時の植民地カナダ、西インド諸島、インドからの展示物も顔を見せた。東半分はトルコ、中国、フランス、ロシアからの出品が並び、最東部にアメリカが陣取った。蒸気機関を利用して作ったアイスクリームやシャーベットが関心を呼んだ。

この大博覧会は世界に誇るイギリスの工業力を示す場となり、大成功を収めた。出版物が二五誌、計五〇万部が販売され、純利益は約一八万六〇〇〇ポンドだったと言われている。収益はアルバート公の希望により国民の技術・芸術的水準の向上をめざした教育目的に使われ、ケンジントン地区にヴィクトリア・アルバート博物館、科学博物館、自然史博物館、ロイヤル・アルバート・ホールなどが建設された。

　クリスタル・パレスは、博覧会終了後に解体され、ロンドン南部のシデナム・ヒル（Sydenham Hill）の頂上に再現、一八五四年にオープンしたが、警備員の火の不始末から一九三六年に焼失した。万博の成功はその後、多くの博覧会のモデルとなっていった。ロンドンの大博覧会をはじめ、初期の万博は、ひとつの巨大な会場に世界の出品物を展示する形式をとっていたが、やがて広い敷地に各国のパヴィリオンが分散して並ぶ形式へと変わっていった。これはテントを意味するラテン語の「パヴィリオ」に由来。パヴィリオンでは各国が知恵を絞って、アイデアを競いあうという、実に平和裏における競争の場となっていった。

万博展示会場
© Victoria and Albert Museum, London

＊正式名称は「万国の産業の成果の大博覧会」（The Great Exhibition of the Works of Industry of All Nations）

＊**王立技芸協会**　一七五四年に設立。「王立」だが、国や王室から助成金は受けていない。

＊**ヘンリー・コール**　イギリスの郵政制度に貢献。

＊**ジョゼフ・パクストン**　チャッツワース邸の大水槽で蓮を育て、その葉の裏側の水かき状の構造から鉄骨構造のヒントを得た。

コラム【サッチャー政権と炭坑閉鎖】

　一九八三年の総選挙で保守党《トーリー》のマーガレット・サッチャー＊（Margaret Thatcher, 1925-2013）は勝利を収め、第二次サッチャー政権が発足した。サッチャーはイギリス経済の問題の根源は石炭産業にあるとし、安い石炭を海外から輸入し、国内の石炭産業の合理化を図っていこうとした。燃料が石炭から石油へと変わっていく時代であった。その政策に全面対決したのが、「アーサー・キング」の異名をとった炭坑労組委員長アーサー・スカーギル(Arthur Scargill, 1938-)だった。

　まずサッチャーは、鉄鉱公社の合理化で実績をあげていたイアン・マグレガー(Ian MacGregor, 1912-98)を全国石炭庁(the National Coal Board)の総裁に任命した。さらにサッチャーは、ストライキが簡単にできないようにするため、炭坑労働者に株を持たせて労働組合から離脱させたり、組合員にストライキを行なうかどうかを問う郵送の無記名投票を義務付け、投票をしないストライキを違法とみなすようにしたりした。サッチャーが行なった法的規制の一つに、フライング・ピケット(flying picket)の禁止がある。フライング・ピケットとは機動ピケ隊、支援要員のことで、ストライキに加わらない炭坑場をピケ隊が占拠して、ストライキを強行する方法である。そこでストライキが始まれば、また別の拠点に飛んでいってピケを張るのである。

炭鉱と蒸気機関車(トマス・ヘア、1840?)

　一九八四年三月、マグレガーは生産性の低い炭坑に大幅な減炭と人員削減を打ち出した。スカーギルはすぐさまストライキに突入するよう指示を出した。全国の八割近い組合員が参加したものの、このストライキは事前の投票が行なわれていなかったため、違法と認定されたのである。その結果、組合の財産は没収されることになり、組合員も分裂していった。その年のクリスマス頃には、炭坑夫はストライキ戦線から次々と離脱して職場復帰し、翌年三月三日、ストは中止。スカーギルは敗北した。

　サッチャーは炭坑ストライキに対抗するために、一九八二年のフォークランド戦争*(the Folklands War)の二倍もの金額(四〇億ポンド)を使った。ストライキ後、一七四の炭坑のうち二〇が閉山。一五万人の炭坑夫のうち、二万人余りが解雇された。一九九四年、炭坑産業は民営化され、その後も閉山は続いた。二〇一四年まで坑内掘《ぼ》りしていた最後の炭坑、北ヨークシャーのケリングリー(Kellingley)とソールズビー(Thoresby)も、二〇一五年に閉山された。

＊**マーガレット・サッチャー**　第一次政権は一九七九―八三年。

＊**フォークランド戦争**　南大西洋のフォークランド諸島の領有を巡って、イギリスとアルゼンチンとの間で三ヵ月にわたって行なわれた戦争。

第三章　海浜を旅する

【はじめに――余暇の誕生と海浜リゾート】

産業革命以後、イギリスでは「労働」という概念に大きな変化が生まれた。定時に始業・終業するという時間による労働者支配は、土曜ごとに演奏会を開いて健全な娯楽を提供するなど、労働時間以外の生活全般にも及んでいた。一九世紀に入ると労働も合理化され就労時間が短縮された。マンチェスターやリヴァプールでの土曜半休運動を皮切りに、一八九〇年代にはほとんどの都市で土曜日が半休となった。さらに一八七一年にはバンク・ホリデーを法定休日にする法案が通り、イングランドとウェールズでは復活祭《イースター》前の聖金曜日《グッド・フライデー》とクリスマスを除いた四日間、* スコットランドでは聖金曜日とクリスマスとさらに三日間の祝日が制定された。*

「労働」と「余暇」の制度化が進むなか、余暇の合理化のため、地域に存在していた伝統的な娯楽や祭事が縮小され、組織的なリクリエーション活動によって労働者階級を教化する考えが広まっていく。ミュージック・ホールや遊園地での娯楽、スポーツ観戦など民衆にとって余暇活動が盛んになるなか、一九世紀の鉄道の発達と相乗して最も流行したのが海浜リゾートへの旅であった。

*復活祭と聖霊降臨日の翌日の月曜日、八月の第一月曜日、ボクシング・デー（クリスマス翌日）。

*一月一日、五月と八月の第一月曜日。

ジョージ王朝時代の貴族たちの集まり
（バースのオールド・ポンプ・ルーム）
（ジョン・ニクソン、1792）

イギリス上流階級の間では、一八世紀にすでにヘルス・ツーリズムの走りが見られた。バース*やタンブリッジ・ウェルズ*の鉱泉の効用はよく知られており、一七〇二年、アン女王がバースの温泉を訪れたことが契機となり、病気治癒や健康増進のために、これらの温泉地を訪れる王侯・貴族は後を絶たなかった。ところが鉄道の発達によって中産階級や労働者階級が押しかけるようになると、優雅な保養地は一変した。上流階級の人々は大衆化した温泉地を逃れ、海風と海水の新たな効用*を求めて、ブライトンをはじめとする海浜リゾートへ向かうことになる。

海浜ブームが上流階級から新興の中産階級、そして大衆へと伝播《でんぱ》するのは時間の問題だった。広大な海の空間は、大挙して押しかける人々をまとめて受容できる。一九世紀後半、健康に良いとされる海浜で余暇を過ごすことは、一大ブームになっていったのである。

【温泉地――ロイヤル・タンブリッジ・ウェルズ】

一八世紀前後にはヨーロッパ各地で温泉が発展した。ベルギー東部の町スパは鉱泉で有名な保養地で、この鉱泉によって病が治癒したことから、'spa' が温泉地を意味するようになったと言う。別の説で「水による健康」を意味するラテン語 'Salus Per

＊第Ⅰ部第一章【温泉の町バース】参照。

＊本章【温泉地――ロイヤル・タンブリッジ・ウェルズ】参照。

ロンドンの地下鉄の広告
（ケイト・グリナウェイ、一九一〇）

＊海水の効用については本章コラム【水治療、海水療法】参照。

＊Scarborough
＊Buxton

Aquam' の頭文字が温泉を意味するようになったとも言われている。イギリスの温泉地としては、スカーバラ*、バース、バクストン*、ハロゲイト*、ロイヤル・レミントン・スパ*、ロイヤル・タンブリッジ・ウェルズ*などが知られている。

ロイヤル・タンブリッジ・ウェルズは、ロンドンから南東のケント州に位置し、その歴史は一七世紀に遡る。一六〇六年、ジェームズ一世の廷臣だったノース男爵*がバガヴェニー卿*の狩猟場近くで療養していた。体調の回復が芳《かんば》しくないままロンドンへ帰る途中、男爵はケント州とサセックス州の境界あたりで、泉を偶然見つけた。鉄分を含むその水を飲んで、彼の体調は回復した。鉱泉の効用が知られるようになると、タンブリッジ・ウェルズは一気にロンドンの王侯貴族らの間で有名になった。

その後、泉の周辺は整地され、二つの井戸が掘られた。一六二九年、チャールズ一世妃ヘンリエッタ・マライア*は鉱泉治療に数週間滞在し、翌年一六三〇年、次男（後のチャールズ二世）を産んだ。彼女は産後の回復のため、再び当地に六週間滞在した。『王妃の泉』*という書物も出て、タンブリッジ・ウェルズの鉱泉の効能は世間に認められるようになっていった。王政復古後のチャールズ二世の時代、ショッピング施設やボウリング、ダンスなどの娯楽施設も完備され、当地はこれまでにない賑わいを見せた。鉱泉には婦人病、とくに不妊治療に効果があると信じられ、チャールズ二世妃キャサリン・オヴ・ブラガンザ*、ジェームズ二世の二人の妃、アン・ハイド*とメアリー・オヴ・モデナ*、そしてアン女王らも訪れた。また日記作者ジョン・イーヴリン*、サミュエル・ピープス、小説家ダニエル・デフォー*らも来訪。一七〇〇年になるとパンタイルズと呼ばれる遊歩道*が作られ、近くに宿ができるなど、町の整備も進んでいった。

*Harrogate
*Royal Leamington Spa
*Royal Tunbridge Wells
*Dudley North, 3rd Baron North (1581-1666)
*Edward Neville, 6th Lord of Bergavenny (1551-1622)

ヘンリエッタ・マライア

*Henrietta Maria (1609-69)
*Queen's Welles (1632) 作者はケント州の医者ロドウィック・ロウズィー（Lodwick Rowzee, 1590-1655）。
*Catherine of Braganza (1638-1705)
*Anne Hyde (1638-71)
*Mary of Modena (1658-1718)
*John Evelyn (1620-1706)
*Daniel Defoe (1659-1731)『ロビンソン・クルーソー』（一七一九）の作者。
*the Pantiles　パンタイル瓦とは異なる。

遊歩道パンタイルズ

一七三二年、バースの儀典長リチャード・ナッシュ*が、タンブリッジ・ウェルズでも儀典長を務めることになり、温泉は治療の場としてだけでなく、社交場として有名になった。一七七九年にはロンドンまで定期的なコーチ（馬車）・サービスも始まった。しかしジョージ三世は当地を訪れることはなかったし、息子のジョージ（後のジョージ四世）は二回訪れているものの、海浜のブライトンをいっそう好んでいた。

【宿屋《イン》からホテルへ】

古来、巡礼者の旅は質素だった。道中、彼らが利用する宿泊所もまた質素なものだった。ときには大寺院が宿を提供することもあった。一二世紀にはトマス・ベケット詣でをする人々の宿泊用に、カンタベリーにイーストブリッジ・ホスピタル*という施設が設けられた。

イン*と呼ばれる宿屋が巡礼のルートに沿って現われてきたのは、一二世紀前半である。イングランド最古と言われている宿屋はノッティンガムのトリップ・トゥ・エルサレム*で、現在もパブとして営業している。ここは、リチャード獅子心王が十字軍遠征*の折、ノッティンガム城に集結した兵士たちの宿となった。一六世紀から一七世紀にかけて、馬車による旅行が一般になると、宿屋はコーチング・イン*へと変わっていっ

*Master of Ceremonies, Richard Nash (1674-1761)　第Ⅰ部第一章【温泉の町バース】参照。

トリップ・トゥ・エルサレム
イングランド最古の宿屋と言われている

*Eastbridge Hospital　現在も養老院として使われている。
*inn
*Ye Olde Trip to Jerusalem
*第Ⅱ部第二章【リチャード一世と十字軍遠征の旅】参照。
*coaching inn

た。旅人はここで馬を取り換え、目的地へと向かうのだった。

一九世紀になると、宿屋の業界にホテルやパブやレストランが新たに参入してきた。今日流のホテルはナポレオン戦争中、休暇中の将校に宿を提供するために誕生した。五つ星高級ホテルとして現在知られているロンドンのブラウンズ・ホテル*は、バイロン卿の従者だったジェームズ・ブラウンが一八三七年に建てたもので、ブラム・ストーカー*、R・L・スティーヴンソン*、オスカー・ワイルド*、コナン・ドイル*ら作家たちの定宿《じょうやど》だった。

やがて鉄道の発達に伴って、鉄道駅のそばに乗客の利便を考えた大型のホテルが建設されるようになった。なかでもひときわ豪奢《ごうしゃ》な駅ホテルは、セント・パンクラス駅に隣接し一八七三年にオープンしたミッドランド・グランド・ホテル*である。各部屋に暖炉を備え、水圧式のエレベーターや回転ドアなど斬新なスタイルのホテルだったが、バスルーム付きの部屋はなかった。一九三五年にこのホテルは閉業、事務所として使用されていたが、二〇一一年、外観はそのままに大幅な改築をし、セント・パンクラス・ルネサンス・ホテル・ロンドン*として新たにオープンした。

【旅のガイドブック】

一九世紀になると、中産階級のイギリス人がヨー

夕暮れ時のセント・パンクラス駅と
隣接するミッドランド・グランド・ホテル
（ジョン・オコーナー、1884）

*Brown's Hotel　33 Albemarle St, Mayfair, W1S 4BP <https://www.roccofortehotels.com/hotels-and-resorts/browns-hotel/>

*Bram Stoker (1847-1912)『ドラキュラ』（一八九七）の作者。

*R. L. Stevenson (1850-94)『ジキル博士とハイド氏』（一八八六）の作者。

*Oscar Wilde (1854-1900)『ドリアン・グレイの肖像』（一八九一）の作者。

*Conan Doyle (1859-1930) シャーロック・ホームズ探偵小説の作者。

*Midland Grand Hotel　イギリスの建築家ジョージ・ギルバート・スコット (George Gilbert Scott, 1811-78) の設計。

*St Pancras Renaissance Hotel London, Euston Road, London, NW1 2AR <http://www.stpancraslondon.com/>

ロッパ大陸へ旅行をするようになった。旅先の名所・旧跡の教養的な概説に加え、ホテルやレストラン、その土地の習慣など、実用的な情報を盛り込んだ近代的ガイドブックが登場したのはこの頃である。

エディンバラで生まれたジョン・マレー*は、一七六八年にロンドンで出版会社を興《おこ》した。息子のマレー二世*は、ロマン派詩人バイロン卿の『チャイルド・ハロルドの巡礼』*(一八一二―一八)、孫のマレー三世*はダーウィンの『種の起源』(一八五九)など、当時の重要な書物の出版を手掛けていた。旅行ガイドブックの出版を始めたのはマレー三世である。彼は一八三六年、携帯するのに便利な縦一八cm、横一二cmという小型で赤表紙の『大陸旅行者のためのマレーのハンドブック』*を出版。以後、赤表紙はマレー・ガイドブックのトレードマークとなった。

マレー社と同様、ガイドブックの草分け的存在がドイツのベデカー社*である。マレー社に遅れること三年、ベデカーはオランダおよびベルギーのガイドブックをドイツ語で刊行。ライン地方の旅の英語版ガイドブックが出た一八六一年以降、イギリス人の大陸旅行者の多くは、ベデカーを携帯するようになった。マレーとベデカーの二社の近代的な旅行ガイドブックは、二〇世紀の初頭にかけて多くの旅行者の必携書とされた。同時に、旅行者の誰もが同じガイドブックを持っているという現象は、風刺漫画雑誌『パンチ』*などで揶揄《やゆ》の対象になることもあった。

時代とともにガイドブックも移り変わっていく。第一次世界大戦後、二社のガイドブックは衰退。代わって、スコットランドのミュアヘッド兄弟*によるブルー・ガイド*が台頭してきた。一人旅が好まれる二〇世紀後半、イギリスからアジア経由オースト

＊John Murray (1745-93)

＊John Murray II (1778-1843)

＊George Gordon Byron (1788-1824) *Childe Harold's Pilgrimage* 貴公子ハロルドの地中海見聞記。

＊John Murray III (1808-92)

＊*A Handbook for Travellers on the Continent: being a guide through Holland Belgium, Prussia and Northern Germany and along the Rhine from Holland to Switzerland.*

＊出版業者カール・ベデカー (Karl Baedeker, 1801-59)が創業。

＊*Punch* 一八四一年に創刊。二〇〇二年休刊。

＊James (1853-1934) / Findley Muirhead (1860-1935)

＊Blue Guides 一九一八創刊。

ラリアまでの旅をまとめたトニー・ウィーラー夫妻の本*（一九七三）がきっかけとなり、ロンリー・プラネット*がシェアを伸ばすようになってきた。

【トマス・クックと団体旅行】

一八世紀前半から一九世紀前半にかけて、イギリスではジンやビールなどの飲酒が大きな社会問題であった。一八三〇年、ジン飲酒に対してビールを推奨する「ビールハウス法*」が生まれ、労働者や中産階級のみならず子供にまで飲酒が拡大した。トマス・クック*は中部イングランドのレスター*の印刷業者で、禁酒運動の推進者だった。

一八四一年七月五日、レスターシャーのラフバラ*で禁酒大会が開かれた。クックは禁酒大会への参加者を団体で旅行させる企画を立て、当日、五〇〇人とも六〇〇人とも言われる人たちを特別列車に乗せてレスター駅を出発した。朝の見送りを含めると、数千人もの人が駅に集まったという。参加者はラフバラで軽食やブラスバンドのイヴェントを楽しみ、丸一日のエクスカーション（小旅行）を満喫して再び列車で帰路に着いた。

一八四一年はクックの団体旅行元年にふさわしく、鉄道・郵便などの陸海の交通が整備されていった年だった。ヨーク・アンド・ミッドランド鉄道に最初のヨーク駅が城壁内部に誕生。また北米への郵便逓送《ていそう》汽船*が初の大西洋横断に成功した。

クックは自らが組織する団体旅行のために、次々とガイドブックを発行していった。一八四五年にはリヴァプールへの旅行、翌年にはスコットランド旅行を企画。一八五一年には、ロンドンで開催された世界初の万国博覧会*の見学に団体旅行を企画

---

* Tony Wheeler (1946-) / Maureen, *Across Asia on the Cheap*
* Lonely Planet
* Beerhouse Act　ビールの醸造と販売の自由化を認めた。
* Thomas Cook (1808-92)
* Leicester
* Loughborough

旅行ブームを引き起こしたクックのガイドブック

* 一八三九年設立。
* The Great Exhibition of the Works of Industry of all Nations　第Ⅲ部第二章コラム【世界初のロンドン万国博覧会】参照。

運営した。その四年後にはパリ万博への初の海外団体旅行、一八六九年には聖地エルサレム観光、そして一八七二年には世界一周ツアーを行ない、日本にも訪れている。一八七三年にはクックのヨーロッパ大陸時刻表*が発刊され、人気を得た。

クックが旅行業を成功させた理由は、手軽で安い旅行を提供したためである。その秘訣の一つはホテル・クーポンだった。これは宿泊と食事券を組み合わせたもので、一八六八年に初めて発行された。客は前もってクックからホテル・クーポンを購入し、契約ホテルは現金の代わりにこれを受け取るというシステムである。成功のもう一つの鍵は、サーキュラー・ノート*という信任状（現在のクレジット・システム）の導入である。一八七四年に始まったクック社のサーキュラー・ノートは、ホテルや銀行、チケット代理店で現金化できるものだった。クックの信任状という発想は、一八九〇年代、アメリカン・エクスプレス社によって取り入れられ、トラヴェラーズ・チェックとして世に流布することになった。

【宗教と文学の海浜リゾート、ウィットビー】

ウィットビー*の町は六五六年、修道院*の建立とともに誕生した。六六四年、ウィットビー教会会議*が開催され、ケルト系キリスト教に対するローマ・カトリックの優位が決定した。以後、ローマ・カトリックがイングランド各地に影響力を拡大していった。しかし一六世紀、ヘンリー八世の宗教改革によってウィットビー修道院は解体された。二〇世紀の世界大戦時にはドイツ軍によって破壊された。町の高台にある廃墟同然となった修道院は、現在イギリス・ヘリテッジによって保全されている。

クックによる最初の団体旅行

Thomas Cook European Timetable
*circular note

*Whitby
*Whitby Abbey　当時の修道院は男女共用。最初の（女）修道院長はヒルダ (Hilda, 614-80)。
*Synod of Whitby
*第Ⅱ部第一章【聖カスバートの祈りの旅――リンディスファーンからダラムへ】参照。

ウィットビー修道院

長い間、ウィットビーは小さな漁港でしかなかった。* 一七世紀にはアルミの豊富な産出地として知られるようになり、アルミと石炭の交易港に発展していった。それとともに造船業も盛んになり、一八世紀の海洋探検家ジェームズ・クックは九年間この地で修業し、海に乗り出した。クックの彫像はエスク川*の西側に立っている。一八世紀に温泉町として人気が出てきたウィットビーは、一八三九年にはウィットビー＝ピッカリング、その後まもなくヨーク間に鉄道が開通し、* 海浜リゾートとして発展していった。

ウィットビーは、一九世紀を舞台にした文学作品の重要な舞台にもなっている。ブラム・ストーカーは廃墟の修道院のそばに建つ聖メアリー教会*や海岸から、『ドラキュラ』（一八九七）の着想を得たと言われている。ドラキュラ伯爵（彼の棺）を運んできたロシア船デメテル号はウィットビーに入港するが、船内には舵輪《だりん》に自らを縛った船長の死体しかなかった。ウィットビーに保養に来ていたヒロインのルーシーは、たびたび訪れていた教会墓地でドラキュラに襲われるのである。映画にもなったA・S・バイアットの『抱擁』*（一九九〇）では、不義の関係の一九世紀詩人の男女がウィットビーを中心に旅をし、ウィットビー名産のジェット・ブローチ*を買う。この小説はブローチが一九世紀と二〇世紀末を結ぶ鍵となる推理小説めいた物語である。

ウィットビー

＊古くからアンモナイトなどの化石やジェット（黒玉）の産出地としては知られていた。
＊River Esk
＊Whitby & Pickering Railway　一八四五年にYork and North Midland Railwayと合併する。
＊Church of Saint Mary　ノルマン教会として一一七〇年に建造。
＊A. S. Byatt (1936-)　*Possession*
＊Whitby jet brooch　ブリテン島の古代ローマ人はジェットを魔除けとして使っていた。一九世紀になると、夫アルバート公の死後、ヴィクトリア女王が喪中の宝石として着用したことから流行した。

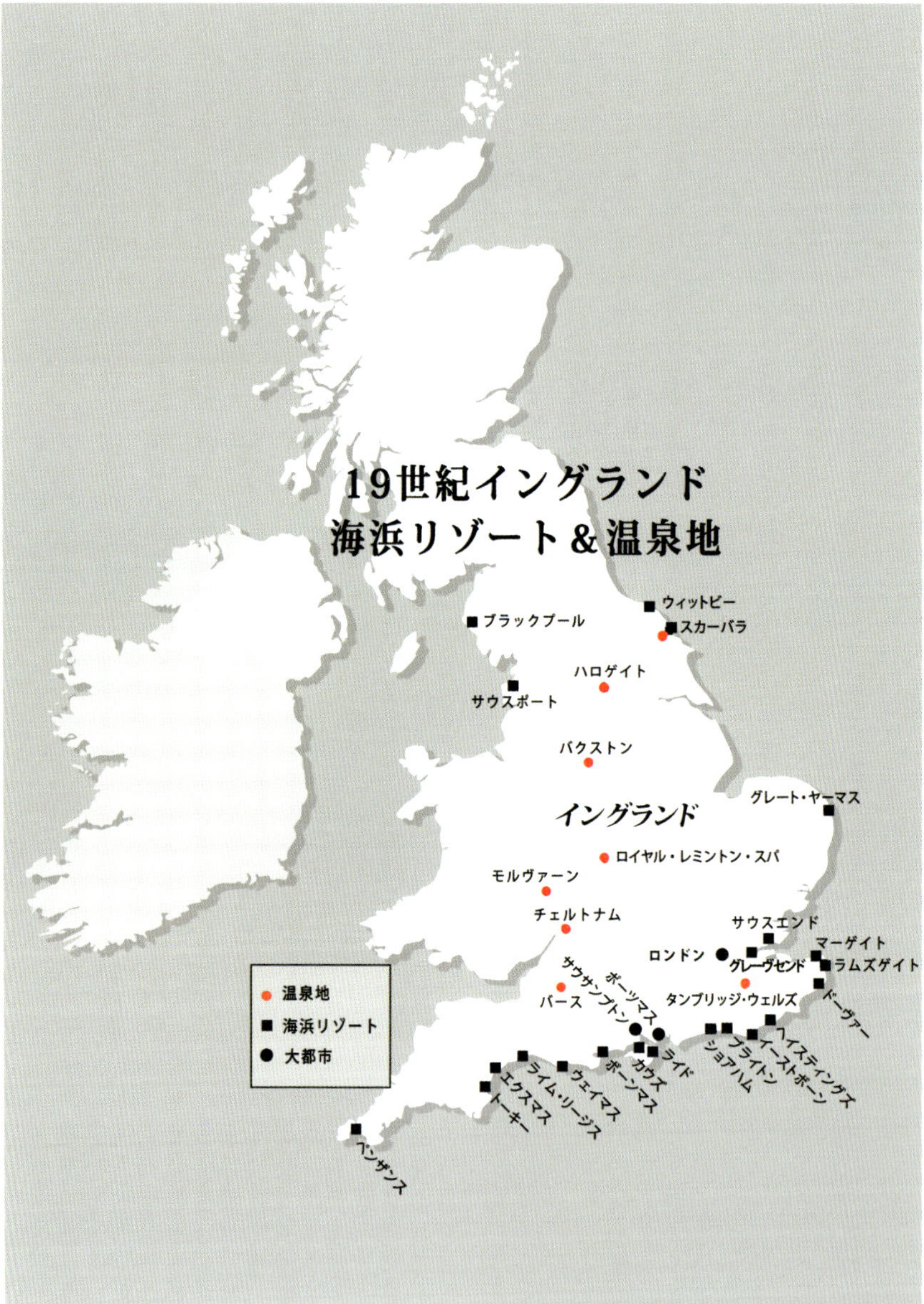
19世紀イングランド
海浜リゾート＆温泉地
ウィットビー
ブラックプール
スカーバラ
ハロゲイト
サウスポート
バクストン
グレート・ヤーマス
イングランド
ロイヤル・レミントン・スパ
モルヴァーン
チェルトナム
サウスエンド
マーゲイト
ロンドン
グレーヴセンド
ラムズゲイト
サウサンプトン
ポーツマス
バース
タンブリッジ・ウェルズ
ドーヴァー
温泉地
海浜リゾート
大都市
ヘイスティングズ
イーストボーン
ブライトン
ショアハム
ライド
カウズ
ボーンマス
ウェイマス
ライム・リージス
エクスマス
トーキー
ペンザンス

【一九世紀のライム・リージス】

▼世界遺産

イギリス南西部ドーセット州からデヴォン州に広がる一五〇㎞ほどの南海岸は、恐竜が生きていた二億年前の地質が露出している。ジュラシック・コースト*と呼ばれるこの海岸線は、アンモナイトの化石などがたくさん見つかり、地質調査の対象とされ、二〇〇一年にはユネスコ自然遺産に登録されている。これら二州の境に「ドーセットの真珠*」と呼ばれる風光明媚な町、ライム・リージス*がある。一二八四年、エドワード一世の勅許によりライムが都市になり、二人の議員を国政に送り出すようになったとき、「リージス」（王様の）が町名に加わった。

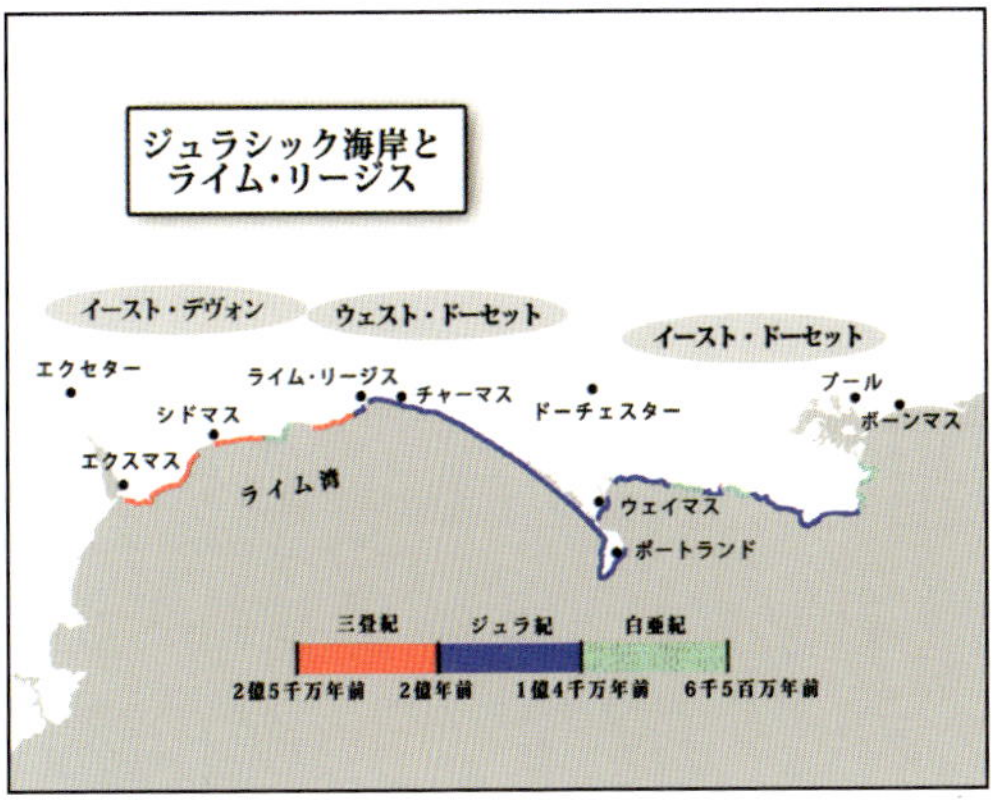

メアリー・アニング*はライム・リージスの貧しい家具職人の家に生まれた。父が副業として化石商をしていたので、小さいころから海浜で化石収集をしていた。彼女が生きた一九世紀初頭のイギリスは博物学ブームに沸き、地質学や古生物学の勃興《ぼっこう》期だった。一八一一年、彼女はジュラ紀の魚竜の化石、イクチオサウルス*を発掘。その後も数々の化石を採掘したことから、アニングの名は大学の研究者や蒐集家の間で知れ渡っていった。彼女の功績は恐竜学を前進させ、生物の進化論への道筋を作ることになった。ロンドン自然史博物館のウォーターハウス・

*Jurassic Coast

*the Pearl of Dorset

*Lyme Regis

*Mary Anning (1799-1847)
メアリー・アニング

*Ichthyosaurus　体長二m位で比較的小型な恐竜。

ウェイ*と呼ばれる廊下のコーナーには、魚竜や首長竜の化石標本が展示され、そこにメアリー・アニングの肖像画が飾られている。

ライム・リージスを世間に広めたもう一つは、コブ*と呼ばれる海岸の突堤の存在である。この人工の突堤が最初に作られたのは一四世紀の初め頃だった。一八二四年の暴風により破壊され、その後に現在のコブが作られた。海岸散策がブームとなった一八世紀後半から一九世紀には多くの人々が訪れている。ジェーン・オースティンの小説『説得』*（一八一六）の中では、登場人物たちがライム・リージスのコブを訪れる件《くだり》がある。またヴィクトリア朝になると、海岸での保養や行楽を求めて、アルフレッド・テニソン、小説家で詩人のトマス・ハーディ*、ビアトリクス・ポターもライム・リージスに滞在した。当地のスリー・カップス・ホテル*はテニソンやアメリカの詩人ヘンリー・ワーズワース・ロングフェロー*、『指輪物語』（一九五四―五五）の作者トールキン*ら、有名な文学者が宿泊し、さらにジョン・ファウルズの『フランス軍中尉の女』*（一九六九）の映画の舞台にもなった。このホテルはその後三〇年余り放置されたままだが、歴史的に重要であるため保存キャンペーンが行なわれている。

ロンドン自然史博物館の化石の展示物

コブという突堤

スリー・カップス・ホテル

＊Waterhouse Way　自然史博物館を建築した建築家アルフレッド・ウォーターハウス（Alfred Waterhouse, 1830-1905）に因む。

＊Cobb

＊Jane Austen (1775-1817) *Persuasion*

＊Thomas Hardy (1840-1928)

＊Three Cups Hotel

＊Henry Wadsworth Longfellow (1807-82)

＊John Ronald Tolkien (1892-1973) *The Lord of the Rings*

＊John Fowles (1926-2005) *The French Lieutenant's Woman*

【ブライトンの海岸の娯楽】

海岸リゾートの先駆けはイングランド南東海岸に位置するブライトン*である。一七六九年に最初の海水浴場が作られた。リチャード・ラッセル*は医学的立場からブライトンを宣伝したが、異国情緒あふれるロイヤル・パヴィリオン宮殿*を作って行楽地としての名を広めたのは、当時のプリンス・オヴ・ウェールズ、後のジョージ四世*だった。*一八四一年、ロンドンとブライトンをつなぐ鉄道が開通すると、日帰り旅行が可能になった。一八六一年の休日には、一日に三万人もの行楽客がこの地を訪れたという。

ブライトンのチェーン桟橋

ブライトンの海岸には一八二三年のチェーン桟橋*に続いて、一八六六年、ウェスト桟橋*が建造された。鉄とガラスの時代にふさわしく、これらの桟橋には水族館や大型温室（ウィンター・ガーデン*）などの娯楽施設も造られた。一八六九年、建築家のユージーニアス・バーチ*がチェーン桟橋の入り口に水族館を着工。彼は当初、高層の塔や小塔を含むデザインを考えていたが、海の景観を損なうということで却下された。一八七二年の完成当時、水族館の呼び物は大ダコ、アシカ、イルカだった。一八九九年にオープンしたパレス桟橋*も、まもなく桟橋の先端に、劇場や食事のためのパヴィリオンやウィンター・ガーデン、さらに船の浮き桟橋が建設された。

時を経るなか、ブライトンの桟橋は老朽化していった。

---

*Brighthelmstone が省略されて Brighton となる。

*本章コラム【水治療、海水療法】参照。

*Royal Pavilion　中国風の装飾で作られた後、ジョン・ナッシュがインド・サラセン様式の外観、尖塔にタマネギ形ドームを付けオランダ風に再建した。

*George IV (1762-1830)

*ブライトンは当時上流階級に人気だった温泉地バースを凌ぐ社交の場となる。

*Chain Pier

*West Pier

*Winter Garden　温室としてだけでなく、音楽会、ダンスなどにも使用された。

*Eugenius Birch (1818-84)

*Brighton Palace Pier　約五三六m。二〇一六年四月、元の所有者、海洋掘削会社（ノーブル・コーポレーション）はバーのチェーン店（エクレクティック・バー・グループ）に桟橋を売却した。

一八九六年にチェーン桟橋は使用禁止となり、数ヵ月後に嵐で崩壊。ウェスト桟橋も年月の傷みに加え、嵐や火事などのたび重なる災害に耐えてきたが、二〇世紀後半に崩壊した。ブライトンに唯一現存しているのはパレス桟橋である。遊園地、ゲームセンター、水族館など、各種の娯楽施設やレストランを備えたブライトンの海岸は、ロンドンから一時間半というロケーションの良さから、夏の週末には今も行楽客が絶えない。

【砂丘からリゾートへ変貌したサウスポート】

リヴァプールの北に位置するサウスポート*が海浜リゾートとなったのは、一七九二年、一軒のホテルが建設されたことによる。もともとこのあたりは砂丘だった。北東部の村チャーチタウン*に住んでいた宿屋《イン》の主人ウィリアム・サットン*は、リーズ＝リヴァプール運河が砂丘近くまで開通したことから、リーズ方面からの客を見込んで海水浴客用のホテル建設を思いついた。現在のサウスポート本通りロード・ストリート*南端である。当時、あたり一帯は砂丘で、人々はサットンのホテル建設を嘲笑した。しかし彼が運河からホテルまでの輸送手段を用意したことから、ランカシャーのサウスポートは集客という点で、同州の他の海浜リゾートより有利になり、彼のホテルは繁盛した。これを見て新たにホテル業を始める追随者も現われ、一八二〇年には、二万人の旅行者が訪れるほどになった。

一八五〇年代、イギリス旅行中のアメリカ人作家ナサニエル・ホーソーン*は、サウスポートの浜辺がパンチ・アンド・ジュディの人形芝居*、ブラスバンド演奏、演芸や踊りなどで騒々しかったことを日記に書き記している。*サウスポートの桟橋がオープ

海辺でロバに乗る女性たち
（ジョージ・ウォーカー、1814）

＊Southport　ランカシャー州。
＊Churchtown
＊William Sutton（1752-1840）
＊Lord Street
＊Nathaniel Hawthorne（1804-64）
＊Punch and Judy　鉤鼻のパンチと妻ジュディの人形劇。
＊*The English Notebooks*, 261（21 June, 1857）

ンしたのは一八六〇年である。これは最初の「レジャー桟橋」*とも呼ばれた。この砂浜は沖合まで伸びていて干潮時に船が接近できなかったため、当初三六〇〇フィート（約一一〇〇ｍ）だった桟橋は、八年後には四三八〇フィート（約一四六〇ｍ）まで延長され、イギリスで二番目に長い桟橋として注目を集めることになる。*乗下船客の荷物運搬の便を図るため、桟橋の中心に軌道が作られ、後には蒸気機関による電車で桟橋の先端まで行けるようになった。ガラスと鉄で作られたウィンター・ガーデンは当時イギリスで最大級の温室で、園内に水族館やレストランも入っていた。

サウスポート桟橋には現在も遊歩者用に電車が走っている。桟橋入り口と桟橋先端の小さなパヴィリオンには「ペニー・アーケード」*があり、アンティークな手相占いやスロットマシンなどのゲーム機を楽しむことができる。

サウスポートの桟橋を散策する人々

現在も営業中のサウスポートのペニー・アーケード

【海浜リゾートの盛衰】

一七五四年、ベンジャミン・ビール*の発明によるビール式水浴馬車*がイングランド南東部のマーゲイト*に初めて登場した。以後、水浴馬車は一九世紀のイギリス海浜の象徴的景観の一つとなった。一八世紀の終わりごろから一九世紀半ばにかけ、海浜ではイソギンチャクや貝や海藻などの熱狂的採集ブームがあった。子供が乗って楽しむ

*Pleasure pier
*サウスエンド桟橋の二一〇〇ｍが当時一番長かった。
*penny arcade　一ペニーの料金のゲームセンター。
*Benjamin Beale
*Bathing Machine　脱衣室を備えた馬車。
*Margate

ヴィクトリア女王の水浴馬車
（オズボーン・ハウス、ワイト島）

人気の動物ロバや人形劇、ブラスバンド演奏や演芸など、各地の海辺は賑わった。海浜は海に加えて砂浜というオープン・スペースがあり、やがてはレジャー桟橋や遊歩道など、さまざまな娯楽の場が整備されていった。

海浜リゾートは第二次世界大戦前、空前の賑わいを見せた。毎年の行楽客がブラックプール*は七〇〇万人、サウスエンド*五五〇万人、ヘイスティングズ*には三〇〇万人、サウスポートとボーンマス*はそれぞれ二〇〇万人、イーストボーン*は一〇〇万人以上、ラムズゲイト*は一〇〇万人も訪れた。

戦後しばらくの間、海浜リゾートは休暇キャンプ場として生き残っていた。しかし一九五〇年代にピークを迎えた休暇キャンプ場も、やがて時代遅れとなっていく。ドーム内に人工の海浜を造った総合レジャー休暇施設センター・パークス*に例を見るように、「海浜リゾート」はもはや海辺である必要はなくなったのである。

海浜リゾート衰退の最大の理由は海への魅力がなくなったことである。一九世紀の海浜リゾートの発展は、産業化による都市の汚染のために、海浜での散策や水浴などの健康増進を求めたことが背景にあった。しかし健康のために海ではなく太陽が求められるようになり、地中海方面への旅へと休暇旅行も変化していった。それまでの労働者は文化的な市民へと成長したのである。鉄道の輸送力を背景とした一九世紀の大衆の休暇が集団での旅だったのに対し、二〇世紀後半には個人を対象とするパッケージ海外旅行が主流となっていった。

＊Blackpool　ランカシャー州西部。
＊Southend-on-Sea　エセックス州南東部、テムズ川河口に位置する。
＊Hastings　イングランド南東部。
＊Bournemouth　イングランド南部。
＊Eastbourne　イングランド南東部。
＊Ramsgate　ケント州北東部。
＊第Ⅲ部第一章【シャーウッドの森】参照。

ラムズゲイトの砂浜
（ウィリアム・パウエル・フリス、1851-54）

コラム【水治療、海水療法】

イギリスにおいて温泉治療は水浴とともに鉱泉を「飲む」ことを意味した。水浴は必ずしも温かい湯というわけではなく、冷水による治療も存在した。もっとも、イギリスでは従来、水浴に関してモラルの面からの拒否反応が根強かった。教会は一五世紀、裸体での水浴を禁止していたし、一六世紀にはケンブリッジ大学の学生が川で水浴すると、最初は鞭《むち》打ちの罰、二度目になると退学させられるほどだった。

ジョン・フロイヤー (John Floyer, 1649-1734) はレディング (Reading) 南西のリッチフィールド (Litchfield) の内科医で、冷水浴の唱道者として知られている。一七九七年にはリヴァプールの内科医ジェームズ・カリー (James Currie, 1756-1805) が、「水の効用についての医学的報告書」("Medical Report on the Effects of Water, Cold and Warm, as a Remedy in Fever and Other Diseases, Whether Applied to the Surface of the Body or Used Internally")を発表し、冷温水の飲用、および冷水浴、温浴が心身の病の治療に効果的であると主張した。

カリーの「報告書」はドイツ語に翻訳され、ドイツで水治療が流行りだしたころ、シレジア*出身の農夫ヴィンチェンツ・プリースニッツ (Vincenz Priessnitz, 1799-1851) が独自の水治療、ハイドロパシー (hydropathy) を始めた。彼によれば、病気は身体の中に有害物質が蓄積しているためであり、冷水を飲用と外用、すなわち全身浴、シャワー、冷湿布、発汗用に利用したのである。その効果が世界各地に広まると、一八四〇年代、クラリッジ (R. T. Claridge, 1797-1857) がハイドロパシー治療をイギリスに導入。その治療法を継承したウィルソン (James Wilson, 1807-67) とガリー (James M. Gully, 1808-83) は共同でバーミンガム郊外の温泉地モルヴァーン (Malvern) に治療施設を作った。ダーウィン、ディケンズ (Charles Dickens, 1812-70)、ナイティンゲール (Florence Nightingale, 1820-1910) ら当時の著名人もこの治療を受けた。

ルイス* (Lewes) 出身の医師リチャード・ラッセル (Richard Russell, 1687-1759) は海辺に住む子供たちには皮膚病、腺《せん》病、くる病を患っている子が少ないことに気がついた。一七五〇年、彼は腺病に対する海水浴・海水飲用療法の効用についての論文を発表した。ラッセルはブライトンに居を据え、この

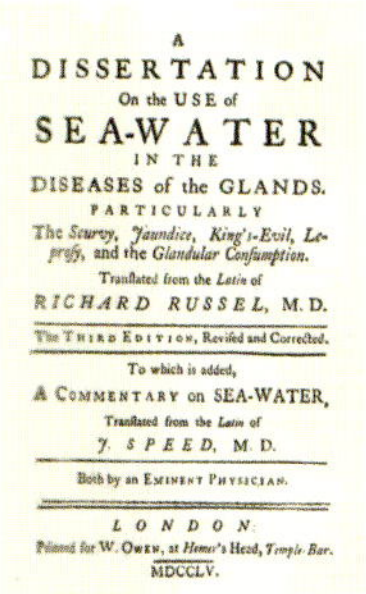
A
DISSERTATION
On the USE of
SEA-WATER
IN THE
DISEASES of the GLANDS.
PARTICULARLY
The Scurvy, Jaundice, King's-Evil, Leprosy, and the Glandular Consumption.
Translated from the Latin of
RICHARD RUSSEL, M.D.
The THIRD EDITION, Revised and Corrected.
To which is added,
A COMMENTARY on SEA-WATER,
Translated from the Latin of
J. SPEED, M.D.
Both by an EMINENT PHYSICIAN.
LONDON:
Printed for W. OWEN, at Homer's Head, Temple-Bar.
MDCCLV.

リチャード・ラッセルの水治療の論文

海浜を宣伝した。海浜での病気療養は、海風、水浴、海水を飲むことの三種類だが、なかでも海水を飲むことの有効性がとくに強調され、一日に三〜四回海辺に行って一パイント（〇・五七リットル）の海水を飲むよう、処方された。やがて海水の飲用は推奨されなくなったが、海風と水浴が病後の回復や肺疾患に有効だという医者のお墨付きが、海浜行楽地の発展に大きく貢献するようになったのである。

＊シレジア　Silesia（英語表記）。ポーランドの南西部からチェコ北東部までの地方の歴史的な名称。
＊ルイス　イングランド南部イースト・エセックス州の町。

コラム【レジャー桟橋】

元来、桟橋は潮の干満にかかわらず、船舶をつないで荷物の積み下ろしや人々の乗下船を容易に行なうために造られた建造物である。桟橋がない時代には下船した後、岸まで水の中や泥濘《ぬかるみ》を歩いて渡ったものである。保養地として海浜リゾートに人気が集まった一九世紀には、行楽客の散策用に「レジャー桟橋」（Pleasure pier）が登場することになった。

行楽客に料金を課した最初の桟橋はワイト島のライド（the Isle of Wight, Ryde）である。一八一三年から一四年に建設された全長五二七ｍの桟橋には、入り口に料金所、橋の途中にいくつか屋根付きの待合所を設けたが、それ以外の娯楽的要素はまったくなかった。当時、海風の効用は広く信じられており、桟橋での散策は潮の干満に左右されることなく海風を味わうことができた。加えて、海の上を歩くことが桟橋の醍《だい》醐《ご》味だった。

鉄道網が発達する一八四〇〜五〇年代、海が大衆にとって手軽な娯楽地となるにつれ、レジャー桟橋も海浜リゾートの目玉として徐々に注目されるようになる。しかしレジャー桟橋の建設には障害がいくつかあった。桟橋の建設には国会や市長や商工会議所などの承認を必要としたうえ、海中への建設の困難さ、さらに桟橋完成後も波浪、暴風、火災、船舶の衝突などの損傷の危険と隣り合わせていた。にもかかわらず、海浜リゾートそのものがビジネスとして考えられるようになったのは、有限責任を負う株式会社法（一八五六）が成立した背景があったからだった。一八五〇年までは一二基しかなかった桟橋が、一九〇〇年には八〇までも数を増やした。

レジャー桟橋はやがて娯楽施設を伴うようになる。一八六九年から建設が始まったヘイスティングズ（Hastings）の桟橋は、二〇〇〇人収容可能な大パヴィリオン、当時流行していたオリエンタル様式の二つの料金所が注目された。

栈橋オープンは八月のバンク・ホリデー*（八月の第一月曜日）が開始された一八七二年の八月五日だった。オープン初年度は四八万二〇〇〇人、二年目は五八万四〇〇〇人もの行楽客が訪れた。ウィンター・ガーデンなども備えるようになったレジャー栈橋の建設ブームは世紀が変わっても続き、一九〇〇年代には二〇の栈橋パヴィリオンが新たに建設された。

イーストボーン栈橋の音楽堂

二〇世紀後半になって、海浜レジャーのブームは去り、すでに三九の栈橋は焼失したり嵐に流されたりした。現在、残った栈橋でも海浜行楽客が激減。保全と散策の楽しみを持続していくために、一九七九年、全国栈橋協会(**National Piers Society**)が設立された。栈橋を愛し、「栈橋はサウスエンドだ。サウスエンドは栈橋だ」*と語った英国桂冠詩人ジョン・ベッチマン(**John Betjeman, 1906-84**)がその初代名誉会長だった。二〇一〇年に火事で損壊したヘイスティングス栈橋は、二〇一六年三月に新装オープンした。

*本章【はじめに──余暇の誕生と海浜リゾート】参照。
*二〇三頁脚注、【海浜リゾートの盛衰】参照。

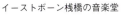

テムズ川流域の都市と名所旧跡

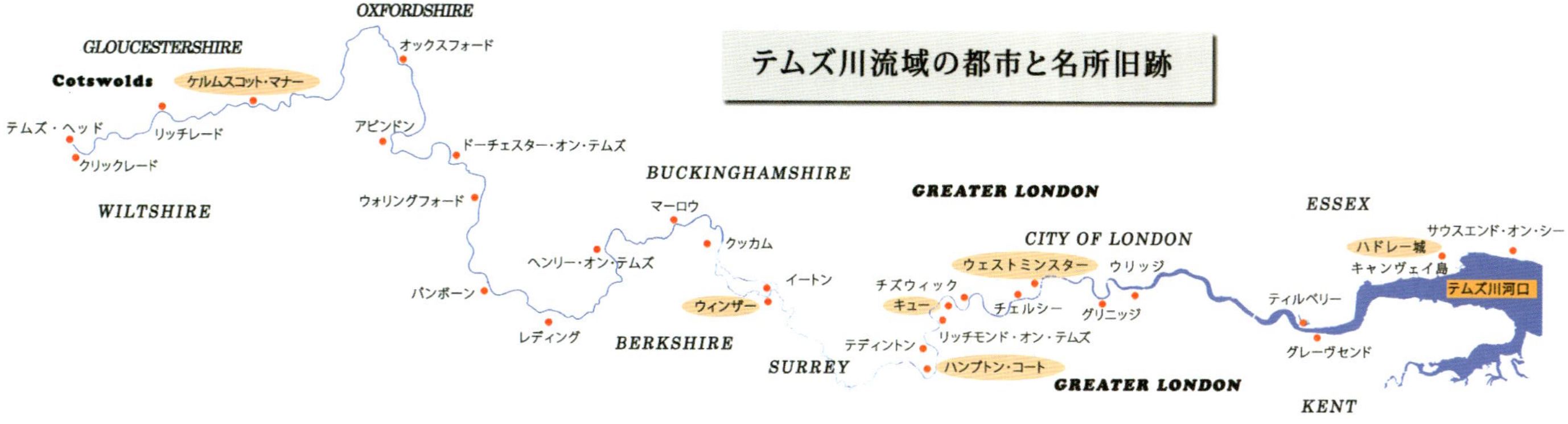

【はじめに――大いなるテムズ川】

テムズ川*はイギリスを代表する全長約三四〇㎞の川である。イングランド南西部の丘陵地帯コッツウォルズを起点に、美しい田園地帯を蛇行《だこう》しながら多くの支流を吸収し、首都ロンドンを貫通して北海に流れ込んでいる。およそ千年にわたって、王侯貴族は競うように川沿いに宮殿や邸宅*を築いてきた。東からグリニッジ、ロンドン塔、ホワイトホール、ウェストミンスター、リッチモンド、ハンプトン・コート、ウィンザーと、その歴史を今に伝えている。

一六世紀のチューダー王朝以来、テムズ川は王室行事の華やかな儀礼行列《ページェント》の場であり*、国家行事、戴冠式、王族の結婚式、船舶の命名式など、祝賀の道筋となってきた。エリザベス一世の父ヘンリー八世のように、船をランベス*の船倉に停泊させ、川沿いの王宮を往来するなど、テムズは日常の交通路でもあった。一九五三年、現エリザベス女王は戴冠式の後日、テムズ川ページェントを開催。二〇一二年のダイアモンド・ジュビリー（在位六〇周年）に至っては、三五〇年ぶりの大がかりな水上パレードが行なわれるなど、王室とテムズ川の関わりは深い。

またテムズ川は運輸や交通の手段として政治・経済に密接に関わるだけでなく、文学・絵画・音楽にもさまざまな素材を提供してきた。川はさらに、釣りや舟遊び、川沿いの散策など庶民の憩いの場としても親しまれており、七月にはオックスフォード

---

*the Thames

*本章【テムズ川沿いの宮殿】参照。

*第Ⅱ部第二章コラム【イギリス王室とテムズ川ページェント】参照。

*Lambeth　ロンドン中部、テムズ川の右岸。

大学とケンブリッジ大学間で行なわれているボートレース「ヘンリー・ロイヤル・レガッタ*」や王室伝統行事の白鳥のヒナ調査「スワン・アッピング*」など、さまざまな風物詩に彩られている。

テムズ川にはまた別の顔もある。古くからテムズは北からの強風を受ければ、常に北海から高波が押し寄せ、氾濫する危険があった。各世紀にわたって洪水の甚大な被害が記録されてきた。橋は幾度も流され、多数の死者を出し、その脅威ははかりしれないものがあった。長年の議論の末、テムズ川の中に近代的防潮壁*が築かれるようになったのは、二〇世紀も終盤に向かう頃のことであった。

現在のテムズ川は、ドックランズ*やウォーターフロントなど東部の再開発が進み、川岸も大きく変貌してきている。開発の過程で川底もきれいにされ、魚や野鳥が生息するまでになり、川沿いの散策のルートも整ってきている*。

◇イングリッシュ・ヘリテッジ

【ハドレー城――テムズ川河口の番人】

ハドレー城*は、イングランド東部、エセックス州のキャンヴェイ島*とテムズ川河口を見渡す高台に立っている。一二三〇年代、ヘンリー三世の廷臣ヒューバート・バーグ*によって着工された。エドワード三世が王位に就いて一〇年後、百年戦争が勃発した時、王はこの城がテムズ川河口をフランスの襲撃から守る戦略上、最適の位置にあることをよく知っていた。王は防衛を一層強化し、一三六〇年代にハドレー城を改造・拡張した。その時、対岸のケント州に新たにクイーンバラ城*も建造した。

一五五一年にエドワード六世が大法官リッチ卿*に売却するまで、ハドレー城は王室

＊本章【ヘンリー・オン・テムズにおける夏の風物詩】参照。
＊Swan Upping
＊本章【テムズ・バリアー――氾濫の歴史と対策】参照。
＊Docklands
＊本章コラム【テムズ・パス（ハンプトン・コートからテムズ・バリアーまで）】参照。
＊Hadleigh Castle
＊Canvey Island
＊Hubert de Burgh (1160?-1243)
＊Queenborough Castle
＊Richard Rich, 1st Baron Rich (1496?-1567)

財産であった。一六世紀には、ヘンリー八世の三人の王妃（キャサリン・オヴ・アラゴン、アン・オヴ・クレーヴズ*、キャサリン・パー*）が次々、離婚させられたり、また死別で未亡人になったりしたため、寡婦産*（相続財産）の一部としてこの城を譲り受けた。しかしその後、使用する者もないまま石材は教会建築用に転用され、城は放置された。その結果、エドワード三世が建てた二つの丸塔を除き、城の大半は一七世紀になるまでに廃墟と化してしまったのである。

一八一四年に廃墟を訪れたジョン・コンスタブルは、一八二九年に油絵《ハドレー城*》を創作、同年にロイヤル・アカデミー*に出展した。一三世紀の城、ハドレー城のスケッチはロンドンのテイト・ブリテン*に展示されているが、油絵の方はアメリカのイェール大学英国美術センター*が所蔵している。

現在、廃墟はイングリッシュ・ヘリテッジの管理下にある。廃墟に隣接する約五〇〇エーカー（約二㎢）におよぶハドレー・カントリー・パーク*は、森林、草地、湿地、干潟など多様な環境に恵まれ、野鳥の安息地である。ここでは星の観測から宝探しまでさまざまなイヴェントが行なわれ、ウォーキングをする人たちにも人気がある。二〇一二年の夏季オリンピックでは、近くのハドレー・ファームがマウンテンバイクの競技場となった。

《ハドレー城》
（ジョン・コンスタブル、1829）

ハドレー城

* Anne of Clèves (1515-57)
* Catherine Parr (1512-48)
* widow right
* *Hadleigh Castle, The Mouth of the Thames — Morning after a Stormy Night*
* The Royal Academy of Arts
* Tate Britain　ミルバンク地区にある国立美術館。一六世紀チューダー朝から現代までのイギリス美術が時代順に展示されている。
* Yale Center for British Art
* Hadleigh Country Park

◇イングリッシュ・ヘリテッジ

【海港都市ティルベリーの活力】

ティルベリー*はテムズ川の河口の北岸にある海港都市で、対岸の港町グレーヴセンド*との川幅が約七三〇mと狭く、しかも水深があるという利点によって、古くから要塞都市でもあった。両岸はフェリーで結ばれていて、その昔、ティルベリーの北部で放牧されていた羊と羊毛を運ぶための渡瀬《わたせ》としても使われていた。

一四〜一五世紀には、このフェリーの運航を守るために暫定《ざんてい》的な要塞が築かれていたが、ヘンリー八世は一五三九年、敵船がテムズ川を遡上してロンドンに接近するのを防ぐため、二階建ての要塞*を建てた。当初、この要塞は「隠者の砦*」と言われた。その由来は、一五三六年の修道院解体によって破壊された修道院（隠者の家*）の跡地に建てられたことによる。一五八八年、スペインの無敵艦隊による侵略を想定してイングランド南部に厳重な防衛態勢がとられ、ティルベリーにはレスター伯ロバート・ダドリー*の率いる防衛軍が配置されていた。エリザベス一世は我が身を省みず、ティルベリーに軍隊を閲兵し、兵士たちを激励する名演説*をしたことは後世まで語り継がれている。

現在、ティルベリーに残っている要塞はチャールズ二世の時代に再建されたもので、一七世紀の軍事技術の成果がよくわかる。今も保存状態が良く、イングリッシュ・ヘリテッジの管理の下、歴史遺産見学場所の一つとなっている。またティルベリー港はサウサンプトン*、フィーリクストウ*と並んでイギリスの三大コンテナ基地であり、木材や紙製品の主要港として活気がある。

---

* Tilbury
* Gravesend
* D型をした要塞。曲線部が川に面している。
* the Hermitage Bulwark または Thermitage Bulwark
* hermitage
* Robert Dudley, 1st Earl of Leicester (1533-88)
* 「私はこの戦いのただ中で、あなた方と生死を共にする覚悟であり（略）塵の中へ命も投げ捨てる覚悟である。」
* Southampton　イングランド南部の貿易港。
* Felixstowe　イングランド東部サフォーク州。

ティルベリーの歴史遺産

【ロンドン港の誕生と拡張】

テムズ川の北岸には古くから先住民の集落があり、ここをローマ人が占拠した。彼らの軍事拠点として、城塞をめぐらした都市ロンディニウムが形成されていく。ロンディニウムとはロンドンのラテン名である。四一〇年にローマ人が引き上げた後、ここには新しく商業が栄え、ヨーロッパ各地に開かれた商い取引の場となっていった。その間、アングロ・サクソン民族、デーン人、ノルマン人の権力の交代があったが、それらの歴史を見届けながら自らも発展してきたのが、ロンドン港である。

商業の玄関口として、ロンドン港が誕生するまでにはさまざまな苦労があった。ロンドン港がロンドン橋から下流に向かって発展してきたのは、橋が石造りに作り変えられた一一七六年から一二〇九年にかけてのことである。橋の上には建物が連なり、アーチ型の橋脚が大型船の遡航を阻んでいた。当時のロンドン港は、現在のロンドン旧市街（シティ）を臨むテムズ川とその流域の埠頭《ふとう》を指していた。ノルマン・タワー（現在のロンドン塔*）の管理人は河川の管理も引き受けていた。川岸が埋め立てられ、東から西にビリングズゲイト*、ダウゲイト*、クイーンハイズ*と呼ばれる船着き場（水門）が生まれ、両岸に埠頭が作られていった時代である。

一六世紀の半ば、それまでの鉛《なまり》、錫《すず》、羊毛などの原材料の輸出に代わって毛織物工業が発達したため、イギリスの海外貿易は飛躍的に伸び、大型船が入港するようになった。そのため、ロンドン橋より上流にある水門ダウゲイトとクイーンハイズが機能しなくなり、ロンドン橋から下流の地域（プール*）の開発が必要となった。この頃、王室の特許を得た多くの独占的貿易会社*が盛んに作られていった。その中の一つ東イン

《ロンドン港》（クロード・モネ、1871）

*Tower of London
*Billingsgate
*Dowgate
*Queenhithe　hithe は川岸に造られた船着き場のこと。
*pool　ロンドン橋のすぐ下流の水域を指す。
*東インド会社（一六〇〇年）の他、マーチャント・アドベンチュアラーズ、スペイン会社等々があった。

ド会社は、シティ近くまで大型船が遡航できないので、テムズ川のはるか下流のブラックウォール*に船を係留させ、ここを拠点に造船所や倉庫、事務所を構えた。

一八世紀の初頭、船舶の大型化や貿易量の増大に伴い、ロンドン港の狭さと非効率性が問題視され始めた。ドック（埠頭）建設を許可するウェスト・インディア・ドック法*（一七九九）やロンドン・ドック法*（一八〇〇）が可決されることによって、アイル・オヴ・ドッグズやワッピングをはじめ、テムズ川の広大な下流地域にドックの建設時代を迎えるのである。*

【ロンドン橋は何度も落ちた】

テムズ川に最初に木の橋が架けられたのは紀元一世紀頃、ローマ人の手による。現在のロンドン橋のあたりだと推測されているが、定かではない。もともとロンドン橋はテムズ川をのぼってくる外敵を防ぐための城塞であった。一〇一三年、ロンドンに侵略してきたデーン人たちを阻止するために、ロンドン橋を落とした（焼け落としたという説もある）と言われている。

中世になると石造りの橋が架けられた。ヘンリー二世*が一一七六年に着工、完成はジョン王の治世の一二〇九年だった。一八世紀半ばにウェストミンスター橋*ができるまでの五〇〇年余りの間、ロンドン橋はテムズ川に架かる唯一の橋だった。一九のアーチ型の橋脚のために大型船の航行は不可能で、小型船ですら急流を通り抜けるのは非常に危険なことだった。その結果、橋の周辺のシティが陸上交通を独占し、その後の発展につながった。わずか六mほどの幅しかないロンドン橋の上には、住居や商店、

＊Blackwall

＊the West India Dock Act

＊the London Dock Act

＊本章【ドックランズの発展】参照。

＊Henry II（1133-89）

＊Westminster Bridge

聖トマス教会。下船した場所から入ることができた

トマス・ベケットを祀った聖トマス教会も建てられた。

石のロンドン橋は完成後わずか三年で火災に遭った。火は住居に燃え移り三〇〇〇人もの生命を奪った。その後も火災や天災による橋の劣化が進み、一三八一年に改修が行なわれた。橋はまた犯罪人の首をさらす場所でもあった。一三〇五年、橋の北側の門に、スコットランドの英雄ウィリアム・ウォレス*の生首がさらされたのをはじめ、一五三五年にはトマス・モア*、一五四〇年にはトマス・クロムウェル*など幾人もの政治犯が処刑され、同じ運命の道を辿った。

一八世紀には老朽化が進んだロンドン橋を建て替える計画が浮上し、一九世紀になってジョン・レニー*の案が受理された。一八二五年に着工した工事が、彼の死後、息子の手で一八三一年に完成。新しい橋は、旧橋より上流三〇mのところに架けられ、幅は一五mとなったが、慢性的な交通渋滞を解消するために、一九〇二年から二年かけて、約四m増幅した。

一九六七年には再び、橋を建て直す話が進んだ。ジョン・モーレム建設会社*が請け負った橋は一九七二年に完成。翌年、エリザベス二世が開通式を執り行なった。レニーのロンドン橋は一九六八年、アメリカ人の事業家ロバート・マカロック*に売却。橋は解体されて大西洋を渡り、アリゾナのハヴァス湖*で復元された。

ロンドン橋の開通式（1831 年 8 月 1 日）

＊William Wallace (1272?-1305) スコットランド独立のためにエドワード一世に反抗して戦った。

＊Thomas More (1478-1535) ヘンリー八世の離婚に反対した。

＊Thomas Cromwell (1485-1540) 再婚相手にと彼が選んだアン・オヴ・クレーヴズがヘンリー八世には不評で王の怒りを買い、失脚のきっかけとなった。

＊John Rennie (1761-1821) スコットランドの土木技術者。ウォータールー橋や数々の運河建設に関わった。

＊John Mowlem Ltd. 建築家ジョン・モーレム (John Mowlem, 1788-1868) を創業者とするイギリスの老舗建設会社。二〇〇六年にカリリオン社 (Carillion PLC) に吸収された。

＊Robert McCulloch (1911-77)

＊Lake Havasu

【リヴァーサイド・パブの歴史】

テムズ川の下流、北岸のワッピング*は倉庫街であったが、今ではアパートが連なる地区に変わっている。ここに一五四三年以来の歴史をもつ、ロンドンでもっとも古いリヴァーサイド・パブがある。一七世紀ごろまで「悪魔の居酒屋*」と呼ばれ、密輸業者や悪党、海賊がたむろしていた。一八世紀、火事で焼失した後に再建され、近くに停泊していた船に因んで名前を「ウィットビーのプロスペクト号亭*」に改めた。ウィットビーはヨークシャーのかつての漁港で、一八世紀、大型の石炭船の大半がここで造られていた。ジェームズ・クックが石炭船を改造した小型帆船「エンデヴァー号*」に乗って、世界一周の航海に出たのはこの港からである。ウィットビーの名と歴史は、このロンドン・パブによって人々の記憶に留められている。一七世紀のサミュエル・ピープス、一九世紀のチャールズ・ディケンズ、ホイッスラー*やターナーなど歴代の作家や画家たちが通ったパブであり、二〇世紀中頃にはアメリカの男優カーク・ダグラス、ポール・ニューマンなど、有名人たちのお気に入りの場であった。

対岸のロザハイズ通り*には、「メイフラワー号亭*」という歴史が詰まったイギリスの美しい遺産パブがある。一八世紀に「シッピー*」という名のパブが改築されて、現在の「メイフラワー号亭」となった。一六二〇年に清教徒たち*が、イギリス南西部プリマスからアメリカに向けて出航したときに乗った帆船「メイフラワー号」に因んで

乗船客を争奪し合う船頭たち
（トマス・ローランドソン、1812）

---

*Wapping

*Devil's Tavern

*Prospect of Whitby, 57 Wapping Wall, London E1W 3SH

*HMS *Endeavour*

*James Abbott McNeill Whistler (1834-1903) 米国の画家。

*Rotherhithe Rd

*The Mayflower Pub, 117 Rotherhithe Street, Rotherhithe, London, SE 16 4NF <http://www.mayflowerpub.co.uk/>

*The Shippe

*Puritans　彼らはのちに Pilgrim Fathers と呼ばれた。

命名されたパブで、メイフラワー号は、このパブ近くの海から出航したと伝えられている。この船は元々貨物船としてイギリスとヨーロッパ各国の交易で活躍しており、ロザハイズが母港だった。巡礼者たちをマサチューセッツ州プリマスに送り届けて一年後に帰国した後、この地で解体されたと伝えられている。船長クリストファー・ジョーンズ*が眠る聖メアリー教会墓地は、「メイフラワー号亭」のすぐ近くにある。

同じくロザハイズ通りの「エンジェル亭*」は、ピープスやジェームズ・クックがパトロンとして贔屓《ひいき》にしていたパブである。一五世紀に近隣のバーモンジー小修道院*の修道士たちにゲストハウスとして管理されていたが、宗教改革後にエンジェルと改名された。クックは、このパブでオーストラリア行きの準備をし、船員を調達した。二〇世紀に入り、戦争と経済不振でこの界隈は荒地となった。一八五〇年代に再建された現在の「エンジェル亭」は、その後しばらく荒廃したままだったが、今は完全に内部が改装されている。ただ昔から変わることのないのはパブから臨むシティへの川沿いの景色で、タワー・ブリッジ、ロンドン塔、そして超高層ビル群の眺めを楽しむことができる。

---

* Captain Christopher Jones (1570?-1622)
* The Angel, 101 Bermondsey Wall E, London SE16 4NB
* Bermondsey Priory

メイフラワー号亭

エンジェル亭

【ドックランズの発展】

アイル・オヴ・ドッグズ*はイースト・エンド*に位置し、かつては島だった。湾曲するテムズ川によって東、南、西の三方が囲まれている。湿地帯だったアイル・オヴ・ドッグズは、一八〇二年にウェスト・インディア・ドック、一八〇五年に島の西のワッピングにロンドン・ドック、一八〇六年には東のブラックウォールにイースト・インディア・ドック*がオープン、さらにその後も続々ドックがオープンして、貿易の拠点として発展していくことになった。

一八四〇年にはロンドン・ブラックウォール線によって、アイル・オヴ・ドッグズはロンドンと結ばれた*。また一八四三年には、マーク・イザムバード・ブルネル指揮の下、ワッピングとロザハイズ間にテムズの川底を通る世界初のトンネルが開通した*。この界隈は「船員町」として知られ、迷路のような小道のいたるところに雑貨商、食堂、酒屋、船員たちの宿屋があった。

イギリス帝国の貿易が盛んになるにつれ、ドックの重要性は増大していく。一八四〇年代に、特定の物品の関税が撤廃されたことも、埠頭や倉庫の建設に拍車をかけ

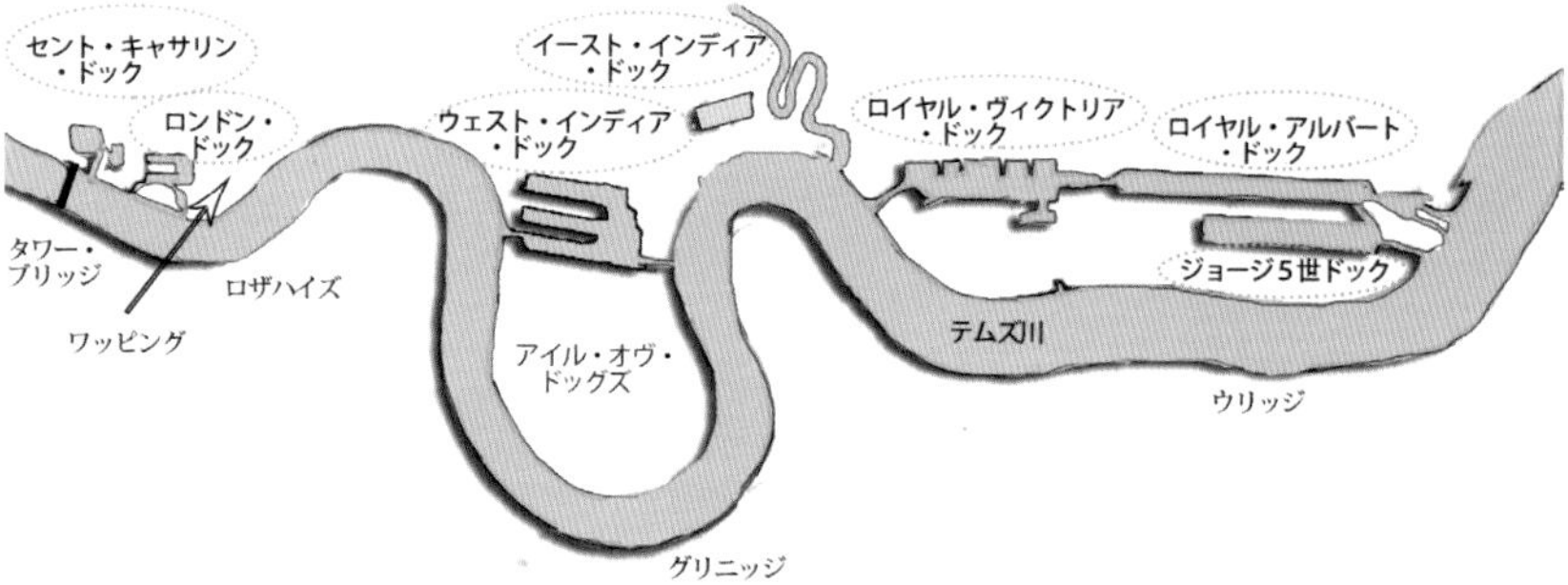

＊Isle of Dogs
＊East End　ロンドン東部の商工業地帯。昔の貧困地区から脱して再開発されている。
＊East India Dock

イースト・インディア・ドック
（ウィリアム・ダニエル、1808）

＊一九二六年に廃線した。
＊本章【テムズ・トンネル】参照。

た。香辛料、砂糖や肉、コーヒーやココアやティー、ワインやたばこ、羊毛や毛皮、東洋の絨緞など、世界中から多種多様な食料や物品がここに集結した。一方、船と埠頭間で荷物運搬をしていたライターズ（はしけ船頭）*は、自由にドックに接近できる「水域無料条例」*によって権利を保護され、大型のコンテナが導入される一九六〇年代まで従事できた。

第二次世界大戦中、ドック一帯は大きく破壊された。戦後、一時は再建したものの、一九六八年、下流のティルベリーにコンテナ船停泊地がオープンすると、ドックランズのドックは次々に閉鎖していった。一九八一年にロンドン・ドッグランズ開発法人*がニューナム、*タワー・ハムレット、*サザーク*の再開発を進めることになり、アイル・オヴ・ドッグズもその一部となった。一九八七年にシティとドックランズを結ぶ鉄道、ドックランズ・ライト・レイルウェイ*の開通によって、ロンドンの経済はもとより報道機関もドックランズに続々と進出してきている。ちなみに『タイムズ』紙は倉庫街のワッピングに移転。現在、ドックランズの開発の中心地はカナリー・ワーフ*であり、シティに次いでロンドンで二番目のビジネス地域として賑わっている。

グリニッジから対岸のドックランズを臨む
前景中央はクィーンズ・ハウス

---

*lighters　ロンドン特有の呼び名。Lightermen が一般的。
*free-water clause
*London Docklands Development Corporation (LDDC)
*Newham
*Tower Hamlets
*Southwark
*Docklands Light Railway
*Canary Wharf

【テムズ・トンネル】

テムズ・トンネル*は、ロンドン最古の水底トンネルである。一八二五年、マーク・イザムバード・ブルネル*の総指揮のもとテムズ川南岸のロザハイズ*から北岸のワッピング間をつなぐ掘削《くっさく》が始まった。息子のブルネル*も二〇歳の時から作業に加わっている。テムズ川は世界貿易の要路として、海路で運びこまれる莫大な物資の輸送の便を図るためにも、トンネル工事は国際的な関心を呼んでいた。

一八四三年三月二五日にトンネルは開通した。ブルネル考案のシールド工法*を使った世界初のトンネルである。三度にわたる浸水事故と死者発生など、作業員の苦戦と犠牲があっての完成であった。開通式では、楽隊を先頭に一般参列客の行列が約三七〇mのトンネル全行路を行進し、最初の二四時間で五万もの人が通り抜けたと伝えられている。七月にはヴィクトリア女王夫妻が遊覧船でトンネルの視察に訪れている。

シールド工法を使ったトンネルの工事状況（1830年頃）

トンネルは当初、馬車による輸送路として考案されたものであったが、完成時には、すでに馬車の時代から鉄道の時代*にシフトしていたため、一台の馬車も通ることはなかった。一八六五年、トンネルはイースト・ロンドン鉄道会社*に買い取られ、ロンドンの地下鉄網の一部として、地下鉄イースト・ロンドン・ラインが開通した。二〇〇七年、延伸工事のため一時閉鎖され、二〇一〇年以降はロンドン地上線*のネットワークの一部となっている。

---

* Thames tunnel
* Marc Isambard Brunel (1769-1849)
* 地下鉄ロザハイズ駅の近くにブルネル博物館がある。The Brunel Museum, Railway Avenue, Rotherhithe, London, SE16 4LF <http://www.brunel-museum.org.uk/>
* 第Ⅲ部第二章【二人の吊り橋技師】参照。
* Shield technology　地盤の崩壊を防ぐため、円筒形のシールドの中で鉄やコンクリート製ブロックを組み立てながら掘削していく。
* 第Ⅲ部第二章【鉄道時代の到来】参照。
* East London Railway
* London Overground

【テムズ・バリアー――氾濫の歴史と対策】

テムズ川は、昔からロンドンの生命線であると同時に、生命を脅かすものでもあった。そもそもロンドンの大部分は、河川の氾濫によってできた「氾濫原」と呼ばれる平坦な低地であった。西はウェストミンスターからシティの大半を含む領域、また南岸のサウスバンクから対岸のタワー・ブリッジ以東のドックランズにいたるまで、川の氾濫は絶えなかった。『アングロ・サクソン年代記*』には、一〇九九年の聖マーティン祭の日(一一月一一日)に洪水によって甚大な被害が出たことが記されている。チューダー朝の歴史家ジョン・ストウの年代記*には、一二三六年の川の氾濫で、ウリッジ一帯の湿地が海と化して多くの人や家畜が溺死し、ウェストミンスター宮殿*のグレート・ホール*(現在の国会議事堂の大ホール)の屋内で、法律家たちが小舟を漕《こ》いでいたことなども記録されている。

その後もテムズ川の一帯は多くの被害に見舞われた。北海の潮位が上昇すると、テムズ渓谷およびロンドンそのものが海側に沈下していったからである。一九世紀の後半、ヴィクトリア・エンバンクメント*が造られていたとき、想定される最大の潮の高さに防壁を建てるようにと、川沿いの地主に指令が出された。しかし皆がそれに従ったわけではなく、一八八一年、川は想定水位を超えて氾濫した。

一九二八年一月に起こったテムズ川の氾濫は、クリスマス時の大雪が原因だった。強風でテムズ川に流れ込む北海からの潮流と、川の上流から押し寄せる激流がぶつかって氾濫した。一九五三年、イングランド東部とテムズ川河口が氾濫し、三〇〇人以上の人命が失われるという大被害を蒙った。このときまで何ら具体的な対策をとら

---

* *Anglo-Saxon Chronicle*　一世紀から一一五四年までの古代の出来事を記している。
* John Stow (1525?-1605) *Annals of England Chronicles* (1580) として知られている。
* Palace of Westminster
* Westminster Hall　一八三四年火事の唯一の焼け残り部分。
* Victorian Embankment　ロンドンのテムズ川沿いの道路。

なかった政府は、ようやく対策委員会を立ち上げ、テムズ横断の障壁《バリアー》の必要性を論じた。すでに一九三〇年代から障壁のことは提案されてきたのだが、船舶の運航などが障害だった。一九六八年、ティルベリー上流のあたりが障壁の計画場所に挙げられ、テムズ・バリアー＊の着工に至ったのである。

　ウリッジに川を堰《せ》き止めるテムズ・バリアーの建設が始まったのは、一九七四年である。一九八二年の一〇月に操業。翌年の八三年二月には上潮《あげしお》の危険があったため、初めて水門が閉められた。バリアーは川幅五二〇m、コンクリート製の九つの防壁は水面下五〇mの石灰岩を土台に造られている。氾濫時には三〇分以内に海面下のゲイトが上昇して、川の流れを堰《せ》き止めるようになっている。操業から今日まで一〇〇回を超えて作動し、危険を未然に防いでいる。

　現在、そのバリアーの寿命も二〇三〇年までが限界だと言われている。イングランドの地層が東の方に傾斜して海に滑りこんでいくため、テムズの水位は年々八㎜ずつ上昇し、二〇年もしないうちに水位がバリアーを超える恐れがあるからだ。二〇三〇年までの洪水の発生確立は二〇〇〇分の一のようであるが、大都会ロンドンの地下には排水管を伝って大半の支流がテムズ川に流れ込んでいるため、大雨が続けば、大河は増水する。またテムズ川を長く堰き止めれば汚染物質がたまり、川の魚や野生生物の生態系が崩れることなど、問題は山積している。しかしロンドンの下流で放流できれば、新しい障壁・防波堤は必要なくなるだろうと政府環境庁＊は考え、現在、対策に乗り出している。

＊Thames Barrier

テムズ・バリアー
毎年、テムズ川の水位が上がっている

＊The Government's Environmental Agency

【王室ゆかりの地――グリニッジ】 ▼世界遺産

ロンドン南東部に位置する港町グリニッジ*は、一四二八年、ヘンリー五世の弟グロスター公ハンフリー*が荘園を建設して以来、王室と深い関わりを持つようになった。一五世紀後半、ヘンリー六世*はテムズ川岸から南の丘陵一帯を荘園にし、チューダー王朝の始祖、ヘンリー七世*がそれを宮殿へと変えた。続くヘンリー八世*とその娘たち、メアリー一世もエリザベス一世もこのグリニッジ宮殿*で生まれた。スチュアート時代に入った一七世紀、イニーゴ・ジョーンズはジェームズ一世の王妃アン*の依頼により、宮殿クィーンズ・ハウス*の建設にとりかかった。これはイオニア式の柱が立ち並び、長方形の箱型をしたイギリス初のパラディオ様式*の建築物である。

時を知らせる赤いタイム・ボール

一七世紀後半、チャールズ二世はクリストファー・レンに依頼して、丘の上に今も残るレンガ造りの王立天文台*を作らせ、ジョン・フラムスティード*を初代天文台長*に任命した。一八三三年以来、この天文台の屋根にある赤い球（タイム・ボール）が上下に動き、テムズ川を航行する船や道行く人々に時を知らせていた。フラムスティードの天文観測記録は長らく航海術の基礎になり、一八世紀には二代目の台長で、天文学者のエドモンド・ハレー*が、ハレー彗星《すいせい》の周期性を立証した。こうした功績から、一八八四年のワシントン会議で、

---

*Greenwich 「緑の村」を意味する。
*Humphrey of Lancaster, 1st Duke of Gloucester (1390-1447)
*Henry VI (1421-71 在位 1422-61, 1470-71)
*Henry VII (1457-1509 在位 1485-1509)
*Henry VIII (1491-1547 在位 1509-47)
*Greenwich Palace
*Anne of Denmark (1574-1619)
*Queen's House 一七六一年からはバッキンガム・ハウスと呼ばれた。
*Palladian イタリアのアンドレア・パラーディオ (Andrea Palladio, 1508-80) が創始した古典主義様式の建築。
*Old Royal Observatory 一六七五年設立。
*John Flamsteed (1646-1719)
*Astronomer Royal
*Edmund Halley (1656-1742)

経度ゼロが引かれ、グリニッジ標準時（GMT）*が採用されることになった。

一方、オランダからやって来たウィリアム三世*は、老朽化して使わなくなったグリニッジ宮殿を取り壊し、その跡地にクリストファー・レンに王立海兵隊病院（グリニッジ病院*）の建設を、またヴェルサイユ宮殿の庭園を設計したアンドレ・ル・ノートル*にグリニッジ・パークの設計を依頼した。病院は東西に分割配置され、クィーンズ・ハウスからテムズ川が眺望できるように工夫された。公園は、約七四ヘクタール（約七万四〇〇〇㎡）の広大な芝地に散歩道が対角線状に走る斬新なデザインが特徴である。入所者が減った病院は一八七三年、王立海軍大学*となった。一九九八年に王立海軍が撤退してからは、グリニッジ大学*とトリニティ音楽学校*が使用している。またクィーンズ・ハウスは国立海洋博物館*に転じ、王立天文台は一九五七年に南部サセックス州のハーストモンスー城*に、さらに一九九〇年にはケンブリッジに移転、一九九八年には閉鎖して王室航海暦局*に統合された。

グリニッジのもう一つの呼び物は、イギリスの繁栄の歴史の一面を物語るカティー・サーク号*である。一八六九年に進水し、インドや中国からイギリスに新茶を輸送したこの快速帆船*は、一九三八年に最後の航海を終えたあと、一九五七年からグリニッジ埠頭近くに記念館として保存展示されていた。二〇〇七年、放火によって損傷したが、その修復も終わり、二〇一二年四月より博物館として一般公開されている。グリニッジは一九九七年にユネスコ世界遺産に登録された。

＊Greenwich mean time

＊William III（1650-1702 在位 1689-1702）

＊Royal Hospital for Seamen at Greenwich　退役軍人を生涯看取るチェルシー・ホスピタルをモデルにした。

＊André Le Nôtre (1613-1700)

＊Old Royal Naval College　ポーツマスから移転した。

＊University of Greenwich

＊Trinity College of Music　二〇〇五年、ダンス学校と合併し、トリニティ・ラバン・コンセルヴァトワール大学 (Trinity Laban Conservatoire of Music and Dance) となった。

＊National Maritime Museum

＊Herstmonceux Castle

＊Her Majestic Nautical Almanac Office

＊*Cutty Sark*

＊tea-clipper

【テムズ川沿いの宮殿】

チューダー朝のテムズ川は現在の道路に匹敵する重要な交通手段であった。テムズ川は足代わりで、渡し守のギルド*が川の交通を取り仕切っていた。当時、川沿いには主要な王宮が立ち並んでいた。東からグリニッジ宮殿*、ロンドン塔、ウェストミンスター宮殿、キュー宮殿*、リッチモンド宮殿、ハンプトン・コート宮殿*、ウィンザー城*である。

ロンドン塔

ロンドン塔*（世界遺産）の歴史は、ローマ人が市壁の東南に造った砦の跡にウィリアム征服王が建てたホワイト・タワーから始まり、以後、四〇〇年余り王の居城であった。一六世紀、ヘンリー八世は、ヨーク大司教トマス・ウルジー*の豪邸であったヨーク・パレス（後のホワイトホール宮殿*）とハンプトン・コート宮殿を手に入れ、王家の主要な住まいとしたため、ロンドン塔は居城としての役割を失い、宗教・政治犯の牢獄として使用されるようになった。ヘンリー八世の離婚に反対したトマス・モア卿、王の二番目の妃でエリザベス一世の母アン・ブーリンなどがここに監禁され、処刑された。一六六〇年の王政復古以降、ロンドン塔は博物館に生まれ変わった。塔内のジュエル・ハウス*には、帝国王冠や即位の時の宝器が展示されている。一九八八年に世界文化遺産に登録された。

ウェストミンスター宮殿（世界遺産）は一一世紀の建立以来、歴代の王のロンドンでの居城だった。宮殿の最古

*guild　中世ヨーロッパにできた商工業者の同業組合。
*本章【王室ゆかりの地――グリニッジ】参照。
*Kew Palace
*Hampton Court
*Windsor Castle
*Thomas Wolsey (1475-1530)
*Whitehall Palace　バンケティング・ハウスが唯一現存。
*Jewel House

の部分で一〇九七～九九年に建造されたウェストミンスター・ホール（グレート・ホール）はウィリアム二世*が建てたものである。一五一二年の火事によって大部分が焼失した後、ヘンリー八世はホワイトホール宮殿を主なるロンドン居城としたため、ウェストミンスター宮殿は議会や裁判所として使用されていた。一八三四年の大火でウェストミンスター・ホール、ジュエル・タワー、聖メアリー教会の地下室*、聖ステファンの回廊*を残して焼失した。その後改修し、国会議事堂*という現在の姿になった。宮殿に付属する時計塔（ビッグ・ベン*）には一三・五トンの重さの鐘が吊るされている。一九八七年に世界文化遺産に登録された。

　ハンプトン・コート宮殿は、元は荘園の邸宅（マナー・ハウス*）であったが、一二三六年にヨハネ騎士団が地所を手に入れ、農地として使用していた。一五一四年にウルジーが建造したハンプトン・コートをヘンリー八世が居城として以来、三〇〇年間、王室の宮殿として使用された。王はテニス・コートを加え、庭園を全面的に改修。大掛かりな増改築をし、現在のハンプトン・コート宮殿の礎を築いた。一七世紀に入ってクリストファー・レンによる拡張工事が行なわれた。一五四〇年にニコラス・ウルシアン*によって作られた宮殿の天文時計*は、時刻、曜日、日付、満潮時、月の相、黄道十二宮を教えてくれる。

　リッチモンド宮殿*はウェストミンスターから南西一四㎞、現在のリッチモンド・グリーンの近くに、一五〇一年、ヘンリー七世によって造られた。もともとこの地にはヘンリーお気に入りのシーン宮殿*があった。長子アーサーと次男ヘンリー（後のヘンリー八世）は幼少期をここで過ごした。しかし一四九七年のクリスマスの日、宮殿が大火

＊William II (1056?-1100)

＊Undercroft Chapel of St Mary

＊Cloisters of St Stephen

＊British Houses of Parliament

＊Big Ben　エリザベス二世在位六〇年を記念し「エリザベス・タワー」と改称。

＊manor house　荘園は封建的領主権に基づいた領主の所領。

＊Nicholas Oursian (or Urseau)　フランス人の時計職人。

＊The Astronomical Clock

＊Richmond Palace

＊Sheen Palace

で焼失したため、王は新しい住居の建設を命じ、ヨークシャー一門の伯爵位*に因《ちな》み、その地をリッチモンドと改名した。ヘンリー七世はこのリッチモンドで死去。ここはヘンリー八世がハンプトン・コートに移るまでの居所であり、その後はヘンリーの四番目の妻アン・オヴ・クレーヴズの離婚後の居城となり、エリザベス一世はここで亡くなっている。一七世紀の中頃から一八世紀初期に宮殿の大半が取り壊され、建造物で残っているのはゲイト・ハウス*、ワードローブ*、トランペターズ・ハウス*だけである。

キュー宮殿（世界遺産）はロンドンのキュー・ガーデンにある王室のかつての住まいで、一六三一年に建設され、王宮としては最も小さい。オランダ風切妻《きりづま》屋根を有していることからダッチ・ハウス*と呼ばれた。一七三〇年代にジョージ二世妃キャロライン*が三人の娘たちの住居として使用。一七八一年にはジョージ三世が購入し、子育ての住居とした。一八一八年、王妃シャーロットはこの宮殿で死去。一八八七年にヴィクトリア女王が国家に寄贈するまで、断続的に王家の居城として使用された。キュー・ガーデンは、一七五九年にジョージ三世の母オーガスタ*がこの地所で庭園造りをしたことに始まる。キュー・ガーデンの方はヴィクトリア女王が戴冠した一八三七年に国家に寄贈され*、二〇〇三年にキューは世界遺産に登録された。

ウィンザー城は現存する居城としては世界で最古で最大の建物である。ウィリアム征服王がロンドンを西から侵略するために建てた城である。外壁やラウンド・タワー*と呼

ハンプトン・コート宮殿

リッチモンド宮殿ゲイト・ハウス

＊ヘンリー七世はヨークシャーのリッチモンド伯爵。
＊Gate House　一五〇一年建立。
＊Wardrobe
＊Trumpeters' House
＊Dutch house
＊George II (1683-1760 在位 1727-60) Caroline of Ansbach (1683-1737)
＊Augusta of Saxe-Gotha-Altenburg (1719-72)
＊一八九八年から一般公開された。
＊Round Tower　城の本丸 (Keep) 部分。

ばれる本丸を支える盛り土は当時と同じ位置である。一二世紀、ヘンリー二世*はラウンド・タワーや居室などを再建。この城で生まれたエドワード三世は城を拡張し、創設したガーター勲爵士団*のために聖ジョージのホールを建造。聖ジョージ・チャペルはエドワード四世が建築を始め、ヘンリー八世の時代に完成した。ここには現在、一〇人のイギリス王が埋葬されている。*城の南のウィンザー・ホーム・パークには一七世紀後半に建てられた王室の別邸フロッグモー・ハウス*がある。ヴィクトリア女王は夫アルバート公の死後、この別邸に二人のための霊廟*を建立した。一九〇一年、女王は崩御。霊廟には大理石で造られた二人の彫像が並んで眠っている。

ウィンザー城

【ウィンザー城を臨む名門イートン校】

ロンドンから西郊バークシャー州、テムズ川の北岸にイートン校*がある。対岸にウィンザー*城を臨むイートン校は、ヘンリー六世*が一四四〇年に創立した。広く生徒を募ったという意味で「パブリック・スクール*」であり、現在、一三歳から一八歳までの少年が学ぶイギリスでもっとも有名な男子全寮制の中・高等学校である。

創立当時、七〇名の生徒全員が「王の学徒*」として学費を免除されていた。ヘンリー六世はケンブリッジ大学キングズ・カレッジも設立しており、イートンを卒業した生徒は、そこへ進学する道が開かれていた。数百年を経た現在、生徒の大半は上流富裕

* Henry II（1133-89 在位 1154-89）
* Order of Knights of the Garter
* エドワード四世、ヘンリー六世、ヘンリー八世、チャールズ一世、ジョージ三世、ジョージ四世、ウィリアム四世、エドワード七世、ジョージ五世、ジョージ六世。
* Flogmore House
* Flogmore Mausoleum または Royal Mausoleum
* Eton College
* Winsor はアングロ・サクソン語「曲がりくねった岸辺」に由来。
* Henry VI（在位 1422-61, 1470-71）
* public school　ウィンチェスター校、ハーロー校、ラグビー校などがある。
* King's Scholars　現在では王室奨学金給費生を指す。

階級の子弟で、学校は高額の授業料と基本財産からの収益と寄付で経営が成り立っている。試験によって選ばれた全校生徒約一三〇〇名のうち七〇名（各学年一四名）は王室奨学金を受けている。王室奨学金給付生はコレッジ*と名が付いた寮舎に住み、オピダンス*と呼ばれる残りの生徒たちはハウス（学生寮）に住んでいる。一九世紀の半ば、教育組織の統制の一環として学生服が導入された。黒い燕尾《えんび》服、チョッキ、細縞のズボンにタイというイートン校の制服は、イギリスの少年たちのファッションや他校の制服にも大きな影響を与えた。王室奨学生は黒いガウンの着用が義務付けられている。

イートン校は、これまで各界の著名人を多く輩出してきた。詩人のパーシー・シェリー*、作家のオルダス・ハクスリー*、また首相となった者はデイヴィッド・キャメロンで一九人目である。またエリザベス二世の孫であるウィリアム王子とヘンリー王子*もイートンの卒業生である。イートンとウィンザーの町を結ぶウィンザー橋*は八〇〇年の歴史を持ち、一八九七年まで通行料が必要だった。クリストファー・レンは幼少の頃、父親*とウィンザー城の公邸に住んでいたが、建築家になると橋の南岸に自分の家を設計した。現在は、橋の通行料徴収人の小屋も含めて、サー・クリストファー・レン・ホテル・アンド・スパ*として生まれ変わり、営業している。

イートン校

*College

*Oppidans 町 (oppidum) の子。町に下宿していたことに由来。

*Percy Bysshe Shelley (1792-1822) 代表作『鎖を解かれたプロメテウス』（一八二〇）。

*Aldous Huxley (1894-1963) 代表作『すばらしい新世界』（一九三二）。

*Prince Henry of Wales (1984-) 通称はハリー (Harry)。

*Winsor and Eton Bridge

*ウィンザー城ジョージ・チャペルの首席司祭。

*Sir Christopher Wren Hotel & Spa, Thames Street, Windsor, Berkshire SL4 1PX <https://sirchristopherwren.co.uk/>

【ヘンリー・オン・テムズにおける夏の風物詩】

テムズ川の上流、オックスフォードシャーのヘンリー・オン・テムズと言えば、ボートレースのメッカである。ヘンリー・ロイヤル・レガッタ*と呼ばれる世界的に有名なボートレースが毎年七月第一週にこの町で開催されている。レガッタという言葉は、一四世紀にヴェネツィアで行なわれていたゴンドラ競争「レガータ」(Regata)に由来する。この地で最初に行なわれたボートレースは、一八二九年のオックスフォードとケンブリッジの大学対抗戦であった。ただし、レガッタとしての催しは一八三九年が初年度となる。

当初、ヘンリーの市《フェア》の呼び物的な行事でしかなかったボートレースが、やがてアマチュアのスポーツから世界的な競技レガッタへと定着していった。二レーンしかないコースを二隻のボートが川中島のテンプル・アイランドをスタートし、一・四五マイル（二km強）上流のゴールを目指す。ゴールまではおよそ七分で、次のレースは五分後にはスタートする。勝ち抜き式で競い合い、参加レースが多ければその分、慌ただしくなる。初年のヘンリー・レガッタは一日で済んだが、翌年には二日、一八八六年には三日、一九〇四年からは四日、一九八六年からは五日間と、徐々に人気が高まっていった。一八五一年、ヴィクトリア女王の夫君アルバート公が王室最初のレガッタ後援者となり、ヘンリー・ロイヤル・レガッタと呼ばれるようになった。

レガッタではコックス*が付く場合、付かない場合、エイト*、フォア*、スカル*など、合計一九種目が行なわれる。特にエイトと呼ばれる八人の漕ぎ手によるグランド・チャレンジ・カップ*を争うレースは一八九三年に始まり、海外からも強豪クルーが参加す

＊Henley Royal Regatta

《ヘンリー・レガッタ》（ジェームズ・ティソ、1877?）

＊cox　舵取り。
＊eight　八人漕ぎボートレース。
＊four　四人漕ぎボートレース。
＊scull　オールを両手に一本ずつ持って漕ぐレース。
＊Grand Challenge Cup

る。一九九三年には初めて女性がシングル・スカル*に参加した。

ヘンリー・ロイヤル・レガッタは、スポーツ競技であると同時に、上流階級の社交場でもある。女性たちは派手な帽子に華やかな衣装で登場。男性たちは白ズボンにストライプのブレザー、そしてネクタイにボーター*と呼ばれる麦わらのカンカン帽という正式の出で立ちで観戦する。ちなみにブレザー(blazer)のblazeは「赤く燃える」という意味。ヘンリー・ロイヤル・レガッタの競技で着ていた、真っ赤に燃えるボート・ジャケットからこの言葉が生まれたと言われている。

一九九八年、エリザベス二世は、テムズ川とこの町のボートレースの歴史を讃え、建築家デイヴィッド・チッパフィールド*による斬新なデザインのリヴァー&ローイング・ミュージアム*をオープンさせた。

ヘンリー・オン・テムズ駅

*single scull　一人乗りでオールを二本使用する。

*boater

*David Alan Chipperfield (1953-)　ベルリン新博物館の修復など、現代英国を代表する建築家。

*River & Rowing Museum, Mill Meadows, Henley on Thames, Oxfordshire RG9 1BF <http://rrm.co.uk/>

コラム【テムズ・パス（ハンプトン・コートからテムズ・バリアーまで）】

テムズ・パスは、テムズ川に沿って歩けるフット・パスで、一九八七年にナショナル・トレイル (National Trail) として認可された。テムズ・パスに沿って歩けば、源流からロンドンの下流まで歩くことができる。グレーター・ロンドン* (Greater London) 内のテムズ・パスは、最寄りの駅やバス停から八〇〇mを超えることはない。パスは大半が舗装されているため特別な装備をしなくても危険はなく、散策に疲れたり天候が危うくなったりすれば早々に退散できる利点がある。ただしロンドン以西のテディントン (Teddington) とキュー間のテムズ・パスは満潮時に水が溢れることがあるらしく、事前に情報を得ておくことが必要である。

テムズ・パスの標識

テムズ川には往来する船便があるので、行きは徒歩で帰りは船、という楽しみ方もある。テムズ・クリッパーズ (Thames Clippers) は大手船会社で、ヴォクスホール* (Vauxhall) からセントラル・ロンドンを通ってウリッジ (Woolwich) まで運行している。その他、ハンプトン・コートからリッチモンド間、あるいはウェストミンスターからグリニッジ間を航行する小船会社も数多い。

シェイクスピア・グローブ座

テムズ・パスは博物館、アート・ギャラリー、歴史建造物など魅力に溢れる楽しい発見ができる歩道でもある。ケルムスコット・ハウス* (Kelmscott House) のウィリアム・モリスのコレクション、ランベスのガーデン博物館* (Garden Museum)、バンクサイドのシェイクスピア・グローブ座* (Shakespeare's Globe) などはその一例である。テイト・ブリテンやテイト・モダン* (Tate Modern) のように、第一級でしかも無料という博物館もある。無料ということでは、チューダー朝様式のフラム・パレス* (Fulham Palace) やグリニッジ・ヘリテッジ・センター (Greenwich Heritage Centre) も立ち寄りたい場所である。またグリニッジの国立海洋博物館*やカナリー・ワーフのロンドン・ドックランズ博物館 (the Museum of London Docklands) は、イギリス海洋史やテムズ川交易史に関する豊富な展示物を見ることができる。

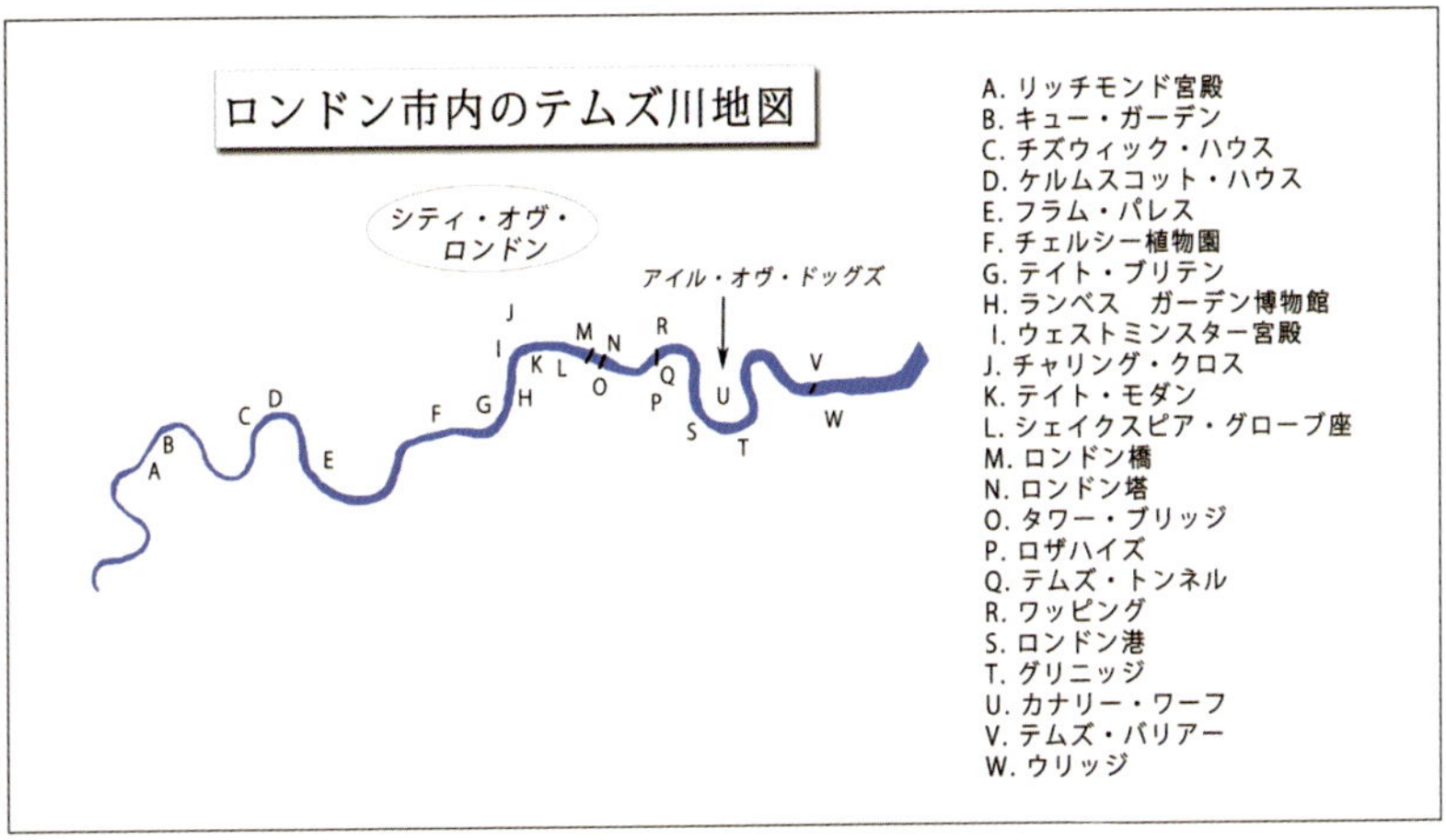

＊グレーター・ロンドン　シティ（City of London）とこれを囲む三二区から成る大ロンドン。

＊ヴォクスホール　ロンドンのランベス（Lambeth）区、テムズ川南岸の地域。

＊ケルムスコット・ハウス　一八七八年からモリス一家が住んだ家。ハマースミスに位置し、コッツウォルズのケルムスコット・マナーに因んで名前をつけた。第Ⅲ部第一章【モリスの理想郷――赤い家とコッツウォルズの村々】参照。

＊ガーデン博物館　ランベス宮殿に隣接。以前「庭園史博物館（Museum of Garden History）」と呼ばれていたように、庭園の歴史を知るために造られた。

＊シェイクスピア・グローブ座　テムズ川南岸、サザーク地区に一五九九年、グローブ座が開業し、シェイクスピアの戯曲を上演していた。一九九七年、同じ場所に復元された。

＊テイト・モダン　テムズ川沿い、サウス・バンク地区にある国立近現代美術館。以前の発電所を再利用している。

＊フラム・パレス　七〇〇年から約一三〇〇年間、ロンドン司教（ローマ・カトリック）・主教（国教会）の公邸として使用されていた。

＊本章【王室ゆかりの地――グリニッジ】参照。

コラム【チェルシー・フィジック・ガーデン】

ロンドン・シティの南西、テムズ川の北岸に広がるチェルシー（Chelsea）は、古くから多くの文人に愛された優雅で閑静な町である。＊落ち着いた住宅街を抜けると、チェルシー・ブリッジの麓に高い赤レンガの塀に囲まれたチェルシー・フィジック・ガーデン（Chelsea Physic Garden）がある。

フィジック・ガーデンは、ロンドン最古の薬草園で、一六七三年、ロンドン薬剤師名誉協会(the Worshipful Society of Apothecaries of London)によって、薬剤師育成と研究用薬草栽培を目的として創設された。イギリスでは一六二一年創設のオックスフォード大学植物園(The University of Oxford Botanic Garden)に次いで二番目に古い。一八世紀に王立協会*(the Royal Society)の会長ハンス・スローン卿*(Hans Sloane, 1660-1753)によって買い取られ、私営の薬草園として薬剤師名誉協会に永久貸与された。スコットランドの園芸家フィリップ・ミラー(Philip Miller, 1691-1771)が半世紀にわたる在職中、世界各地から多く品種を集めたため、薬草園は一躍有名になった。一七三〇年代になると、スイスの植物学者カール・リンネが数回訪れている。一八九九年、薬草園は市の教区財団(the City Parochial Foundation)に引き継がれ、一九八三年、ついに一般公開されることとなった。

フィジック・ガーデンの入口

現在、世界中から集められた植物は七〇〇〇種にものぼり、薬草だけで約四〇〇種ある。園内には、植物と採集者の関係がひと目でわかる薬草園の歴史の道ヒストリカル・ウォークが作られ、ウィリアム・フォーサイス(William Forsyth, 1737-1804)、ジョゼフ・バンクス、ロバート・フォーチュン*(Robert Fortune, 1812-80)など園芸家、植物学者、プラント・ハンター*らの名前を冠した植物の区画が連なっている。フォーサイスにはモクセイ科のレンギョウが、バンクスにはマグノリア(モクレン)が、フォーチュンには黄色の八重のバラが、各区画で彼らの偉業を称えている。

一九九七年、アレグザンドラ王女*(Princess Alexandra, 1936-)がこの薬草園に教育部門を設置したことにより、年間を通じてさまざまなイヴェントが行なわれ、植物について学

フォーチュンが中国から持ち帰ったヤシ科の木(唯一残っているもの)

この小路を辿っていけば、植物園に関わった人たちの歴史的功績が学習できる

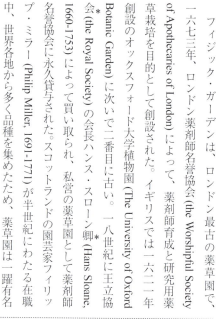

びや発見が体験できる貴重なガーデンとして、子供にも大人にも愛されている。

＊一六世紀のトマス・モア、一九世紀にはトマス・カーライル、オスカー・ワイルドらが住んだ。
＊**王立協会**　一六六〇年、チャールズ二世によって設立された科学学会。
＊**ハンス・スローン**　第Ⅲ部第二章【知の集積——大英博物館】参照。
＊**ロバート・フォーチュン**　プラント・ハンター。中国からインドへ「茶の木」を持ち出した。
＊第Ⅲ部第二章【キュー・ガーデンとプラント・ハンター】参照。
＊**アレグザンドラ王女**　ジョージ六世の弟ケント公ジョージの娘。

コラム【テムズ川沿いの村々の文化的遺産】

ドーチェスター・オン・テムズ (Dorchester-on-Thames) は伝統的なイギリスの古き良き村である。オックスフォードから南東、約一三kmに位置するこの村は、映画『ハワーズ・エンド』＊(*Howards End*) やテレビドラマ「バーナビー警部」(Midsomer Murders) などのロケ地としても知られている。かつてはローマ軍団の駐屯地であり、アングロ・サクソン時代の古都であった。六三四年、司教ビリヌス (St Birinus, 600?-49) がキリスト教の布教を行ない、ドーチェスター・オン・テムズは司教座となった。この司教座は七世紀後半にウィンチェスターに州都が移されるまで、実質上の中枢機関区だった。一二世紀に建造されたドーチェスター・アビー (Abbey Church of St Peter & St Paul, Dorchester) の外観は地味ともいえるが、内部の建築構造はノルマン様式とゴシック様式が見事に調和している。

ドーチェスター・オン・テムズから南に川を下れば、パング川 (River Pang) と合流する地点、マス釣りで知られるパンボーン (Pangbourne) に至る。パンボーンは、児童文学者ケネス・グレアム (Kenneth Grahame, 1859-1932) の作品『たのしい川べ』(*The Wind in the Willows*, 1908) によって一躍有名になった村である。下流のクッカム (Cookham) までのテムズ川を舞台にした物語には、四匹の動物（モグラ、大ネズミ、ヒキガエル、アナグマ）が登場する。これはグレアムが身体の不自由な息子のために作った作品である。個性の強いわがままヒキガエルの冒険を描きながら、イギリスの階級社会や人間界を風刺した物語は、大きな反響を呼んだ。

クッカム村には二〇世紀に活躍した宗教・風景画家スタンリー・スペンサー (Stanley Spencer, 1891-1959) の画廊がある。彼が「天国の村」と呼ぶクッカムに生まれたスペンサーは、この村の風景と人々をこよなく愛した。日常生活のリアリズムと想像力が生み出す幻想が奇妙に混交する画風が特徴で、テムズ・パス近くに建つ教区教会とその墓地を多く絵にした。ジョン・ダン*(John Donne, 1572-1631) からインスピレーションを得たという絵画《復活》(*The Resurrection, Cookham*, 1724-27) には教区墓地が描かれ、スペンサーと村の仲間たちが墓から眠たそうに蘇る姿が描かれている。テムズ川の伝統儀式を描いた代表作《クッカム村の白鳥調べ》(*Swan Upping at Cookham*, 1914-19) は、ロンドンのテイト・ブリテンで鑑賞できる。

*『ハワーズ・エンド』 E・M・フォースターの小説の映画化。

*ジョン・ダン イギリスの詩人で聖職者。セント・ポール大聖堂の司祭長を務めた。ダンは墓地を「天国の神聖な地」と捉えた。

あとがき

本書『イギリス・ヘリテッジ文化を歩く――歴史・伝承・世界遺産の旅』は、『イギリス祭事カレンダー――歴史の今を歩く』（二〇〇六年）、『映画を通して知るイギリス王室史――歴史・文化・表象』（二〇〇九年）（ともに彩流社）に続くイギリス文化研究の第三弾である。本書執筆にあたり、できるだけ生きた資料を得るため、私たちは毎年、イギリスへフィールド・ワークに出掛けた。こうした現地体験を通して、今回の「旅」と「ヘリテッジ文化」というキーワードが生まれた。

二〇一〇年はイングランドを時計周りに旅するハードな計画を立てた。ブリストルを拠点にバース、テトベリー、ティンターン・アビーを訪問。その後、北上して湖水地方からハドリアヌスの城壁へ。そしてダラム、ヨークの遺跡を訪ねて南下した。二〇一一年はハロゲイト、ファウンテンズ・アビー、そしてダーウェント川に沿ってマンチェスターに向かい、廃墟や温泉地、産業遺産を辿った。二〇一三年はテムズ川流域の都市開発や歴史遺産を訪ねる冬の旅だった。二月の粉雪舞うテムズ川河口のハドレー城の廃墟をはじめ、ティルベリー要塞、ドックランズを巡り、テムズの氾濫を食い止めてきた大規模な防波堤テムズ・バリアーも視察できた。

二〇一四年の旅の前半は、コーンウォール地方のアーサー王関連の史跡巡りをした。グラストンベリーを手始めに、南の港湾都市プリマスに拠点を移し、ティンタジェル城、ペンザンスそしてジュラシック海岸を回った。足場の悪い山道を登ってなんとか頂上のティンタジェル城へたどり着くことができた日もあれば、プリマスでは突風と大雨で傘がまったく機能しないなか、ずぶぬれになってメイフラワー号が出港した海岸を歩く日もあった。ペンザンスでは幸い干潮だったため、対岸の島セント・マイケルズ・マウントまで歩いて往来できた。同年旅の後半は東のイースト・アングリア地方に移動し、聖地ウォルシンガムに詣でた。昔は聖地まで裸足で歩いたといわれる田舎道およそ一マイルを、私たちも巡礼の歩幅で辿った。

本書の原稿を出版社に送る段階になった二〇一五年、私たちはスコットランドの戦地と聖地の旅を計画した。エディンバラを拠点に北はセント・アンドリューズ、スターリング、パースへ。悲劇の女王メアリが囚われていた湖の孤島ロッホ・レーヴェンの廃墟へは小型ボートで渡った。南のスコティッシュ・ボーダー地方へはこの年に開通したばかりのボーダーズ鉄道を利用し、メルローズやジェドバラの修道院などいくつかの廃墟を巡った。またイングランドの北東海岸沖の聖地ホーリー・アイランドへも、干潮時にミニバスで渡った。

傍目から見れば酔狂な旅に映るかもしれないが、毎回、疲労困憊するほどのハード・スケジュールをこなす旅であった。今回、こうした旅から得られた新しい情報と写真を本書に生かすことができるのは、うれしい限りである。

イギリスはヘリテッジ文化、満載の国である。どんな切り口で、そしてどんな流れで本書を作っていくのか——縦糸と横糸がなかなか決まらないまま、出版までかなりの年月が経ってしまった。最初の二年間は基礎的ツーリズムの知識習得に時間をかけたが、これは、本書の具体的構想を練るときに役に立った。構成や項目の選択、歴史的実証性などもっと深く検討すべき点が多々あるとは思うが、本書を手にされた方たちの率直なご意見、ご批判をいただければ幸いである。

今回の出版に関して各方面からさまざまな援助をいただいた。名城大学ならびに愛知淑徳大学の学生さんたちの協力もあった。序と第I部第一章の七点のイラスト画は愛知淑徳大学英文学科の学生、中島早也香さんによるものである。また膨大な数の資料整理、地図の一部下書き、地名検索、索引の原稿作りには名城大学理工学部の福岡耕、林孝之、高木健太郎、久田勇貴（四名はすでに卒業）、中野雅之さんらが協力してくれた。なお二七点にわたるフォトショップ加工の図解・地図作成の責任はすべて宮北にある。

最後になったが、毎年、フィールド・ワークを続けるにあたり名城大学、愛知淑徳大学から研究ならびに実験実習費等による助成をいただいてきたことは大きな支えであり、特に二〇一二年には、宮北が勤務する名城大学から一年間の国内研究の機会を賜り、母校、同志社大学でイギリス文化研究ができたこと、さらにまた二〇一四年には平林の勤務校愛知淑徳大学から平成二六年度研究助成（特定課題研究）を賜り、本書に関わる史跡調査を充実させることができた。そしてなによりも、彩流社の真鍋知子さんの助言と丁寧な校正、編集作業があってこそ本書が完成したと言っても過言ではない。この場を借りて、皆様方に心から感謝申し上げる次第である。

二〇一六年六月

著者

イギリス祭事カレンダー

978-4-7791-1190-7 C0026(06.09)

歴史の今を歩く　　宮北惠子／平林美都子著

1年間の多彩な祭りでみるイギリスの素顔。クリスマスからロック・フェスまで、現在イギリスで行なわれている祭事の起源と変容を、風土・歴史・宗教・文学との関係をみながら紹介する。66の伝統的祭事・祝日・新しいイヴェントが登場。好評２刷！　Ａ５判並製　2000円＋税

英国庭園を読む

978-4-7791-1682-7 C0026(11.11)

庭をめぐる文学と文化史　　安藤 聡著

なぜ英国はガーデニング王国なのか――「庭園」を語り、自分の「庭」を楽しむ文学者たち。英国の「庭園史」と「文学史」をあわせて辿ることで、英国文化の特質に迫る《英国庭園の文化史》。英国内の庭園80余りを紹介。「英国主要庭園ガイド」付。好評２刷！　四六判上製　2800円＋税

イギリスの四季

978-4-7791-1805-0 C0026(12.07)

ケンブリッジの暮らしと想い出　　石原孝哉／市川 仁／伊澤東一／宇野 毅編著

四季の移り変わり、日々の暮らし、人の交流……。ケンブリッジ大学に在籍した研究者らでつくる「ケンブリッジ日本人会」の面々がそれぞれに語る、生き生きとしたイギリス案内。四季折々のイギリスの魅力や、日々の様子に触れる。　四六判並製　1800円＋税

大人のためのスコットランド旅案内

978-4-7791-2095-4 C0026(15.05)

江藤秀一／照山顕人編著

NHK連続テレビ小説『マッサン』のほか、英国からの独立住民投票で話題となり、注目をあびるスコットランド。スコットランド通の執筆者23名が送る、大人のための旅案内。コラムも充実して、この１冊でスコットランドの楽しみ方がわかります！　Ａ５判並製　2500円＋税

ジョイスを訪ねて

978-4-88202-1925-5 C0026(13.12)

ダブリン・ロンドン英文学紀行　　中尾真理著

「文学」が「旅」を豊かにする――。ダブリンの一日を描いたジェイムズ・ジョイスの『ユリシーズ』(1922) の読書会に十数年参加する著者による「ジョイス詣で」の旅。「文学」を訪ねる旅の面白さを伝える紀行エッセイ。　四六判上製　2500円＋税

欲ばりな女たち

978-4-7791-1816-6 C0022(13.02)

近現代イギリス女性史論集　　伊藤航多／佐藤繭香／菅 靖子編著

なぜ彼女たちは「成功」したのか――。18～20世紀、近代化が進むなかで、「女性らしさ」を生かして自己実現を果たした女性たち。イギリス史における女性の貢献を再考し、近現代イギリス女性史に新たな視野を提供する。　四六判上製　3500円＋税

「語り」は騙る

978-4-88202-1990-3 C0098(14.03)

現代英語圏小説のフィクション　　平林美都子著

アトウッド、ブルックナー、バーンズ、ウィンターソン、フォースター、マンスフィールド、ロバーツ、イシグロ等、「解釈を拒む」テクストを取り上げ、「語り」が「騙り」となってどのようにフィクションの可能性を広げていくのか、その諸相を見る。　四六判上製　2800円＋税

◉著者紹介◉

宮北 惠子（みやきた・けいこ） 名城大学理工学部教授。NHK文化センター（名古屋）講師。
同志社大学英文学科卒。同博士前期課程修了。
著書・訳書：『映画を通して知るイギリス王室史——歴史・文化・表象』（平林との共著、彩流社、2009）、『飛翔する夢と現実——21世紀のシェリー論集』（共著、英宝社、2007）、ケイト・ショパン『目覚め』（共訳、南雲堂、2007）、『イギリス祭事カレンダー——歴史の今を歩く』（平林との共著、彩流社、2006）ほか。

平林 美都子（ひらばやし・みとこ） 愛知淑徳大学文学部教授。博士（文学）。
名古屋大学英文学科卒。同博士後期課程修了。
著書・訳書：『「語り」は騙る——現代英語圏小説のフィクション』（彩流社、2014）、ジャネット・ウィンターソン『パワー・ブック』（英宝社、2007）、『表象としての母性』（ミネルヴァ書房、2006）、『「辺境」カナダの文学——創造する翻訳空間』（彩流社、1999）ほか。

イギリス・ヘリテッジ文化《ぶんか》を歩《ある》く——歴史《れきし》・伝承《でんしょう》・世界遺産《せかいいさん》の旅《たび》

2016年7月31日 発行　　定価はカバーに表示してあります

著　者　宮北 惠子／平林 美都子
発行者　竹内淳夫

発行所　株式会社　彩流社
〒102-0071　東京都千代田区富士見2-2-2
電話　03-3234-5931　FAX　03-3234-5932
http://www.sairyusha.co.jp
sairyusha@sairyusha.co.jp
印刷　モリモト印刷㈱
製本　㈱難波製本
装幀　桐沢 裕美

落丁本・乱丁本はお取り替えいたします

ISBN978-4-7791-2230-9 C0026

◉人名索引◉

◉地名・遺跡・建造物索引◉

【マ行】

【ラ行】

【ヤ行】

【ワ行】

◉参考文献◉

［　　］内は本書図版掲載ページ

◉序　太古の自然と石のロマン

Atchison-Jones, David. *Atchison's Complete Hills of Britain: Southern England*. Vol.1. Jingo Wobbly, 2008.

Aubrey, Burl. *A Guide to the Stone Circles of Britain, Ireland and Brittany*. Yale UP, 2005.

Brimacombe, Peter. *Salisbury and Stonehenge*. Pitkin, 2009.

Cleal, R. M. J., et, al. *Stonehenge in its Landscape: Twentieth-Century Excavations*. English Heritage, 1995.

Duff, P. Mcl D. and A. J. Smith, eds. *Geology of England and Wales*. Halsted P, 1992.

Newman, Paul. *Lost Gods of Albion: the Chalk Hill-Figures of Britain*. History P, 2009.［p.22］

Swarbrick, Olaf. *A Gazetteer of Prehistoric Standing Stones in Great Britain*. British Archaeological Reports, 2012.

飯田正美『イギリス伝説紀行――巨人、魔女、妖精たち』松柏社、2005.

蟹澤聰史『石と人間の歴史――地の恵みと文化』中央公論新社（中公新書）、2010.

シャックリー、M.『石の文化史』鈴木公雄訳、岩波書店、1982.

ホーキンズ、ジェラルド・S『宇宙へのマインドステップ――ストーンヘンジから ET まで』木原英逸・鳥居祥二訳、白揚社、1988.

――『ストーンヘンジの謎は解かれた』竹内均訳、新潮社（新潮選書）、1983.

モエン、ジャン - ピエール『巨石文化の謎』蔵持不三也監修、後藤淳一・南條郁子訳、創元社、2000.

山田英春『巨石――イギリス・アイルランドの古代を歩く』早川書房、2006.

ワーニック、ロバート『巨石文化の謎』タイムライフブックス編集部編、杉山良平訳、タイムライフブックス、1977.

◉第 I 部　旅の始まり

【第 1 章　ローマの支配】

Breeze, David. *Hadrian's Wall*. English Heritage, 2009.

Orde, Peter, and Jim Crow. *Hadrian's Wall (The National Trust Guidebooks)*. Tempus, 2008.

Pickering, Sarah, ed. *Roman Britain*. Pitkin, 2005.

――. *In and Around Bath*. Pitkin, 2009.

ゴールズワーシー、エイドリアン『カエサル』（下巻）宮坂渉訳、白水社、2012.

サルウェイ、ピーター、編『オックスフォード　ブリテン諸島の歴史、第 1 巻、ローマ帝国時代のブリテン島』鶴島博和日本語版監修、南川高志監訳、慶應義塾大学出版会、2011.

藤原武『ローマの道の物語』原書房、1985.

ヘイウッド、ジョン『ケルト歴史地図』井村君江監訳、倉嶋雅人訳、東京書籍、2003.

紅山雪夫『イギリスの古都と街道』（上・下巻）トラベルジャーナル、1999.

【第 2 章　アーサーを巡る旅】

Coghlan, Ronan. *The Illustrated Encyclopaedia of Arthurian Legends*. Haughton Mifflin, 1995.

Drake, Jane, ed. *King Arthur*. Pitkin, 2004.

Grimwood, Shelley, ed. *Knights of the Round Table*. Pitkin, 2004.

Littleton, C. Scott, and Linda A. Malcor. *From Scythia to Camelot: A Radical Reassessment of the*

Legends of King Arthur, the Knights of the Round Table, and the Holy Grail. Routledge, 2000.
Wood, Michael. *In Search of Myths & Heroes: Exploring Four Epic Legends of the World*. U of California P, 2005. [p.42]
青山吉信『アーサー伝説——歴史とロマンスの交錯』岩波書店、1985.
井村君江『コーンウォール——妖精とアーサー王伝説の国』東京書籍、1997.
ゴドウィン、マルコム『図説 聖杯伝説——その起源と秘められた意味』平野加代子・和田敦子訳、原書房、2010.
バーバー、リチャード『アーサー王——その歴史と伝説』高宮利行訳、東京書籍、1983.
ブレキリアン、ヤン『ケルト神話の世界』田中仁彦・山邑久仁子訳、中央公論社、1998.
マシューズ、ジョン『シリーズ絵解き世界史 4 アーサー王と中世騎士団』本村凌二日本語版総監修、原書房、2007.

●第Ⅱ部 巡礼・王権の旅

【第 1 章 巡礼の旅】

Badone, Ellen, and Sharon R. Roseman, eds. *Intersecting Journeys: the Anthropology of Pilgrimage and Tourism*. U of Illinois P, 2004.
Barron, W. R. J., and Glyn S. Burgess. *The Voyage of St Brendan: Representative Versions of the Legend in English Translation*. Liverpool UP, 2002.
Bury, J. B. *Life of St. Patrick and His Place in History*. Cosimo Classics, 2008.
Gittos, Helen. *Liturgy, Architecture, and Sacred Places in Anglo-Saxon England*. OUP, 2013.
Griffith-Jones, Robin. *The Knight's Templar*. Pitkin, 2011. [p.48]
——. *The Temple Church: A History in Pictures*. Pitkin, 2011.
Hampson, Louise. *York Minster*. Jarrold, 2005.
Herbert, Máire. *Iona, Kells, and Derry: The History and Hagiography of the Monastic Family of Columba*. Clarendon P, 1988.
Johnston, Moria, ed. *Canterbury Cathedral*. Cathedral Enterprises, 2002.
Lloyd, Peter. *Spiritual Britain: A Practical Guide to Today's Spiritual Communities, Centres & Sacred Places*. Pilgrims' Travel Guides, 1998.
McCreary, Alf. *In St Patrick's Footsteps*. Appletree P, 2006.
Meehan, Cary. *The Traveller's Guide to Sacred Ireland: A Guide to the Sacred Places of Ireland, Her Legends, Folklore and People*. Gothic Image, 2002.
Michell, John. *Sacred England: A Guide to the Legends, Lore and Landscape of England's Sacred Places*. Gothic Image, 2008.
National Trust, ed. *Lindisfarne Castle*. Tempus, 1999.
Palmer, Martin, and Nigel Palmer. *The Spiritual Traveler: The Guide to Sacred Sites and Pilgrim Routes in Britain. England, Scotland, Wales*. Hidden Spring, 2000.
Sadgrove, Michael. *Durham Cathedral: The Shrine of St Cuthbert*. Jarrold, 2010.
Symington, Martin. *Sacred Britain: A Guide to Places that Stir the Soul*. Bradt, 2011.
Wakefield, Gavin. *Holy Places, Holy People: A Guide Through the Holy Places and People of North-East England*. Lion, 2008.
Walsham, Alexandra. *The Reformation of the Landscape: Religion, Identity, and Memory in Early Modern Britain and Ireland*. OUP, 2011.
Webb, Diana. *Pilgrimage in Medieval England*. Hambledon Continuum, 2000.
Williams, Diane M., ed. *Tintern Abbey*. CADW, 2002.

Life in a Monastery. Pitkin, 2007.［p.82］
The Temple Church: Mother-Church of the Common Law. Jarrold, 2009.
青山吉信『聖遺物の世界――中世ヨーロッパの心象風景』山川出版社、1999.
今野國雄『巡礼と聖地――キリスト教巡礼における心の探求』ペヨトル工房、1991.
オーラー、ノルベルト『巡礼の文化史』井本晌二・藤代幸一訳、法政大学出版局、2004.
カヒル、トマス『聖者と学僧の島――文明の灯を守ったアイルランド』森夏樹訳、青土社、1997.
クリス、ルードルフ、レンツ・レッテンベック『ヨーロッパの巡礼地』河野眞訳、文楫堂、2004.
志子田光雄・志子田富壽子『イギリスの修道院――廃墟の美への招待』研究社、2002.
――『イギリスの大聖堂』晶文社、1999.
関谷定夫『荒野を旅する――「聖書における風土・民族・宗教・人間」』梓書院、1995
田中仁彦『ケルト神話と中世騎士物語――「他界」への旅と冒険』中央公論新社（中公新書）、2003.
中央大学人文科学研究所編『ケルト――生と死の変容』中央大学出版部、1996.
鶴岡真弓『聖パトリック祭の夜――ケルト航海譚とジョイス変幻』岩波書店、1993.
鶴岡真弓・松村一男『図説ケルトの歴史――文化・美術・神話をよむ』河出書房新社、1999. 2002.
永嶋大典『英訳聖書の歴史』研究社、1988.
ハインド、レベッカ『図説聖地への旅』植島啓司監訳、原書房、2010.
バターワース、チャールズ・C『欽定訳聖書の文学的系譜 1340~1611』斎藤国治訳、中央書院、1980.
パッチ、ハワード・ロリン『異界――中世ヨーロッパの夢と幻想』黒瀬保・池上忠弘・小田卓爾・迫和子共訳、三省堂、1983.
深山祐『バニヤンの神学思想――律法と恩恵をめぐって』南窓社、2011.
――『英訳聖書の系譜をたずねて』南窓社、2001.
藤代幸一訳著『聖ブランダン航海譚――中世のベストセラーを読む』法政大学出版局、1999.
ブラッドリー、イアン『ヨーロッパ聖地巡礼――その歴史と代表的な 13 の巡礼地』中畑佐知子・中森拓也訳、創元社、2012.［p.88上, p.89］
ベンソン・ボブリック『聖書英訳物語』永田竹司監修、千葉喜久枝・大泉尚子訳、柏書房、2003.
松岡利次編訳『ケルトの聖書物語』岩波書店、1999.
松村賢一『ケルトの古歌『ブランの航海』序説――補遺　異界と海界の彼方』中央大学出版部、1997.
マルクス／ヘンリクス『西洋中世奇譚集成――聖パトリックの煉獄』千葉敏之訳、講談社（講談社学術文庫）、2010.
盛節子『アイルランドの宗教と文化　キリスト教受容の歴史』日本基督教団出版局、1991.

【第２章　イギリス王室の旅と国家儀礼】

▼ イギリス王室、全般

Alexander, Marc. *A Companion to the Royal Heritage of Britain*. Sutton, 2005.［p.108下］
Allison, Ronald, and Sarah Riddell, eds. *The Royal Encyclopedia: Authorised Book of the Royal Family*. Macmillan, 1991.
Barry, Michael Thomas. *Great Britain's Royal Tombs: A Guide to the Lives and Burial Places of British Monarchs*. Schiffer, 2012.
Bourne, Jo, ed. *The Most Amazing Royal Places in Britain: The Palaces, Battlefields and Secret Retreats of Britain's Kings and Queens*. Reader's Digest, 2012.
Brewer, Clifford. *The Death of Kings: A Medical History of the Kings and Queens of England*. Abson, 2012.
Cannon, John, and Ralf Griffiths, eds. *The Oxford Illustrated History of British Monarchy*. OUP, 1988.［p.105］

Doran, Susan, Robert J. Blyth, eds. *Royal River: Power, Pageantry & the Thames*. Scala, 2012.［p.112, p.113, p.118上, p.220］
Harvey, Anthony, and Richard Mortimer, eds. *The Funeral Effigies of Westminster Abbey*. Boydell P, 1994.
Hobsbawm, Eric, and Terence Ranger, eds. *The Invention of Tradition*. Cambridge UP, 2012.
Llewellyn, Nigel. *The Art of Death: Visual Culture in the English Death Ritual c.1500-c.1800*. Reaktion, 1991.
Phillips, Charles. *The Complete Illustrated Encyclopedia of Royal Britain*. Southwater, 2013.
Phillips, Charles, and Richard G. Wilson. *The Complete Illustrated Guide to the Castles, Places & Stately Houses of Britain & Ireland*. Lorenz, 2007.
Schramm, Percy Ernst. *A History of the English Coronation*. Trans. Leopolod G. Wickham Legg. Clarendon, 1937.
カントーロヴィチ、E. H.『王の二つの身体——中世政治神学研究』(上・下巻) 小林公訳、筑摩書房(ちくま学芸文庫)、2003. 2010.
桜井俊彰『イングランド王国前史——アングロサクソン七王国物語』吉川弘文館、2010.

▼ウィリアム征服王
Coad, Jonathan, and Andrew Boxer. *The Battle of Hastings and the Story of Battle Abbey*. English Heritage, 2004.
Parker, Michael St John. *William the Conqueror and the Battle of Hastings*. Pitkin, 2006.

▼リチャード獅子心王および十字軍関連
ジェスティス、フィリス・G『ビジュアル版 中世ヨーロッパの戦い』川野美也子訳、東洋書林、2012.
新人物往来社編『十字軍全史——聖地をめぐるキリスト教とイスラームの戦い』新人物往来社、2011.
ハーパー、ジェイムズ『十字軍の遠征と宗教戦争』本村凌二日本語版総監修、原書房、2008.
ブシャード、コンスタンス・B 監修『騎士道百科図鑑』堀越孝一日本語版監修、悠書館、2011.
プレティヒャ、ハインリヒ『中世への旅　騎士と城』平尾浩三訳、白水社(白水Uブックス)、2010.
ペルヌー、レジーヌ『リチャード獅子心王』福本秀子訳、白水社、2005.

▼エリザベス１世
Archer, Jayne Elisabeth, Elizabeth Goldring, and Sarah Knight, eds. *The Progresses, Pageants, & Entertainments of Queen Elizabeth I*. OUP, 2013.
Ben-David, J, and T. N. Clark, eds. *Culture and Its Creators, Essays in Honor of Edward Shils*. U of Chicago P, 1976.
Strong, Roy. *Splendor at Court: Renaissance Spectacle and Illusion*. Weidenfeld and Nicolson, 1973.
——. *Gloriana: The Portraits of Queen Elizabeth I*. Pimlico, 1987.
——. *The Tudor and Stuart Monarchy: Pageantry, Painting Iconography*. Boydell P, 1995.
Woodward, Jennifer. *The Theatre of Death: The Ritual Management of Royal Funerals in Renaissance England, 1570-1625*. Boydell P, 1997.

▼メアリー・スチュアート＆ジェイムズ１世
Dunn, Jane. *Elizabeth and Mary: Cousins, Rivals, Queens*. Harper Perennial, 2003.

Massie, Allan. *The Royal Stuarts: A History of the Family that Shaped Britain*. Thomas Dunne, 2010.
Warnicke, Retha M. *Mary Queen of Scots*. Routledge, 2006.

▼チャールズ２世

Keay, Anna. *The Magnificent Monarch: Charles II and the Ceremonies of Power*. Continuum, 2008.
Sharpe, Kevin. *Rebranding Rule: The Restoration and Revolution Monarchy, 1660-1714*. Yale UP, 2013.

▼ジョージ４世

Parissien, Steven. *George IV Inspiration of the Regency*. St. Martin's P, 2001.
君塚直隆『ジョージ四世の夢のあと――ヴィクトリア朝を準備した「芸術の庇護者」』中央公論新社、2009.

▼ ヴィクトリア女王

Curry, Jon, and Hugo Simms. *The Queen's London: The Metropolis in the Diamond Jubilee Years of Victoria & Elizabeth II*. History P, 2012.
Jackson, Ashley & David Tomkins. *Illustrating Empire: A Visual History of British Imperialism*. Bodleian Library, 2011.
Morris, Jan. *Heaven's Command: An Imperial Progress (Pax Britannica Trilogy 1, 1973)*. Faber, 1999.
――. *The Climax of an Empire (Pax Britannica Trilogy 2, 1968)*. Faber, 2012.
――. *Farewell the Trumpets: An Imperial Retreat (Pax Britannica Trilogy 3, 1978)*. Faber, 2012.
Murphy, Paul Thomas. *Shooting Victoria: Madness, Mayhem, and the Rebirth of the British Monarchy*. Pegasus, 2012.［p.114下］
Plunkett, John. *Queen Victoria: First Media Monarch*. OUP, 2003
井野瀬久美恵『大英帝国という経験　興亡の世界史第 16 巻』講談社、2007.
川本静子・松村昌家編著『ヴィクトリア女王――ジェンダー・王権・表象』ミネルヴァ書房、2006.
松村昌家・川本静子・長島伸一・村岡健次編『英国文化の世紀 5　世界の中の英国』研究社出版、1996.

▼エリザベス２世

Bond, Jennie. *A Celebration in Photographs of the Queen's Life and Reign*. Carlton, 2013.
Bradley, Ian. *God Save the Queen. The Spiritual Heart of the Monarchy*. Continuum, 2012.
Hardman, Robert. *Her Majesty, Queen Elizabeth II and Her Court*. Pegasus, 2012.
――. *Monarchy: The Royal Family at Work*. Ebury P, 2007.
Hoey, Brian. *Her Majesty 60 Regal Years*. Robson P, 2012.
Lacey, Robert. *A Brief Life of the Queen*. Duckworth Overlook, 2012.
Marr, Andrew. *The Diamond Queen: Elizabeth II and Her People*. Macmillan, 2011.
Paterson, Michael. *Her Majesty Queen Elizabeth II. Diamond Jubilee 1952-2012*. Running P, 2012.
Pearson, John. *The Ultimate Family: The Making of the Royal House of Windsor*. Bloomsbury Reader, 2013.
Titchmarsh, Alan. *Elizabeth, Her Life, Our Times: A Diamond Jubilee Celebration*. BBC Books, 2012.
君塚直隆『女王陛下の外交戦略――エリザベス二世と「三つのサークル」』講談社、2008.
波多野勝『明仁皇太子 エリザベス女王戴冠式列席記』草思社、2012.

▼ ウィリアム王子

Bullen, Annie. *William & Kate: A Royal Souvenir*. Pitkin, 2011. [p.121下]

——. *Catherine Duchess of Cambridge*. Pitkin, 2012.

Georgacarakos, Mariana, ed. *All About Prince William and Kate Middleton Including the Royal Family*. Webster's Digital Services, 2011.

Jobson, Robert. *William & Kate: The Love Story A Celebration of the Wedding of the Century*. John Blake, 2010.

——. *The New Royal Family: Prince George, William and Kate, The Next Generation*. John Blake, 2013.

Johnson, Taft, ed. *A Royal Wedding: Prince William, Kate Middleton and the People and Places Connected to Them*. Webster's Digital Services, 2010.

Junor, Penny. *Prince William Born to be King: the Definitive Biography*. Hodder, 2012.

The Royal Baby Book: A Souvenir Album. Royal Collection Trust, 2013.

クノップ、ギド、編著『王家を継ぐものたち——現代王室サバイバル物語』平井吉夫訳、悠書館、2011.

渡辺みどり『ウィリアム王子——未来の英国王』新人物往来社、2006.

レイスフェルド、ランディ『ウィリアム王子——ダイアナ妃が世界でもっとも愛した少年』渡辺みどり監修、河田俊男訳、講談社、1997.

▼ 王室関連コラム

Bergeron, David M. *English Civic Pageantry 1558-1642*. Edward Arnold, 1971. [p.106上中下]

Brett, Vivien, ed. *Edinburgh*. Pitkin, 2005.

Shepherd, Robert. *Westminster: A Biography from Earliest Times to the Present*. Bloomsbury Academic, 2012.

エリクソン、キャロリー『アン・ブリンの生涯』加藤弘和訳、芸立出版、1990. 1992.

服部昭郎『古都エディンバラ畸人伝——ジョン・ケイが描いたスコットランド啓蒙の時代』昭和堂、2012

マックスウェル、ロビン『王妃アン・ブリンの秘密の日記』居石直徳訳、バベル・プレス、2005.

●第Ⅲ部　自然・産業／文化遺産・余暇

【第1章　自然を旅する】

Burgess, John. *National Trust and English Heritage: A History of the Properties of the National Trust and English Heritage*. John Burgess, 2005.

Doel, Fran, and Geoff Doel. *The Green Man in Britain*. History P, 2010.

Fowler, Claire. *Your guide to Chatsworth (House and Gardens)*. Chatsworth House Trust, 2011.

Gilpin, William. *Observations on the River Wye*. Richmond, 1973.

Groom, Susanne, and Lee Prosser. *Kew Palace: The Official Illustrated History*. Merrell, 2006.

Harte, Jeremy. *The Green Man*. Pitkin, 2004.

Hoskins, W. G. *The Making of the English Landscape*. Penguin, 1985.

Knappett, Gill, ed. *Beatrix Potter*. Pitkin, 2009.

Knoepflmacher, U. C, and G. B. Tennyson, eds. *Nature and the Victorian Imagination*. U of California P, 1977.

Murphy, Graham. *Founders of the National Trust*. National Trust Enterprises, 2002.

Smith, Caroline, and Caroline Boucher, eds. *The Most Amazing Places in Britain's Countryside*. Reader's Digest, 2009.

Wilton, Andrew, and Ilaria Bignamin, eds. *Grand Tour: The Lure of Italy in the Eighteenth Century*. Tate

Gallery, 1997.
Fountains Abbey and Studley Royal. The National Trust, 2005
Lake District Landscapes. The National Trust, 1994.
アンダーソン、ウィリアム『グリーンマン――ヨーロッパ史を生きぬいた森のシンボル』板倉克子訳、河出書房新社、1998.
ウェストビー、ジャック『森と人間の歴史』熊崎実訳、築地書館、1990.
エラール、アンドレ『ジョン・ラスキンと地の大聖堂』秋山康男・大社貞子訳、慶應義塾大学出版会、2011.
岡田温司『グランドツアー――18世紀イタリアへの旅』岩波書店(岩波新書)、2010.
小野まり『図説英国コッツウォルズ――憧れのカントリーサイドのすべて』河出書房新社、2007.
――『図説英国湖水地方　ナショナル・トラストの聖地を訪ねる』河出書房新社、2010.
片木篤『建築巡礼11　イギリスのカントリーハウス』丸善、1988.
――『アーツ・アンド・クラフツの建築』鹿島出版会(SD選書)、2006.
川崎寿彦『庭のイングランド――風景の記号学と英国近代史』名古屋大学出版会、1983.
――『楽園と庭――イギリス市民社会の成立』中央公論社(中公新書)、1984.
杉恵惇宏『英国カントリー・ハウス物語――華麗なイギリス貴族の館』彩流社、1998.
高山宏『庭の綺想学――近代西欧とピクチャレスク美学』ありな書房、1995.
トマス、アラン・G『美しい書物の話――中世の彩飾写本からウィリアム・モリスまで』小野悦子訳、晶文社、1997.
中尾真理『英国式庭園――自然は直線を好まない』講談社(講談社選書メチエ)、1999.
名古忠行『ウィリアム・モリス』研究社、2004.
パーリン、ジョン『森と文明』安田喜憲・鶴見精二訳、晶文社、1994.
ブルース、ダーリング/ダーリング・常田益代『図説ウィリアム・モリス　ヴィクトリア朝を越えた巨人』河出書房新社、2008.
ポールソン、クリスチーン『ウィリアム・モリス――アーツ・アンド・クラフツ運動創始者の全記録』小野悦子訳、美術出版社、1992.［p.146上］
本城靖久『グランド・ツアー――良き時代の良き旅』中央公論社(中公新書)、1983.
水野祥子「ナショナル・トラストと「国民の遺産」」川北稔・藤川隆男編『空間のイギリス史』所収、山川出版社、2005.
森正人『英国風景の変貌――恐怖の森から美の風景へ』里文出版、2012.
横川節子『ナショナル・トラストを歩く』千早書房、2003.
四元忠博『ナショナル・トラストの軌跡――1895～1945年』緑風出版、2003.
ワーズワス、ウィリアム『湖水地方案内』小田友弥訳、法政大学局、2010.

【第2章　産業・文化遺産を旅する】

Buchanan, Angus. *Brunel: The Life And Times of Isambard Kingdom Brunel*. Hambledon & London, 2006.
Claeys, Gregory. *Searching for Utopia: The History of an Idea*. Thames & Hudson, 2011.
Homans, Margaret. *Royal Representations: Queen Victoria and British Culture, 1837-1876*. U of Chicago P, 1998.
McIlwain, John. *Brunel*. Pitkin, 2005.
Smith, P. D. *City: A Guidebook for the Urban Age*. Bloomsbury, 2012.
The Iron Bridge, and Town. Ironbridge Birthplace of Industry, 2001.

宇都宮深志編『サッチャー改革の理念と実践』三嶺書房、1990.
大橋竜太『英国の建築保存と都市再生——歴史を活かしたまちづくりの歩み』鹿島出版会、2007.
小池滋『英国鉄道物語』晶文社、2006.
後藤茂樹編『原色世界の美術　第8巻　大英博物館』小学館、1969.
シャリーン、エリック『図説世界史を変えた50の機械』柴田譲治訳、原書房、2013.
主婦の友社編『エクラン世界の美術第12巻　イギリスA——王室の秘宝と大英博物館』主婦の友社、1981.
出口保夫『物語大英博物館——二五〇年の軌跡』中央公論新社（中公新書）、2005.
土方直史『ロバート・オウエン』研究社、2003.
星名定雄『郵便の文化史——イギリスを中心として』みすず書房、1982.
松居竜五・小山騰・牧田健史『達人たちの大英博物館』講談社（講談社選書メチエ）、1996.
森嶋通夫『サッチャー時代のイギリス——その政治、経済、教育』岩波書店（岩波新書）、1989.
山崎勇治『石炭で栄え滅んだ大英帝国——産業革命からサッチャー改革まで』ミネルヴァ書房、2008.

▼ 博物学・地質学関連

Barber, Lynn. *The Heyday of Natural History*. Jonathan Cape, 1980.
Huxley, Robert, ed. *The Great Naturalists: From Aristotle to Darwin*. Thames and Hudson, 2007.
荒俣宏『大博物学時代——進化と超進化の夢』工作舎、1982.
アレン、デイヴィッド・E『ナチュラリストの誕生——イギリス博物学の社会史』阿部治訳、平凡社、1990.
蟹澤聰史『文学を旅する地質学』古今書院、2007.
中村浩『ぶらりあるきロンドンの博物館』芙蓉書房出版、2006
ブノワ、リュック『博物館学への招待』水嶋英治訳、白水社、2002. 2005.
松宮秀治『ミュージアムの思想』白水社、2003.
吉川惣司・矢島道子『メアリー・アニングの冒険——恐竜学をひらいた女化石屋』朝日新聞社、2003.

【第３章　海浜を旅する】

▼ 海浜リゾート

Brendon, Piers. *Thomas Cook: 150 Years of Popular Tourism*. Martin Secker & Warburg,1991.
Brodie, Allan, Andrew Sargent and Gary Winter. *Seaside Holidays in the Past*. English Heritage, 2005.
Fisher, Stephen, ed. *Recreation and the Sea*. U of Exeter P, 1997. [p.202]
Gray, Fred. *Designing the Seaside: Architecture, Society and Nature*. Reaktion, 2006.
Hannavy, John. *The English Seaside in Victorian and Edwardian Times*. Shire, 2003.
Pearson, Lynn F. *The People's Palaces: The Story of the Seaside Pleasure Buildings of 1870-1914*. Barracuda, 1991.
——. *Piers and Other Seaside Architecture*. Shire, 2002.
Pimlott, J. A. R. *The Englishman's Holiday: A Social History*. 1947, rpt. Harvester, 1976. [p.96, p.205]
Walton, John. *The English Seaside Resort: A Social History 1750-1914*. St. Martin's, 1983.
コルバン、アラン『レジャーの誕生』（上）、渡辺響子訳、藤原書店、2010.
樋口正一郎『イギリスの水辺都市再生——ウォーターフロントの環境デザイン』鹿島出版会、2010.

▼ 温泉

Jones, Chris. *By Royal Appointment or Why do they call it Royal Tunbridge Wells?* Tunbridge Wells: Ink Pot Lithographic, 2009.

蛭川久康『バースの肖像——イギリス 18 世紀社交風俗事情』研究社、1990.

▼ 水治療

Currie, James. *Medical Reports, on the Effects of Water, Cold and Warm, as a Remedy in Fever and Other Diseases, Whether applied to the Surface of the Body, or used Internally*, Vol.1. London: T. Cadell and W. Davies, 1805. http://www.archive.org/details/medicalreportso00currgoog. 2010/05/24

●第Ⅳ部　テムズ川ヘリテッジ

Ackroyd, Peter. *Thames: Sacred River*. Vintage, 2008.［p.215, p.218下］

Briggs, Patricia, ed. *Tilbury Fort*. English Heritage, 2011.

Bruning, Ted. *London by Pub: Pub Walks Around Historic London*. Carlton, 2003.

Clapham, Phoebe. *Thames Path in London*. Aurum, 2012.

Clark, Christine, ed. *Greenwich*. Pitkin, 2011.

Clayton, Phil. *Headwaters: Walking to British River Sources*. Frances Lincoln, 2012.

Conolly, Pauline. *All Along the River: Tales from the Thames*. Robert Hale, 2013.

Cookson, Brian. *Crossing the River: the History of London's Thames River Bridges from Richmond to the Tower*. Mainstream, 2006.

Foley, Michael. *Disasters on the Thames*. History P, 2011.

Galvin, Anthony. *Death and Destruction on the Thames in London*. Golden Guides, 1998. 2013.

Hatts, Leigh. *The Thames Path: From the Sea to the Source*. Cicerone, 2005.

Impey, Edward, and Geoffrey Parnell. *The Tower of London. The Official Illustrated History.* Merrell, 2000.

Sandra Pisano, ed. *Museum of London Docklands: Museum Highlights*. Scala, 2011.

Sargent, Andrew. *The Story of the Thames*. Amberley, 2013.

Sharp, David, and Tony Gowers. *Thames Path in the Country*. Aurum, 2012.

Sinclair, Mick. *The Thames: A Cultural History*. OUP, 2007.

Stevenson, Christine. *The City and the King: Architecture and Politics in Restoration London*. Yale UP, 2013.

Sutcliffe, Anthony. *An Architectural History London*. Yale UP, 2006.

Weightman, Gavin. *London River: The Thames Story.* Trafalgar Square, 1991.

——. *London's Thames: The River that Shaped a City and Its History*. St. Martin's, 2004.

Williams, Roger. *Father Thames: Stories from the Incoming Tide*. Bristol Book Publishing, 2013.

Young, Geoffrey, and Roger Tagholm. *Walking London's Parks and Gardens: 25 Original Walks around London's Parks and Gardens*. New Holland, 1998.

Tilbury Fort. English Heritage, 2011

Windsor Castle. (Official Guidebook) Royal Collection, 2004.

門井昭夫『ロンドンの公園と庭園』小学館スクウェア、2008.

シュウォーツ、リチャード・B『十八世紀ロンドンの日常生活』玉井東助・江藤秀一訳、研究社、1990.

出口保夫『ロンドン・ブリッジ——聖なる橋の 2000 年』朝日イブニングニュース社、1984

蛭川久康・井上宗和『テムズの流れに沿って　写真集イギリスの歴史と文学 2』大修館書店、1979.

歴史学研究会編『港町のトポグラフィ』深沢克己責任編集、青木書店、2006.

▼ ヘリテッジ＆世界遺産

Corner, John, and Sylvia Harvey. *Enterprise and Heritage: Crosscurrents of National Culture*. Routledge, 1991.

Huxley, Victoria, and Geoffrey Smith. *World Heritage Sites of Great Britain & Ireland: An Illustrated Guide to all 27 World Heritage Sites*. Chastleton, 2009.

Reas, Paul, and Stuart Cosgrove. *Flogging a Dead Horse: Heritage Culture and its Role in Post-industrial Britain*. Cornerhouse, 1993.

Scott, Johnny. *A Book of Britain: The Lore, Landscape and Heritage of a Treasured Countryside.* Collins, 2010.

Smith, Laurajane, ed. *Cultural Heritage: Critical Concepts in Media and Cultural Studies*. Vol. III, Heritage as an Industry. Routledge, 2007.

Smith, Roly. *World Heritage Sites of Britain: A guide to all of Britain's world-class places of interest.* AA Publishing, 2010.［p.160］

オドルリ、D／R・スシエ／L・ヴィラール『世界遺産』水嶋英治訳、白水社（文庫クセジュ）、2005.

加藤一郎・野村好弘編『歴史的遺産の保護』信山社、1997.

松浦晃一郎『世界遺産　ユネスコ事務局長は訴える』講談社、2008.

ロム・インターナショナル編『すべて見える世界遺産』成美堂出版、2012.

『週刊 一度は行きたい世界の博物館　大英博物館 Ⅰ』朝日新聞出版、2011.

『週刊 一度は行きたい世界の博物館　大英博物館 Ⅱ』朝日新聞出版、2011.

『週刊 世界遺産：ストーンヘンジ』No. 43. イギリス　講談社、2011.

『週刊　ユネスコ世界遺産』No. 6. ウェストミンスター宮殿：イギリス　講談社、2000.

▼ 旅・思想・歴史ほか

Hobsbawm, Eric, and Terence Range, eds. *The Invention of Tradition*. Cambridge UP, 2012.

川端康雄・大貫隆史・河野真太郎・佐藤元状・秦邦生編『愛と戦いのイギリス文化史　1951-2010年』慶應義塾大学出版会、2011.

木下卓『旅と大英帝国の文化――越境する文学』ミネツヴァ書房、2011.

木村尚三郎編『学問への旅　ヨーロッパ中世』山川出版社、2000

小林照夫『近代スコットランドの社会と風土――〈スコティッシュネス〉と〈ブリティッシュネス〉の間で』春風社、2011.

指昭博『イギリス発見の旅――学者と女性と観光客』刀水書房、2010.

関哲行『ヨーロッパの中世4　旅する人びと』岩波書店、2009.

高橋哲雄『イギリス歴史の旅』朝日新聞社（朝日選書）、2002.

デイヴィス、ノーマン『アイルズ――西の島の歴史』別宮貞徳訳、共同通信社、2006.

中島俊郎『イギリス的風景――教養の旅から感性の旅へ』NTT出版、2007.［p.135］

――『オックスフォード古書修行――書物が語るイギリス文化史』NTT出版、2011.

日本カレドニア学会編『スコットランドの歴史と文化』明石書店、2008.

橋本宏『イギリスの社会と自然』早稲田大学出版、1989.

ハーマン、アーサー『近代を創ったスコットランド人――啓蒙思想のグローバルな展開』篠原久監訳、守田道夫訳、昭和堂、2012.

ハンター、マイケル『イギリス科学革命――王政復古期の科学と社会』大野誠訳、南窓社、1999.

平松紘『イギリス緑の庶民物語――もうひとつの自然環境保全史』明石書店、1999. 2001.

ブラック、ジェレミー『図説地図で見るイギリスの歴史――大航海時代から産業革命まで』金原由紀子訳、原書房、2003.［p.117］

ブリッグズ、エイザ『イングランド社会史』今井宏・中野春夫・中野香織訳、筑摩書房、2004.
リード、エリック『旅の思想史——ギルガメシュ叙事詩から世界観光旅行へ』伊藤誓訳、法政大学出版局、1993. 2008.

▼ 観光・ツーリズム

Aitchison, Cara, Nicola E. Macleod and Stephen J. Shaw. *Leisure and Tourism Landscapes: Social and Cultural Geographies*. Routledge, 2000.
Butcher, Jim. *The Moralisation of Tourism*. Routledge, 2003.
Colbert, Benjamin, ed. *Travel Writing and Tourism in Britain and Ireland*. Palgrave Macmillan, 2012.
Grimshaw, Mike. *Bibles and Baedekers: Tourism, Travel, Exile and God*. Equinox, 2008.
Hume, Peter, and Tim Youngs, eds. *The Cambridge Companion to Travel Writing*. Cambridge UP, 2002.
MacCannell, Dean. *The Tourist: A New Theory of the Leisure Class*. U of California P, 1999.
Mavor, William Fordyce. *The British Tourists (Volume 6); or, Traveller's Pocket Companion, through England, Wales, Scotland, and Ireland. Comprehending the Most*. 1809, rpt. Memphis: General Books, 2011.
Meethan, Kevin. *Tourism in Global Society: Place, Culture, Consumption*. Palgrave Macmillan, 2001.
Robinson, Mike, and Hans-Christian Anderson, eds. *Literature and Tourism: Essays in the Reading and Writing of Tourism*. Thomson, 2002.
Smith, Melanie, and Mike Robinson, eds. *Cultural Tourism in a Changing World: Politics, Participation and (Re)presentation*. Channel View, 2006.
Urry, John. *The Tourist Gaze: Leisure and Travel in Contemporary Societies*. Sage, 1990.
——. *Consuming Places*. Routledge, 1995.
Watson, Nicola J. *The Literary Tourist*. Palgrave Macmillan, 2006.
遠藤英樹・堀野正人編著『「観光のまなざし」の転回——越境する観光学』春風社、2004.
旅名人編集室編『旅名人ブックス　ウェールズ——イギリスの中の“異国”を歩く』日経BP出版センター、2005.
——『旅名人ブックス　北イングランド——ビートルズから世界遺産まで』日経BP出版センター、2004.
山下晋司編『観光文化学』新曜社、2007.
山中弘編『宗教とツーリズム　聖なるものの変容と持続』世界思想社、2012.

▼ ウェブサイト

http://www.visitbritain.jp（英国政府観光庁）
http://www.countrysideaccess.gov.uk (countryside links to Welsh and Scottish sites)
http://www.onb.org.uk (Outstanding Natural Beauty in England and Wales)
http://www.snh.org.uk (Scottish Natural Heritage)
http://www.english-heritage.org.uk (English Heritage)
http://www.cadw.wales.gov.uk(Cadw——Welsh Historic Monuments)
http://www.historic-scotland.gov.uk (Historic Scotland)
http://www.nationaltrust.org.uk (The National Trust)
http://www.nts.org.uk (The National Trust for Scotland)

◉図版出典◉

Blackman, Cally. *Costume from 1500 to the Present Day*. Pitkin, 2001. [p.191]

Brimacombe, Peter. *Tudor England*. Pitkin, 2000. [p.120下]

Clarke, Deborah. *The Palace of Holyroodhouse. Official Souvenir Guide*. Scala, 2012. [p.110下]

Delap, Dana. *Celtic Saints*. Pitkin, 2001. [p.65上]

Gosling, Lucinda. *Royal Coronations*. Shire Publications, 2013. [p.121上, p.123中]

Graglia, Rosalba. *Ireland: Places and History*. White Star, 2000. [p.63上]

Hibbert, Christopher. *The Story of England*. Phaidon, 1992. 2006. [p.185下]

McIlwain, John. *Magna Carta in Salisbury*. Pitkin, 2000. [p.131]

Millidge, Judith. *Royal Jubilees*. Shire, 2012. [p.114上]

Morgan, Kenneth O. ed. *The Oxford Illustrated History of Britain*. OUP, 1984. [p.168, p.174下, p.188, p.190上下]

Morrill, John, et al. *The Penguin Illustrated History of Britain and Ireland*. Penguin, 2004. [p. 73下, p.171]

Parker, Michael St. John. *The Civil War 1642~51*. Pitkin, 1993. [p.107上]

Richardson, John. *The Annals of London*. Cassell, 2000. [p.214]

Sikes, Adrian. *They Made Great Britain*. Adelphi, 2011. [p.103. p.107下, p.186下段上]

Somerhurst, Paul. *Travel Writing and the Natural World, 1768-1840*. Macmillan, 2013. [p.138]

Vickers, Hugo. *The Royal Line of Succession*. Royal Collection, 2009. [p. 93]

Winn, Christopher. *I Never Knew that about London*. Brury, 2011. [p.216]

Her Majesty Queen Elizabeth II. Pitkin. [p.116]

History of Britain & Ireland. DK, 2011. [p.79, p.104, p.181下]

The Touring Book of Britain. The Automobile Association, 1984. [p.201]

安東伸介・小池滋・出口保夫・船戸英夫編『イギリスの生活と文化事典』研究社、1982. [p.185上]

池上俊一『森と川——歴史を潤す自然の恵み』刀水書房、2010. [p.129]

海野弘他『レンズが撮らえた19世紀ヨーロッパ——貴重写真に見る激動と創造の時代』山川出版社、2010. [p.180, p.184]

カイトリー、チャールズ『中世ウェールズをゆく——ジェラルド・オヴ・ウェールズ1188年の旅』和田葉子訳、デイヴィッド・M. ロビンソン編、関西大学東西学術研究所、1999. [p.97]

クラウト、ヒュー、編『ロンドン歴史地図』中村英勝監訳、東京書籍、1997. [p.193]

グリーン、ミランダ・J『図説ドルイド』井村君江監訳、大出健訳、東京書籍、2000. [p.16]

サイクス、ノーマン『イングランド文化と宗教伝統——近代文化形成の原動力となったキリスト教』野谷啓二訳、開文社、2000. [p.76下]

千足伸行監修『英国・国立ウェールズ美術館展——イギリス風景画から印象派へ』朝日新聞社、1986. [p.213]

バラクラフ、ジェフリー、編『図説キリスト教文化史 II』上智大学中世思想研究所監修、別宮貞徳訳、原書房、1993. [p.80上]

ハラム、エリザベス、編『聖者の事典』鏡リュウジ・宇佐和通訳、柏書房、1996. [p.69]

蛭川久康・井上宗和『テムズの流れに沿って』大修館、1979. [p.230]

横山紘一・木村靖二・湯川武・瀬戸口烈司・窪添慶文編『クロニック世界全史』講談社、1994. [p.195]

吉田新一監修、塩野米松文『ピーターラビットからの手紙』求龍堂グラフィックス、2003. [p.142]

▼インターネット (public domain)

p.35　https://commons.wikimedia.org/wiki/File:Dolphin_mosaic.JPG
p.44　http://www.wikiart.org/en/aubrey-beardsley/excalibur-in-the-lake
p.53　https://en.wikipedia.org/wiki/Flag_of_Wales#/media/File:Flag_of_Wales_2.svg
p.56　https://commons.wikimedia.org/wiki/File:Holy-grail-round-table-ms-fr-112-3-f5r-1470-detail.jpg
p.61下　https://upload.wikimedia.org/wikipedia/commons/6/60/Triple-Spiral-Symbol.svg
p.62　http://englishare.net/literature/POL-DC-Purgatorio.htm
p.63下　https://upload.wikimedia.org/wikipedia/commons/b/b1/KellsFol032vChristEnthroned.jpg
p.65下　https://en.wikipedia.org/wiki/Cuthbert#/media/File:St-Cuthbert-Incorrupt.png
p.67　http://nobility.org/2013/02/28/march-1-st-david/
p.74　https://commons.wikimedia.org/wiki/File:Canterbury_Cathedral_011_Medieval_glass_Thomas_a_Becket.JPG
p.80中　https://commons.wikimedia.org/wiki/File:Tyndale-martyrdom.png
p.80下　https://commons.wikimedia.org/wiki/File:KJV-King-James-Version-Bible-first-edition-title-page-1611.jpg
p.81　http://www.allinsongallery.com/hogarth/index.html
p.83　https://commons.wikimedia.org/wiki/File:Seal_of_Templars.jpg
p.87　https://commons.wikimedia.org/wiki/File:St._Brendan_celebrating_a_mass.jpg
p.96下　https://commons.wikimedia.org/wiki/File:Ptolemais_(Acre)_given_to_Philip_Augustus_1191.png
p.101　https://commons.wikimedia.org/wiki/File:Elizabeth_I_in_coronation_robes.jpg
p.102　https://commons.wikimedia.org/wiki/File:Procession_Portrait_of_Elizabeth_I.jpg
p.110中　https://en.wikipedia.org/wiki/David_Morier#/media/File:The_Battle_of_Culloden.jpg
p.111　https://commons.wikimedia.org/wiki/File:Flora_macdonald.JPG
p.139　https://en.wikipedia.org/wiki/Benjamin_Haydon#/media/File:Benjamin_Robert_Haydon_002.jpg
p.146下　https://commons.wikimedia.org/wiki/File:William_Morris_age_53.jpg
p.147上　https://en.wikipedia.org/wiki/Water_Willow_%28Rossetti%29#/media/File:Dante_Gabriel_Rossetti_Water_Willow_1871.jpg
p.149上　https://en.wikipedia.org/wiki/File:Robert-Hunter-1913.jpg
p.149中　https://en.wikipedia.org/wiki/Octavia_Hill#/media/File:Octavia-Hill-by-Sargent.jpg
p.149下　http://armitt.com/armitt_website/canon-rawnsley-armitt-museum-art-gallery-and-library-cumbri/
p.158上　https://en.wikipedia.org/wiki/Philip_James_de_Loutherbourg#/media/File:Philipp_Jakob_Loutherbourg_d._J._002.jpg
p.159　https://commons.wikimedia.org/wiki/File:BrownManchesterMuralBridgewater.jpg
p.162　https://en.wikipedia.org/wiki/New_Lanark#/media/File:NewlanarkNL05.jpg
p.174上　https://commons.wikimedia.org/wiki/File:Great_Eastern_painting_smooth_sea-2.jpg
p.175　https://commons.wikimedia.org/wiki/File:Portland_Vase_by_Wedgwood_-_view_2.jpg
p.186上　https://commons.wikimedia.org/wiki/File:Joseph_Paxton_by_Octavius_Oakley,_c1850.jpg
p.199　https://commons.wikimedia.org/wiki/File:Mary_Anning_painting.jpg
p.204下　https://commons.wikimedia.org/wiki/File:William_Powell_Frith_Life_At_The_Seaside,_Ramsgate_Sands.jpg
p.211上　https://commons.wikimedia.org/wiki/File:John_Constable_-_Hadleigh_Castle,_The_Mouth_of_the_Thames-Morning_after_a_Stormy_Night_-_Google_Art_Project.jpg

▼そのほか

p.50	City of Edinburgh Council
p.115	AP／アフロ
p.119, 127	ロイター／アフロ
p.186下段下, p.187上	© Victoria and Albert Museum, London

▼イラスト……中島早也香

p.15, p.19, p.24, p.25, p.39

▼図解・地図作成

下村好輝……p.41（宮北による加筆・修正あり）

宮北惠子……p.13, p.15, p.19, p.22, p.29, p.32, p.42, p.58, p.86, p.93, p.95, p.98, p.100, p.102, p.108, p.110, p.128, p.132, p.143, p.163, p.181, p.198, p.199, p.208, p.218, p.233

【地図参考文献】［　］内は本書地図掲載ページ

Archer, Jayne Elisabeth, Elizabeth Goldring, and Sarah Knight, eds. *The Progresses, Pageants, & Entertainments of Queen Elizabeth I*. OUP, 2013.［p.102］

Brimacombe, Peter. *Salisbury and Stonehenge*. Pitkin, 2009.［p.13］

Cunliffe, Barry, et als., eds. *The Penguin Illustrated History of Britain and Ireland from Earliest Times to the Present Day*. 2004.［p.29, p.32, p.93, p.94, p.108］

Huxley, Victoria, and Geoffrey Smith. *World Heritage Sites of Great Britain & Ireland: An Illustrated Guide to all 27 World Heritage Sites*. Chastleton, 2009.［p. 32, p.199］

Sikes, Adrian. *They Made Great Britain*. Adelphi, 2011.［p.94］

フォーカス、マルカム／ジョン・ギリンガム責任編集『イギリス歴史地図』中村英勝監訳、東京書籍、1990.［p.93, p.110］

ヘイウッド、ジョン『ケルト歴史地図』井村君江監訳、倉嶋雅人訳、東京書籍、2003. [p.98, p.110]

マニング、ミック／ブリタ・グランストローム『ダーウィンが見たもの』渡辺政隆訳、福音館書店、2014.［p.181］

▼写真……著者撮影

p.15上, p.17, p.31, p.33, p.37, p.38, p.45, p.46, p.49, p.51, p.52, p.61, p.64, p.68, p.70, p.73, p.75, p.76, p.78, p.84, p.88, p.93［地図内］, p.96, p.98, p.100, p.104, p.120, p.123, p.124, p.131, p.134, p.135, p.136, p.138, p.141, p.142, p.143, p.145, p.147, p.151, p.152, p.153, p.154, p.158, p.161, p.164, p.167, p.169, p.172, p.177, p.179, p.182, p.183, p.192, p.197, p.200, p.203, p.204, p.207, p.211, p.212, p.217, p.219, p.222, p.223, p.225, p.227, p.228, p.229, p.231, p.232, p.234